企业研发投入的政府支持政策研究

崔也光　于　鹏　著

中国财经出版传媒集团

经济科学出版社

Economic Science Press

图书在版编目（CIP）数据

企业研发投入的政府支持政策研究/崔也光，于鹏著．
—北京：经济科学出版社，2020.8
ISBN 978 - 7 - 5218 - 0437 - 9

Ⅰ.①企… Ⅱ.①崔…②于… Ⅲ.①企业 - 技术开发 -
财政政策 - 研究 - 中国 Ⅳ.①F279.23②F812.0

中国版本图书馆 CIP 数据核字（2019）第 061131 号

责任编辑：谭志军
责任校对：刘　昕
版式设计：齐　杰
责任印制：李　鹏　范　艳

企业研发投入的政府支持政策研究

崔也光　于　鹏　著

经济科学出版社出版、发行　新华书店经销
社址：北京市海淀区阜成路甲 28 号　邮编：100142
总编部电话：010 - 88191217　发行部电话：010 - 88191522
网址：www.esp.com.cn
电子邮件：esp@esp.com.cn
天猫网店：经济科学出版社旗舰店
网址：http://jjkxcbs.tmall.com
北京季蜂印刷有限公司印装
710×1000　16 开　15 印张　280000 字
2020 年 8 月第 1 版　2020 年 8 月第 1 次印刷
ISBN 978 - 7 - 5218 - 0437 - 9　定价：68.00 元
（图书出现印装问题，本社负责调换。电话：010 - 88191510）
（版权所有　侵权必究　打击盗版　举报热线：010 - 88191661
QQ：2242791300　营销中心电话：010 - 88191537
电子邮箱：dbts@esp.com.cn）

本书受到北京市自然基金项目（项目编号：9152004）和北京市科技计划项目（项目编号：20140026）的资助。于此，表示深切的感谢！

课题主持人：崔也光

课题组成员： 蔡立新　孙　静　叶　青　陈　杰　谭志军
　　　　　　　张满军　张　悦　于　鹏　唐　玮　李　博
　　　　　　　周　畅　姜晓文　王　银　陶　宇　张　宁
　　　　　　　庞懋慧　尤聚州　王守盛　贺春阳　王　肇
　　　　　　　熊沐银　鹿　瑶　张翰文

课题报告执笔： 崔也光　张　悦　于　鹏　姜晓文

课题报告总纂： 崔也光

前言

随着经济全球化的迅猛发展，全球科技创新已经成为各国综合国力竞争的战略利器。面对全球科技创新呈现新的发展态势和特征，政府对技术创新选择性干预成为各国政府共同的政策取向。党的十八大报告提出要实施创新驱动发展战略，明确强调科技创新是提高社会生产力和综合国力的战略支撑，必须摆在国家发展全局的核心位置。当前，我国经济发展处于重要战略机遇期，已呈现出增长速度换挡期、结构调整阵痛期、前期刺激政策消化期的"三期叠加"状态，提高自主创新能力已经成为核心关键因素。为此，对我国政府出台财政、税收和知识产权保护等支持政策是否可以有效引导企业加大科技研发投入，进一步稳步提升企业科技创新能力，实现国家的科技创新战略具有重大现实意义。

本书是在《北京市企业研发投入的政府支持政策研究》——北京市自然科学基金项目（项目编号：9152004）的基础上修订、扩展而成的。项目于2015年1月1日立项，并计划于2017年6月30日完成。在项目规划、调查与研讨过程中，自始至终都得到了财政部会计司前司长刘玉廷教授、财政部会计司王鹏副巡视员、中国会计学会周守华副秘书长、中国会计准则委员会徐华新副处长、北京会计学会李学平秘书长、北京市科学技术委员会杨仁全委员、北京市地税局企业所得税处张海川副处长、北京市国资委绩效评价处齐英处长、首都经济贸易大学杨世忠教授与专家们的指导与支持，谨致以深深的谢意和崇高的敬意！

同时，本书及项目的圆满完成也是项目组成员群策群力的成果，研究过程中项目组成员集思广益，积极发挥创造力与能动性，理论与实践紧密结合。结项报告的顺利完成是集体智慧的结晶。因此，向不辞艰辛、付出辛劳的项目组全体成员表示感谢！课题报告由崔也光教授主持，姜晓文博士对课题报告做了大量的编辑工作，参加课题研究和报告编写的成员有：蔡立新（副教授）、孙静（讲师）、叶青（副教授）、陈杰（讲师）、张满军（高级会计师）、谭志军（副编审）、张悦（北京大学博士后）、于鹏（博士）、唐玮（博士）、李博（博士）、周畅（博士）、王肇（博士）、鹿瑶（博士）、王银（硕士）、陶宇（硕士）、张宁（硕士）、庞懋慧（硕士）、尤聚州（硕士）、王守盛（硕士）、贺春阳（硕士）、熊沐银（硕士）和张翰文（硕士）。

经济科学出版社的谭志军副编审对本书定稿提出了建设性意见，付出了大量的心血和辛勤的汗水，在此深表谢意！

感谢在本书写作过程中所参阅过的那些论著与论文的作者，在此虽然不能一一提及他们的名字，但他们在以不同的方式表达财务会计专业思想的真知灼见中所给予本书多方面的重要启迪，已经深深地镌刻在我们心田。同样也向支持、关注本项目的所有人在此一并表示感谢！本书肯定有诸多不足，恳请各位专家学者批评指正。

作 者
2019 年 8 月

摘要 ▬ ▬ ▬ ▬

ABSTRACT

随着经济全球化的迅猛发展，全球科技创新已经成为各国综合国力竞争的战略利器。面对全球科技创新呈现新的发展态势和特征，政府对技术创新选择性干预成为各国政府共同的政策取向。党的十八大报告提出要实施创新驱动发展战略，明确强调科技创新是提高社会生产力和综合国力的战略支撑，必须摆在国家发展全局的核心位置。当前，我国经济发展处于重要战略机遇期，已呈现出增长速度换挡期、结构调整阵痛期、前期刺激政策消化期的"三期叠加"状态，提高自主创新能力已经成为核心关键因素。为此，对我国政府出台财政、税收和知识产权保护等支持政策是否可以有效引导企业加大科技研发投入，进一步稳步提升企业科技创新能力，实现国家的科技创新战略具有重大现实意义。

本书在系统梳理相关理论和文献综述的基础上，综述分析国内外研究现状，采用理论研究、实证研究以及案例研究等分析方法，利用2007~2015年我国上市公司的经验数据，从不同角度对企业研发投入效果进行了全面分析，通过建立实证检验模型进一步验证了政府财政、税收和知识产权政策实施效果，进而总结了研究结论，提出了符合我国国情的具体建议，明确了下一步研究展望。

本书研究发现：一是政府政策可以有效干预企业经济运行，引导企业经营发展，有效降低经济波动对企业研发活动造成的影响，对于国有企业研发活动表现更为显著；二是以财政、税收为代表的经济类支持政策能够有效提高企业研发投入水平，税收政策的促进效率要显著高于财政政策；三是企业对政府知识产权保护力度不敏感，短期内对企业研发投入决策影响力不大，我国知识产权保护制度体制环境亟待加强。根据区域比较分析，北京市企业研发投入水平居全国首位，企业的研发活动活跃与行政资源集中关联度较高。本书研究进一步发现，企业研发投入存在显著的惯性，企业更倾向于持续研究；企业研发投入存在显著的行业分布特征，高新技术行业企业研发投资水平最高；企业研发投入对融资约束的反应敏感，对企业会计利润高低不敏感；企业研发投入受到企业管理者特征与公司治理水平的影响。在当前我国经济发展新阶段，企业研发投入水平对于非经济类政府政策也逐渐敏感。

本书研究提出，政府在制定政策引导企业加大研发投入的过程中，应进一步提升财税政策制定的规范性，加大重视利用好税收优惠政策，提高政策支持效果；要进一步完善知识产权保护的法律法规制度建设，加强执法力度，有效保护我国在推进产业结构调整中的科技创新成果；要进一步重视非经济类政策逐步显现的促进作用，加强对企业研发投入的引导。

目录

第一章

绪　论

第一节　研究背景与意义

一、研究背景

党的十八大做出了实施创新驱动发展战略的重大部署，强调科技创新是提高社会生产力和综合国力的战略支撑，必须摆在国家发展全局的核心位置。随着中国经济进入转型升级的新阶段，2015 年供给侧改革提出创新制度供给的迫切需求，并阐释"十三五"时期中国要继续发挥经济巨大潜能和强大优势，必须加快转变经济发展方式，着力推进供给侧结构性改革，坚定不移实施创新驱动发展战略，提高发展质量和效益，加快培育形成新的增长动力。从全球范围看，科学技术发展已经成为当前各国推动经济社会发展的主要力量。新一轮科技革命和产业变革正在孕育兴起，一些重要科学问题和关键核心技术已经呈现出革命性突破的先兆，与我国加快转变经济发展方式形成了历史性交汇，为我们实施创新驱动发展战略提供了难得的重大机遇。2016 年 5 月 19 日，国务院印发了《国家创新驱动发展战略纲要》，设定三步走战略目标，即到 2020 年进入创新型国家行列，到 2030 年跻身创新型国家前列，到 2050 年将建成世界科技创新强国。这是我国政府综合分析国内外大势、立足国家发展全局做出的重大战略抉择，具有十分重大的意义。

基于以上认识，本书认为科技创新具有综合性、渗透性、前沿性、实践性的特点，加大科技研发投入是科技创新的基础，而政府制定促进研发投入的相关政策是促进科技成果有效、快速转化的重要路径。政府在社会整体研发创新活动中的资源调配作用不容忽视。

目前，我国科技研发投入水平的实际情况不容乐观。据经济合作与发展组织（OECD）报告称，2012 年我国研发投入占 GDP 比重为 1.98%，已超过欧盟 28 个成员国的平均水平 1.96%。在 OECD 指标体系中，例如用大学研发经费中来自企业经费比例来反映大学通过研究商业化实现科技成果转移转化情况的指标，我国已处于世界前沿，2012 年中国该指标为 33.4%，远高于德国（14%，2009 年）、加拿大（8%，2011 年）、美国（6%，2009 年）等国家。① 这能否得出我国研发投入水平较高的结论呢？在同期的会计数据中，2007 ~ 2012 年我国上市公司无形资产占总资产比重平均为 4.8%，而法国、德国和英国占比分别为 32%、19.2% 和 16%。同时，我国将科技含量低的土地使用权一并统计在无形资产中进行核算，约占我国上市公司无形资产的 86%，而这一做法在其他国家不适用。如果排除土地使用权这一因素的影响，我国实际的无形资产存量分别仅为法国的 0.02 倍、德国的 0.035 倍、英国的 0.042 倍（崔也光，2013）。② 由此可见，我国整体研发投入的实际情况表现为：R&D 投入量虽连年有所提高，但转化成果的水平仍然较低。据 2014 年普华永道国际会计师事务所对全球研发支出排行前 1000 家上市公司进行的调研报告显示，中国企业研发总支出达到 299.6 亿美元，同比增长 46%，但中国企业 R&D 占收入平均比重仅为 1.39%，低于全球企业 R&D 比重平均值 2.5%。

北京市重要的城市功能定位之一为国家科技创新中心，在北京市"十二五"国民经济和社会发展规划中，明确指出北京地区 2015 年的 R&D/GDP 指标达到 5.5% 以上。截至 2010 年，北京地区该指标已达 5.82%，提前完成计划。③ 然而，与之相对应的是，北京市研发产出指标，如有效专利产出占全国的比重等，则出现了逐年下滑。在创新驱动经济转型发展中，北京必然要走在全国前列，并承担着重大引领示范责任。

基于以上现实情况，国家要加快实现创新驱动战略，促进我国社会经济产业结构调整和升级，实现国民经济可持续发展，实现富国强民的"中国梦"，政府在激励企业 R&D 投入和保障 R&D 投入效果方面仍将负有不可推卸的责任，并承担着无法替代的角色。一方面，政府通过出台企业 R&D 投入的相关支持政策，切实降低 R&D 投入成本，以减少企业对于科技创新投入不确定性的担忧，进一步提高企业 R&D 投入水平。现有研究表明，政府对企业科技创新支持政策主要

---

① 资料来源：OECD 公开数据披露。
② 崔也光，张悦. 不同类型无形资产对企业价值贡献程度的研究 [J]. 会计论坛，2013（1）：1-12.
③ 资料来源：中国科技统计年鉴 2014 版。

以经济类政策为主，如财政政策、税收政策、金融政策等，这些政策在促进企业 R&D 投入方面将起到重要作用。另一方面，政府通过加强法律法规等制度环境建设，提升知识产权保护力度，完善国有企业监管制度，可以为企业 R&D 投入切实向生产力转化提供坚实保证。

二、研究意义

中国正处于前所未有的经济结构转型的重要机遇期，需要进一步增强企业自身的核心竞争力和创新能力。2014 年中央经济工作会议强调，市场要活、创新要实、政策要宽，营造有利于大众创业、万众创新的市场制度环境，使之成为经济新常态下的发展新引擎。中国企业的科技创新发展既要充分发挥市场资源配置的决定性作用，也亟待需要国家大力推进行政体制改革，简政放权，政府层面应该积极作为，通过提供公共产品和公共服务，营造适宜科技创新发展的政策制度环境，特别是对于具有公共属性的基础性研究，更加需要加大政府主导和投入。本书的研究基于我国已经进入结构性调整经济转型期，科技创新作为调整产业结构、转变经济发展方式、实现科学发展新跨越的核心因素的发展需要，将宏观政策问题与微观企业研发战略需求问题相结合，进一步解决宏观层面上政府制定政策的有效性、针对性问题，也有助于引导企业充分利用好政策，选取最为适宜的企业研发战略，充分发挥科技创新对经济社会发展的支撑和驱动作用。从本书研究总体情况来看，研究意义可能包括以下五个方面：

第一，为政府制定加大企业科技研发投入的支持政策，进一步鼓励企业开展科技研发活动提供理论和现实依据，验证政府出台对高新技术企业研发投入支持政策的执行是否有效。

第二，检验不同类型的政府支持科技研发投入政策对企业研发活动的促进效果，针对政策支持效果的差异性进一步分析得到最优类型的政府政策执行效果结论。

第三，检验地方政府层面（即区域性）政策与国家层面政策对企业研发投入的支持效果是否一致，并选取了北京、上海、广州三地的企业研发活动较为活跃的地区进行典型性案例分析，进一步分析对比区域性政策与全国性政策差异及效果。

第四，选取高新技术行业中的国有企业和民营企业作为典型样本进行实地走访调研，通过直接与科技企业管理人员和研发人员的沟通交流，进一步从微观层面了解高新技术企业对于政府出台的支持政策的认知和真实的政策需求。

第五，通过对政府研发投入支持政策的执行情况进行效果评价，得出研究结论并提出相应的政策建议。

第二节　研究思路与方法

自主创新是当前全球公认的国家和经济社会生存发展的根本动力来源，而企业则是一个国家技术创新生产力转换的基本单位。然而，企业研发投入活动既是企业自身依靠自有资源进行的自主行为，也与政府的制度、体制环境建设水平有着较大的相关性。企业科技创新成效很大程度上取决于对技术研发投入程度，对此主要基于两方面认识：第一，相对于传统企业的经营活动，企业进行科技创新是一项具有很高外部经济性的活动，尤其在研发创新活动活跃度较强、水平较高的高新技术企业，仅靠企业的力量、仅靠市场的作用是远远不够的。科技研发成果既有可能帮助企业自身获得超额报酬，也有可能使企业面临超额损失，具有较强的不确定性。当处于知识产权保护水平较弱的环境中，企业创新成果因独占性无法得到有效保持，企业需承担的研发风险会相应增大，继而引发企业研发投入动力不足，研发水平下降。针对上述情况，政府通过提供对研发投入的支持政策可以帮助企业有效降低科技创新成本和风险，或者获得更多的研发投入保障。第二，通常认为，科技研发活动前期投入门槛较高，具有投入高、周期长的特点。从企业财务管理角度讲，科研项目一般均属于长期投资，投资回收期较传统投资项目相对时间较长。根据有关统计数据显示，目前我国企业平均生长周期不足4年，投资期较长的研发项目往往对于企业成长初期形成的发展压力较大，投资者相对缺乏兴趣。就国有企业而言，由于内部治理水平有待提升，需要政府监管部门有效引导和管理，促进企业管理层统一认知，实现提升企业自主创新能力和稳健发展的目标。

由于政府的支持政策对加大企业研发投入起了较为关键的作用，本书的研究立足服务于全国科技创新，重点服务于北京市科技研发投入的角度，系统梳理了当前政府出台的对企业研发投入的主要支持政策，主要包括税收政策、财政政策和知识产权保护政策等，并对政策的执行效果进行了综合分析。以此为基础，结合我国经济发展战略调整的具体情况，进一步得出对现有政策的评价结果和完善建议。本书的研究成果将为政府制定合理的科技研发投入支持政策提供参考。

为实现和达到研究目标的要求，本书采用了文献研究法分析了政府干预企业研发活动的理论依据、政策类型，并采用政策分析法对比了国内外政府政策、国内不同地区间政府政策支持研发投入效果的执行情况，进一步归纳总结影响政府支持研发政策效应的主要因素。

在此基础上，本书采用了大样本的实证研究方法，通过收集整理近年来企业研发投入数据与政府支持政策效应反应的相关数据，结合文献研究法的分析结论，对政府不同类型的研发支持政策执行效果进行了综合评价分析。

本书将全国样本分析得出的主要研究结论在地区样本中进行了实证检验，选取了研发活动水平较高的北京、上海和广州地区的地方性样本用于检测结果是否具有一致性。同时，本书采用案例研究分析方法与北京市典型性高新技术企业相关部门人员进行走访座谈，以进一步了解政府研发支持政策在企业中的具体实施情况，以及企业对于政策执行效果的真实评价，从而进一步验证本书的研究结论。

最后，本书根据政策评价结果，对目前的政府出台的研发投入支持政策提出完善性建议。

本书研究方法主要包括：文献研究法、实证研究法、案例分析法等，实证分析工具主要采用 stata 软件进行。在研究过程中，本书遵循了宏观政策信息与微观企业数据相结合、国家宏观层面评价与地区评价相结合，大样本实证分析与个别企业案例分析相结合等研究方式，从不同层面检验研究结论的合理性，并立足于推进提升全国科技创新研发水平，重点服务于北京市科技创新中心为目标定位提供可行性政策性建议。

第三节　研究技术路线

如图 1.1 研究技术路线图所示，本书的研究思路如下：

第一章，绪论。本章主要说明本书的研究背景、研究意义、主要的研究思路和方法、研究技术路线、可能的创新和不足之处。

第二章，文献综述。本章详细梳理了政府政策对企业研发投入的影响的研究文献，并对相关文献的研究结论做了总结，进一步明确了当前研究的特点和有待进一步完善的内容。

第三章，理论基础。本章主要阐述了我国高新技术企业的内涵和范围，系统梳理了政府出台研发支持政策的主要类型，揭示了相关经济理论对于研发投入的指导意义，精炼了政府政策对技术创新的支持性理论。本章内容为全书提供了理论基础。

第四章，政府支持企业研发活动的政策措施。本章系统地分析了国内外高新技术企业研发投入现状，梳理了各国政府为促进企业研发投入颁布的相关政策措施，并进一步对比了国内几大高新技术园区的研发创新政策，进一步明晰了研究脉络和重点。

第五章，我国企业研发投入现状分析。本章在中国特色经济体制背景下，结合我国现在经济结构调整的现实需要对企业研发投入水平的现状进行了统计分析和实证检验，并提出了国有企业治理模型，进一步说明企业研发投入受国有企业影响的治理效果。本章的国有企业治理模型是后面政策评价模型的基础。

第六章，我国政府研发支持政策实施现状分析。本章主要对我国政府现行的主要研发支持政策，包括财政政策、税收政策和知识产权保护政策进行了初步统计分析，对目前政策的执行情况和政策特征进行了初步评价说明。

第七章，政府政策对企业研发投入支持效果基础性分析。本章主要在国有企业治理模型基础上，对我国现有的财政、税收和知识产权保护政策进行实证检验，并对政策执行效果进行了全面评价，重点对财政政策和税收政策进行了效果比较分析，进一步充分说明政府政策的优势和劣势。

第八章，地区性政府研发投入支持政策效果分析。本章重点选取了企业科技创新活跃的北京、上海和深圳三地进行政策比较，重点以北京地区为主要研究对象，将全国政策评价情况与北京、上海和深圳三地政策执行效果进行印证，并特

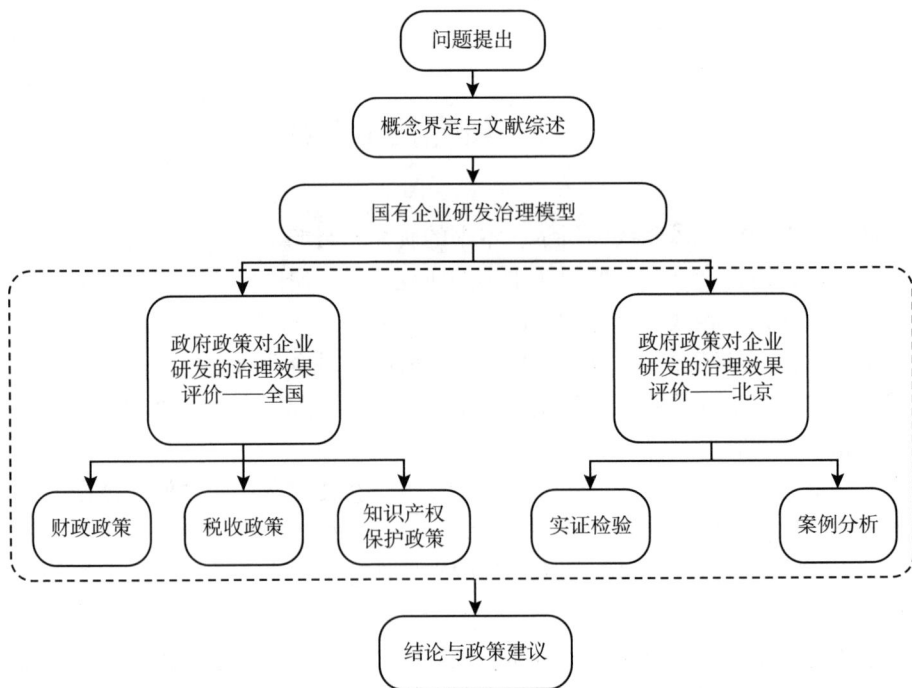

图 1.1　研究技术路线

别对中关村国家高新技术示范区政策特点进一步深入分析，同时选取了北京地区有代表性的企业进行了典型案例分析。本章将实证分析结论在不同地区、不同类型企业做进一步论证，以印证本书研究结论。

第九章，政策建议与展望。本章重点对研究的主要结论进行系统梳理和总结，并针对现有问题进一步提出政策性建议，并对下一步研究进行展望。

第四节 创新与不足

一、创新点

（一）研究角度

本书对不同类型的政府研发投入支持政策效果进行分类比较，充分考虑到政策执行效果的相关性，避免对政策进行单一评价，更加清晰、客观地反映政策支持效果的差异。

（二）数据选取

本书选取了能够反映科研创新能力的近年上市公司的经验数据，特别利用了税务部门管理数据信息进行实证检验分析，解释更为全面、客观。

（三）评价方法

本书将宏观政府政策与微观企业行为相结合，从微观层面利用企业会计信息对政策执行效果进行评价，是对政策评价方法的新尝试。

二、不足之处

首先，本书采用的实证方法仅对经济类政府支持政策进行实证检验，对非经济类支持政策（如人才支持政策）对企业研发水平提升的影响尚未深入研究。

其次，对政府政策对高新技术企业研发投入的支持效果的产生机理需进一步深入研究，对其内在规律性应进一步揭示分析。

第二章

文 献 综 述

第一节 高新技术企业与研发投入的关系

一、高新技术产业的定义

20 世纪 60 年代，美国首先提出了高技术（high-tech）这一概念，认为高技术是生产或使用尖端设备或高端设备的科学技术。美国劳工统计局（U. S. Bureau of Labor Statistics，BLS）用三种方法划分高技术产业，一是该产业中技术人员占从业人员比重大于 5.1% 或大于各工业行业平均值的 1.5 倍，二是该产业中研发费用占总经费支出的 6.2% 以上或大于所有行业平均值的 2 倍，三是同时考虑技术人员比例和研发费用比例。经济合作与发展组织（Organization for Economic Cooperation and Development，OECD）则主要从研发支出的角度定义高技术和高技术产业，指出高技术产业指的是研发经费占总产值的比例远高于各产业平均水平的产业。20 世纪 80 年代，OECD 按照一个行业中 R&D 经费占总产值的 4% 作为划分高技术产业的标准。20 世纪 90 年代后期，OECD 把这个标准提高到 8%，并针对行业 R&D 经费投入强度，进一步采用 R&D 经费占工业总产值的比重、直接 R&D 经费占工业总产值的比重、直接 R&D 经费占工业增加值的比重三个指标重新定义高技术产业。也就是说，研发投入作为高新技术产业的划分依据，是高新技术产业的显著特征，是其持续稳定发展的重要标志，更是企业管理者着眼于未来，对企业长期发展充满信心的象征。

二、企业研发的影响因素

(一) 宏观层面对企业研发投入的影响因素

莱德曼（Lederman）和马洛尼（Maloney）通过跨国比较研究发现，经济发展水平不同国家企业研发投资存在显著差异，而究其原因金融发展程度、知识产权保护程度以及研究机构质量等是解释该现象的关键因素。Aghion等通过跨国面板数据分析后发现信贷约束通过限制企业研发投资进而影响到经济增长率和在经济周期中的波动性，当企业面临的融资环境恶化时，由于流动资金的压力，研发投资项目所需资金供给不足，进而限制了企业的研发投资支出。解维敏等研究了中国市场，发现政府的研发补贴显著刺激了企业的 R&D 支出，并且不同的补贴方式对企业的研发支出刺激效果不同，间接补贴更能诱发企业进行研发支出。

(二) 企业层面对研发投入的影响因素

格斯（Goes）和朴（Park）以美国加州 400 多家医院 10 年来的合作网络为样本，发现组织间的学习以及资源共享的合作关系对企业的技术创新起着重要作用。根据熊彼特创新假说（Schumpeter，1942），企业创新与企业规模存在正相关关系，由于存在规模经济和融资方面的优势，因此拥有垄断地位的大企业有更强的研发投入能力。然而也有研究认为垄断者缺乏创新的激励，处于激烈竞争中的竞争者更具创新的激励，因此，企业研发与企业规模之间不存在简单线性关系（Scherer，1965）而存在倒 "U" 型的关系阿吉翁（Aghion，2005）。杰弗逊（Jefferson）等以中国制造业企业的面板数据为对象，发现企业规模、盈利能力和市场集中度对研发支出强度有显著影响，但控制了产业影响之后，只有盈利能力与研发支出强度显著正相关。但吴延兵同样以中国制造业企业为研究对象，却得出了不同的结论。他发现市场集中度和企业研发支出之间不存在相关性，但企业的规模却与其 R&D 支出呈现出非线性的递增关系，并且企业规模的增长幅度大于企业 R&D 支出增长幅度。David 等研究了债务对企业 R&D 投资的影响，认为债务具有复杂的作用机理，其中交易性债务有严格的合同限制，采用这种融资方式对企业 R&D 投资的治理不合适，而关系型债务相对而言，对 R&D 投资的治理更合适。通过以日本企业为例，他们发现采用关系型债务融资进行 R&D 投资的企业绩效比那些采用交易性债务融资的企业要好。在风险投资背景、持股比例对初创企业研发投入的影响方面，许昊、万迪昉、徐晋（2015）利用创业板上市公司数据，研究发现政府背景风险投资对企业研发投入无影响，民营和外资背景风险投资对企业研发投入有积极的促进作用，其中外资是最有效的投资者；风险投资的整体持股比例未能增加企业的研发投入，但外资背景风险投资的持股比例对企业研发投入有着显著的正向影响。进一步分析表明，民营与外资背景风险投资构成了增强企业研发的有效联合投资，风险投资的早期进入和充分孵化均促进了企业的研发投入。即风险投资的支持促进了企业研发投入，不同背景风险投资对企业研发投入的影响不同。

（三）管理者层面对企业研发投入的影响因素

贝克（Barker）和米勒（Mueller）认为，CEO 的特点能在很大程度上解释企业 R&D 的投资差异，当他们将企业投入、所有权结构以及其他企业层面的因素固定以后，发现 CEO 越年轻，持有越多该公司的股票，以及 CEO 如果有在市场营销部门或者 R&D 研发部门的工作经验，且若为工程师出身，则公司越倾向于投入更多的 R&D 资源。贝特朗（Bertrand）和思高尔（Schoar）发现高管异质性会对企业的投资、融资和组织决策有影响，同时他们发现有 MBA 学历的 CEO 在一定程度上更倾向于较少的研发支出。卡朋特（Carpenter）和盖里（Gelet-kanycz）在高阶理论的基础上，研究发现管理者团队的异质性即团队成员在年龄、能力、知识等方面的差异，有利于拓展高管视野，识别更多的机会，偏好更多的风险投资，因此团队异质性越大，创新导向越明显。李华晶和张玉利以中国天津的电子行业上市公司为样本，探索了中国高管团队异质性与企业研发创新之间的关系。他们发现团队的职业经历和专业背景对企业的创新有显著影响。李国勇等利用世界银行 2005 年对中国 120 个城市 12065 家企业的调研数据研究发现 CEO 受教育水平与企业研发投入水平显著正相关，即教育程度高的 CEO 更加重视研发活动；较长的任期有助于 CEO 着眼于长远目标，进而加大研发投入；CEO 自主权也同企业研发投入水平显著正相关。与传统产业不同，资本与技术密集型的战略性新兴产业主要从事创新创业活动，这一特征决定了战略性新兴产业需要有与之相匹配的公司治理结构。肖利平（2016）以中国上市公司为样本，考察了公司治理结构与企业研发投入之间的关系。研究发现：（1）股权集中度与企业研发投入呈倒"U"型关系；股权集中条件下的股权制衡有利于提高企业研发投入；机构持股对促进企业研发投入并没有发挥积极作用。（2）股权激励有利于提高企业研发投入；高管薪酬与企业研发投入之间呈正相关关系，但并不具有统计上的显著性；在职消费对企业研发投入有显著的负效应。（3）董事会规模越小，越有利于企业研发投入；独立董事占比、董事长与 CEO 两职兼任与企业研发投入之间没有显著的相关性。进一步分析表明，在战略性新兴产业中，不同产权性质的公司治理对企业研发投入的影响存在一定的差异。在国有企业中，股权集中度与企业创新存在倒"U"型关系，但这种关系在非国有企业中并不存在。此外，国有企业高管持股对企业研发投入的激励作用十分明显，非国有企业的在职消费对企业研发投入有显著的负面效应。

基于前景理论，怀斯曼（Wiseman）和戈梅斯－梅西亚（Gomez-mejia）认为，当管理层预测公司业绩状况良好时，因为期望个人财富有所增加（如红利、晋升），以及为了避免额外的损失，他们在决策时会格外谨慎，倾向于更加保守，减少 R&D 投资；而当他们预期业绩并不如意，可能面临着股票期权价值减少、离职等风险时，管理层为了减少损失，更愿意以赌博的心理"博一把"，因而选择更加冒险的决策。Wu 和 Tu 以美国上市公司为例，发现 CEO 的股票期权对企业 R&D 投资有正向影响。他们认为，如果将来公司绩效水平下降，则管理层的股票期权毫无意义，因此虽然 R&D 投资有高度不确定性，但它可能会给公司带来新产品、新技术，改善企业绩效，从而实现股票期权的盈利；另外，股票期权实现时间跨度较长，具有长期引导作用，使得管理层更加关注长远利益，因此，在股权激励的薪酬体系下，管理层更愿意冒风险进行 R&D 投资。刘运国和刘雯以中国上市公司为样本，发现 R&D 支出同高管任期呈显著正相关关系，高管任期越长的公司，R&D 支出越高；另外他们还发现，高管是否离任与 R&D 支出呈显著负相关关系；年龄段不同的高管，任期内对 R&D 支出的影响存在显著差异。

三、高新技术企业研发投入对企业的影响

从 1912 年经济学家约瑟夫·熊彼特提出"创新理论"以来，国内外对于研发投入的研究既有宏观方面的，也有中微观方面的。

（一）我国高新技术企业研发费用绩效评价的现状

财政部等五部委于 2002 年推出了《企业绩效评价操作细则（试行）》，该制度规定，对于企业绩效评价要采用基本指标、修正指标和评议指标。其中，对于企业研发费用的考核与评价，仅在评议指标中涉及"技术投入率"一个指标。显然，缺少了研发费用类指标，使得这一评价体系不能恰当地评价高新技术企业的价值与绩效。

美国著名管理会计学家罗伯特·S. 卡普兰（Robert S. Kaplan）教授出版了题为《战略平衡计分卡——一种革命性的评估和管理体系》（1963），该书强调对于现代企业的评价应当以财务、客户、内部经营过程和学习与增长四个层面的指标组成，对其中财务评价指标突出了研发费用效率（R&D/Rev）的作用。目前，学术界、实务界围绕对 R&D 绩效考评采用何种方法进行了很多探讨。随着人们

对 R&D 活动认识的深入，考评方法逐渐从使用一些单一指标向全面的指标体系发展。

（二）高新技术企业研发投入与企业绩效的关系

1. 高新技术企业研发投入与企业创新绩效的关系

孙慧、王慧（2017）通过选取 2010～2015 年沪深创业板高新技术企业为研究对象，采用固定效应模型实证分析研发投入对企业创新绩效的影响。研究结果表明，研发投入与企业创新绩效呈显著正相关关系，体现了研发投入作为企业自主创新的内驱力，对高新技术企业创新产出有着正向的拉动作用。此外，其政府补贴与研发投入也呈显著正相关，且对于研发投入的影响具有一阶滞后性，说明政府对企业的补贴增多会刺激企业将更多的资金运用于研发投入中。孙爱丽、顾晓敏等（2017）从我国 145 个国家级高新区入手，探讨研发投入对高新区集群企业创新绩效的影响，采用社会网络分析方法得出中国高新区的四大主导产业，然后针对这四大主导产业选取上海高新区进行社会网络的拓扑性质分析，得出高新区集群企业研发投入网络具有显著的小世界特征；并进一步利用 Ucinet 得到研发投入网络的中心性和结构性指标，通过回归得到以下结论：等级度、度数中心度以及特征向量中心度和创新绩效正相关，有效规模、限制度和接近中心度三者与创新绩效负相关；高新区集群企业研发投入需要加强和其他合作者的直接联系，多参与到研发投入活动中来；增加行业规范性，同时要防止研发投入网络的过度紧密发展带来的创新活动放缓以及创新传播的受限，要不断吸引新的高新技术企业加入。张玉臣、杜千卉（2017）在高新技术企业研发投入失效现象及成因分析中，通过 2011～2013 年 757 家上海高新技术企业的面板数据，运用多元回归模型，分析科技经费投入和科技人员投入对创新绩效的影响，并对国企和非国企进行对比研究，结果表明，盲目增加企业科技经费与科技人员投入，对创新绩效的提升有负向影响；提升科技人员水平，有利于提升创新绩效；相比于非国企，国企的科技经费投入较高，但对科技经费的利用效率较低。

2. 高新技术企业研发投入与企业经营绩效的关系

近些年来，国内外学者对研发投入与公司业绩间的相关性进行了大量研究，研究结论呈多样化。一些研究表明，公司业绩与研发投入存在显著的相关关系。例如，大卫·阿布迪（David Aboody）和巴鲁列弗（BaruchLev）发表了美国化工类企业的研发报告，该报告分析了美国证券市场 83 家化工企业的研发数据，结果显示大部分企业研发强度偏低。这项研究表明：在化工企业中，研发投入对业绩影响有明显的滞后性，滞后期在 3 年以上。因此，对于企业长远的利润上升和发展来说，研发投入是非常重要的。爱德华 B. 罗伯茨（Edward B. Roberts）以年研发支出 1 亿美元以上为标准筛选，搜集了美国、日本等发达国家的 244 家高新技术企业数据，并且调查研究了这些企业的研发投入情况。研究发现：企业新产品和技术与销售业务增长额之间存在相关性，回归分析结果表明，两者之间为强正相关。苏吉安尼斯（Sougiannis）通过实证研究指出，R&D 投入和盈利能力之间具有正相关关系。加里·杰斐逊（Gary H. Jefferson）、关晓静（GuanXiaojing）、白焕茂（Baihuamao）和于晓云（YuXiaoyun）以中国大中型制造业企业 2004~2006 年数据为样本，着重对 R&D 投入强度受何种因素影响、知识创新和业绩创新对于企业的影响等进行分析。结果表明，R&D 投入对新产品创新、盈利能力和产量等都有促进作用，新产品创新具有较高回报率，大约占 R&D 投入总回报的 12%，而固定资产带来的回报只有 R&D 投入回报的 1/4~1/3。依咖（Iga）和维瓦雷利（Vivarelli）的实证研究不仅证实研发投入与企业业绩存在正相关关系，而且发现所有权集中度、公司间垂直控制关系以及创新战略是影响 R&D 活动的新因素。

多数研究认为企业研发投入与绩效之间具有正相关关系。但存在不同国家具有截然不同结果的经验研究证据［布兰德尔等（Blundel et al., 1999）、格里希斯（Griliches, 2000）、纳迪尔和基姆（Nadirl and Kim, 1996）］。格里希斯（Criliches）和雷格夫（Regev, 2001）对比了以色列制造业中企业融资的 R&D 项目和政府资助的 R&D 项目对产出和生产率的影响，发现政府资助具有显著的正效应。洛奇（Lach, 2002）同样利用以色列制造业的数据则发现政府资助显著地促进了小企业的研发积极性，但对大企业则起了相反的作用。胡辛格（Hussinger, 2008）利用德国制造业的数据证明政府资助对企业的研发及其效率有显著的正效应。布朗（Brown）选取美国、日本以及西欧部分国家 1978~1990 年数据，就研发支出与公司销售业绩的关系进行研究发现，样本公司年均研发支出增长了 4 倍左右，但年均销售收入仅增长 10 个百分点。这表明，并不是公司研发投入越大，销售收入增长率就越高。

国内对于研发投入与企业业绩的相关研究主要分为两种观点。一种观点认为中国上市公司 R&D 投入与企业业绩显著相关。梁莱歆和张焕凤以中国高科技上市公司为样本，通过实证分析表明，中国企业当年的研发投入强度与企业获利能力及发展前景关系密切。梁莱歆和严绍东的研究发现，研发投入与公司技术资产、盈利能力以及企业增长存在正向相关关系。王任飞通过研究表明，企业 R&D 支出与盈利能力存在正向关系。罗婷、唐清泉等的研究表明，企业 R&D 投入与企业业绩存在正向关系。杜兴强以寻租行为与研发投资活动的竞争性为视角，实证研究了二者对公司业绩的影响趋势。结果表明，R&D 投资持续、稳定地对公司业绩有显著的提升作用，而寻租行为虽然短期对公司业绩有利，但却损害了公司未来的业绩。因此，R&D 投资，而非寻租，才是公司业绩持续增长的关键。罗婷、唐清泉等通过研究表明，企业 R&D 投入与企业业绩有正向关系。另一种观点认为中国上市公司 R&D 投入与企业业绩相关性不显著。为研究科技、R&D 投入与企业实际业绩的关系，邱冬阳以中国 1998 年的上市公司为样本进行的实证研究表明，中国上市公司在科技研发方面的投资对企业业绩影响不显著。朱卫平、伦蕊以广东省 197 家高新技术企业为样本，验证研发经费与企业绩效之间的关系，结果表明，企业科技投入、人力资源投入与企业绩效不存在显著相关关系。王君彩、王淑芳以电子信息企业主营业务利润率为指标，以研发强度和研发技术人员比重为回归变量，研究发现，企业研发强度与企业业绩之间不存在显著正相关性。

（三） 基于其他视角的高新技术企业研发投入与企业的关系

研发投入影响资本融资，对债务融资有替代作用。研发投入构成企业一项重要的非债务税盾，作为战略决策的一部分，王亮亮、王跃堂（2015）就研发投入对资本结构决策的影响展开研究，其实证结果表明研发投入与有息债务水平呈负相关，表明伴随企业研发投入强度的提高，企业可以获得的与研发投入相关的非债务税盾增加。相应地，企业对债务税盾的需求降低，进而降低债务融资水平，即企业研发投入对债务融资具有"替代效应"。

研发投入对企业全要素生产率具有显著促进作用。毛德凤、李静等（2013）基于 2005～2007 年全国工业企业微观数据，运用倾向得分匹配方法（PSM）考察了研发投入对企业全要素生产率的影响，发现与没有研发投入的企业相比，有研发投入的企业全要素生产率要高出 16.5% 左右，显著低于 66.0% 的 OLS 估计结果；在增加了更多的匹配变量之后，分年份、分行业、分所有制、分地区的检验结果也都表明研发投入对企业全要素生产率具有显著的促进作用，并进一步运用广义倾向得分匹配方法（GPS）分析了研发投入强度对企业全要素生产率的影响，发现只有适度的研发投入强度（处于 1%～7% 之间）才能对企业 TFP 产生最大的促进作用，投入强度过低或过高都会弱化这一作用。

研发投入与企业创新产出的影响密不可分，在我国，R&D 活动实际上是整个科技创新活动的一部分，是整个科技创新活动中最重要的环节，通过它形成的 R&D 成果是科研产业化和企业创新绩效的源泉。因此，有关 R&D 投入的界定，就是指用于整个研究开发过程中的各种资源，这又涉及人力资源投入、物力资源投入和财力资源投入。创新产出的衡量，则会因为考察的产出单位不同而有所区别。各科研机构是执行 R&D 活动的主体，它们的创新产出形式各不相同。对于高等院校的科研机构，其创新产出体现为论文、专利、软件著作权等；对于企业的研发部门，其创新产出将以新产品、新工艺等形式出现，并直接导致企业的创新性销售收入。

国外学者有关 R&D 投入和创新产出关系的研究有非常丰富的成果。豪斯曼（Hausman）等在近 130 家的美国公司中进行调查，发现美国企业的专利申请量和 R&D 投入之间的弹性系数为 0.4。但随着 R&D 投入的继续加大，这一弹性系数将减小。阿芮尔（Ariel）等则在豪斯曼（Hausman）等工作的基础上，构建了 R&D 投入和创新产出数量的生产函数，从而为二者关系的研究创造了更加有效的理论模式。重复检验和相关性分析，也是国外很多学者开展 R&D 投入和创新产出关系研究的重要方法。其中，Bonte 等的研究就证实了美国的人均 R&D 投入和人均创新产出之间存在着比较强的正向相关性。

国内的研究起步相对较晚，但 2000 年以后的成果逐渐增多。孙婷婷等对全国范围内各个省份的 R&D 投入和专利增加情况进行了研究，发现企业 R&D 投入对于专利数量增加的促进作用明显，而高校和科研院所的 R&D 投入对于专利数量的增加则无明显作用。张小蒂等收集了高技术产业的各项数据，并利用回归分析研究了我国 R&D 存量和创新产出项之间的关系，结果表明高技术产业的销售收入和 R&D 投入存在明显的正相关关系。沈涤清构建了专利数量和 R&D 投入的计量统计模型，通过相关分析数据证实了我国发明专利的增加和前一年的 R&D 投入存在明显的正相关关系。毛昊等选取了地区经济实力和 R&D 投入的关系作为研究对象，并使用了西蒙—库兹涅茨分析模型，结论表明我国各地区经济实力的增加和 R&D 投入之间存在明显的关联性。

本节内容解释了高新技术产业定义，并从宏观层面、企业层面、管理者层面分别对企业研发投入的影响因素进行了梳理，在高新技术企业研发投入对企业的影响方面从企业绩效与资本融资、企业全要素生产率、企业创新产出等方面展开综述，在企业绩效方面从高新技术企业研发投入与企业创新绩效的关系及企业经营绩效的关系两方面对国内外研究观点进行了总结与梳理，为本书内容的展开奠定了坚实的理论依据。

第二节 财政政策对企业研发投入的影响

经过国内外学者的长期探索研究，财政政策无疑对企业研发投入有着重要的影响。我国政府对企业 R&D 投入的财政支持主要分为财政直接投入和政府采购两种方式。

财政补贴是政府激励企业增加研发投入、弥补融资缺口的重要手段，目前国内外对财政政策的研究主要也是通过研究财政补贴来得以实现，其作用主要体现为：第一，直接解决技术创新活动的融资缺口，为企业和技术创新项目带来较好的声誉，有效降低企业技术创新活动的成本；第二，使得政府分担了企业技术创新活动的部分风险，降低了研发投入的风险；第三，通过外部成本内部化，矫正了企业研发投入的外部性；第四，提高技术创新活动的回报率，解决企业研发投入的流动性。

对于财政补贴，一些研究者的主要代表性研究可以总结为如下三个方面：

（1）财政补贴对企业研发投入有挤入效应，即二者呈正相关关系。财政补贴对研发投入激励效应的研究最早可以追溯到 20 世纪六七十年代。汉伯格（Hamberg，1966）以美国国防部补助的企业为样本实证发现，美国国防部的政府补助极大地促进了这部分企业的研发投入。研究发现，受到联邦政府财政补贴强度越高的企业，其研发投入强度也越高，但财政补贴降低了这些企业的基础研究力度。莱维等（Levy et al.，1983）基于国家层面的研究发现政府科技资助对同期 R&D 投入不会产生互补效应，但滞后 3 年会产生互补效应。莱文等（Levin et al.，1984）建立了一个包括研发强度在内的结构方程，结果发现政府对企业的科技补助显著促进了企业的研发投入，单位美元的科技补助使得企业的研发投入平均增加 0.74 美元。安东内利（Antonelli，1989）在上述研究的基础上加入利润和公司规模等控制变量后，结果依然稳健。娜得丽等（Nadri et al.，1991）以美国制造业企业为样本，依据企业是否得到过财政补贴将其分为两组，发现有财政补贴历史的企业倾向于增加研发投入强度，而没有政府补贴历史的企业倾向于减少研发投入强度。卡普龙等（Capron et al.，1997）通过对 20 世纪 80 年代美、加、英、法、德、意、日 7 个 OECD 成员国的企业研究发现，政府对企业长期的财政补贴对企业的研发投入有明显的激励作用。盖莱克等（Guellec et al.，2000）在卡普龙等研究的基础上，基于 20 世纪 80 年代到 90 年代中期 17 个 OECD 成员国数据，再次验证政府补贴对研发投入有促进作用，单位美元的政府补贴使得企业的研发投入平均增加 1.7 美元，高于莱文（Levin）等的研究结果，并且这种促进作用比税收激励在长期更为有效。李等（Lee et al.，2003）利用林克（Link）的研究方法，选择韩国 515 家公司为样本，验证了林克（Link）的结论；休伊特·邓达斯等（Hewitt - Dundas et al.，2010）用 1994～2002 年爱尔兰数据也验证了同样的结论。

国内学者分别使用我国各省份、行业面板数据、经济普查数据进行研究，均支持政府补贴（科技资助）促进企业研发投入的结论。程华等（2008）采用我国大中型工业企业的相关数据，测度了政府科技资助、企业自筹 R&D 资金、金融机构贷款等对企业 R&D 产出的影响。研究发现：政府科技资助对企业的 R&D

产出有明显的促进作用，但是作用不及企业自筹的 R&D 资金；政府科技资助对中等资助强度产业的 R&D 产出有着明显的促进作用；政府科技资助对低、中低技术产业的 R&D 产出有着明显的促进作用；李平等（2010）采用 2001～2008 年中国大陆 27 个省份的面板数据对政府科技资助与企业技术创新的关系进行研究。结果表明我国政府科技资助对企业创新投入并不存在挤出效应，但资助水平总体偏低；政府科技资助对企业创新产出的贡献度会因资助水平的强弱而呈现出显著的区间效应。王俊（2010）运用我国 28 个行业大中型企业的面板数据实证检验了政府 R&D 补贴对企业 R&D 投入及自主创新的影响，研究发现不论是在 R&D 决定方程的静态模型还是动态模型中，R&D 补贴对企业 R&D 投入的激励效应都是显著存在的。江静（2011）以全国第一次经济普查的 26326 家规模以上内资企业、2970 家港澳台投资企业以及 3625 家外资企业为分析对象，通过地区层面和行业层面的实证分析得出了政府对内资企业研发活动的直接补贴政策显著提高了内资企业的研发强度的结论。

（2）在财政补贴对研发投入的影响机制方面，大多数研究都认为财政补贴可以促进研发投入，但实证研究发现，财政补贴对研发投入不仅有激励（互补）效应，在一定情况下也存在挤出（替代）效应。托伊瓦宁（Toivanen，1998）、柯雷特（Kelette，2000）和洛奇（Lach，2002）等认为企业为了获得财政补贴而调整自身的研发项目，政府对企业实行研发补贴挤占了企业自身的研发投入。随补贴力度提高，政府研发补贴对本土企业研发投入的挤出效应明显［戈尔格（Gorg，2007）］。对于处于行业技术前沿的企业，或者企业的产品正面临剧增的市场需求时，政府研发补贴会挤出这些企业自身的研发投入［李（Lee，2011）］。也有学者认为，政府补贴从挤入效应渐变为挤出效应，是存在适应的一个区间的，盖莱克等（Guellec et al.，2010）用 OECD 成员国的数据实证研究发现，政府资助率与企业的研发投入呈现倒 U 型关系，当政府资助率不超过 14% 时，财政补贴对研发投入有激励效应，超过 14% 后会挤出企业自身投资，超过 25% 时产生挤出效应。戴小勇等（2014）认为虽然财政补贴在总体上能够促进企业研发投入，但门槛面板数据模型的估计结果表明：财政补贴与企业研发投入呈现复杂的非线性关系；对于制造业国有企业，财政补贴占企业研发投入的最佳比例是 13.45%～27.75%，在此区间财政补贴显著带动企业研发投入，具有挤入效应，超过 27.75% 时对企业研发投入显著负向影响、挤出效应明显；但对私营企业特别是私营高科技企业，财政补贴只有挤入效应，没有挤出效应。

（3）针对不同的区域、主体、行业、投入方式有不同的研究倾向，在细分领域的研究结果表明，财政政策对企业研发投入的影响差异较大。我国幅员辽阔，各地区经济发展水平不同，财政补贴对企业研发投入的影响也有差别，如丁小义等（2007）研究认为，对于浙江省而言，政府补贴对企业研发投入产生的刺激要小于全国。创业板市场是我国创新企业的集中区，杨晔等（2015）通过对中国创业板市场的研究发现，财政补贴跟研发投入的产出具有一定的滞后性，当期的财政补贴的作用无法完全反映在当期的研发收益上；相较民企来说，国企更容易获得财政政策的倾斜资助；政府直接补贴的方式与企业研发投入呈负相关。不同的行业领域对财政补贴企业研发投入的反映也有所不同，臧志彭（2015）和王维等（2016）分别认为政府补贴对文化产业和信息技术产业的研发投入促进作用十分显著。

第三节　税收政策对企业研发投入的影响

制定税收优惠政策，是世界各国促进企业 R&D 投入的普遍做法，各国通过减免税和给予补贴，减少研发风险，鼓励和吸引民间企业增加研发投入。国内外学者对此的研究成果十分显著，总结起来主要有如下四个方面：

（1）税收优惠政策企业研发投入的影响是显著有效的。国内外学者通过多年以及多方面多样本的实证研究证明了这一观点。曼斯菲尔德（Mansfield，1986）使用价格弹性法对美国 1981～1983 年 R&D 税收抵免的效应进行研究，研究结果表明，政府投入 R&D 支出抵免 1 元，可使企业增加 0.35 元的研发投入；麦可卡森（McCutchen，1993）同样使用价格弹性法对 1982～1985 年美国 20 家大型制药企业进行了研究，得出政府 1 元税收优惠可促使企业增加 0.28 元研发投入的结论；霍尔和里宁（Hall and Reenen，2000）研究了西方 7 国的情况，认为 1 元的研发税收抵扣能够带来 1 美元的研发投资，税收优惠政策将成为国家激励技术创新的主要政策工具。我国学者蒋建军等（2007）采用价格弹性分析方法评估了税收激励政策对北京中关村科技园高新技术企业增加 R&D 支出的实际效果，得出政府为企业提供 1 元的税收优惠，企业将增加 0.617 元的研发支出的结论；周克清等（2012）以我国 2009～2011 年创业板上市公司为研究对象，利用连续变量的 PSM 模型所做的研究表明，综合税收优惠和加计扣除优惠均能够影响企业的 R&D 支出，政府每降低 1% 的企业资本使用成本，可引致企业增加 3.32% 的研发投入；张信东等（2014）通过聚焦多种创新产出形式，利用被认定为国家级企业技术中心的上市公司数据为样本，运用倾向得分匹配方法进行实证研究，结果表明，享受了税收优惠政策的企业有更多的专利、新产品和科技奖励，支持了 R&D 税收优惠政策的激励效果。

（2）部分学者认为税收优惠政策在激励技术创新投入方面的作用十分有限，

税收优惠政策成本相对较高，在解决技术创新外部性导致的市场失灵问题上是无效率的。艾斯纳（Eisner）认为税收优惠政策对于研发投资的激励有限，并有可能阻碍私人部门的研发投资。陈晓和保荣（2001）采用我国省级行业数据对增值税与研发投入的关系进行定量研究，结果表明增值税优惠对研发的激励效果不明显，长期来说，对企业的竞争力有不良影响；吴秀波（2003）的研究也有类似结论。邓晓兰和唐海燕（2008）以企业所得税和增值税为例，着重分析了企业R&D 投入与国家税收政策之间的关系，结果显示我国现行的企业所得税和增值税政策对企业 R&D 投入激励作用有限。孔淑红（2010）对我国税收优惠对科技创新促进作用的政策效应进行实证分析，结果表明总体上税收优惠对科技创新没有明显的促进作用。冯海红等（2015）的研究辩证地阐明了这个问题，通过采用2000～2012 年我国 28 个制造行业大中型工业企业的面板数据进行回归分析，研究发现，在最优的政策力度门限区间内，政府税收优惠政策对企业研发投资有着显著的正向激励作用；而政策力度小于第一门限值时激励作用较为微弱，大于第二门限值则产生反效果。研究认为，税收优惠存在最优力度期间［3.93%，12%］，税收优惠力度越小，激励作用越小，在最优区间力度越大，作用越大，但如果政策力度超过临界值，则会造成反作用。

（3）针对不同的税种和优惠方式，税收优惠实施的效果不一；不同的行业和区域对税收政策的反应也有所不同。孔淑红（2010）以 2000～2007 年度我国 30个省（市、自治区）的面板数据为基础，运用逐步回归法对我国税收优惠对科技创新促进作用的政策效应进行了总体的和分区的实证分析。研究结果表明虽然总体上税收优惠对科技创新没有起到明显的促进作用，税收优惠对不同的科技创新指标的影响程度显著不同。但在中部地区，税收优惠对技术市场成交额有显著的促进作用。建议我国在修改和完善税收优惠政策时，要对税收激励的形式、侧重面、税种分布和激励的目标针对性地给予足够的重视。邹洋等（2016）通过分析2010～2015 年深交所创业板上市公司认为，流转税优惠的激励作用大于所得税优惠，建议重视流转税优惠的推动力。孙莹（2016）通过对 2011 年 281 家中国创业板上市公司创新活动的调查分析，得出如下结论：从税种来看，企业所得税优惠对企业创新活动的资金投入具有显著的正向影响；以增值税为代表的流转税类优惠则对企业人力投入具有显著的解释能力。从优惠方式来看，与直接优惠方式相比，间接优惠方式对企业开展创新活动的资金投入与人力投入具有更为有效的激励作用。

（4）我国针对研发优惠的税收政策目前还存在一些问题。张信东等（2014）以被认定为国家级企业技术中心的上市公司数据为样本，运用倾向得分匹配方法进行实证研究。结果表明，企业享受 R&D 税收优惠政策的情况并不理想，且存在地区和行业差异。规模越大的上市公司，越倾向于获得 R&D 税收优惠政策，这与查尼茨基等（Czarnitzki et al.，2011）的研究结论一致；相比其他行业，制造业（Manu）和信息技术（Tech）的企业在享受 R&D 税收优惠政策时占有优势。此外，从地域分布来看，处于东部与中部地区的上市公司相比西部地区的上市公司更易于享受 R&D 税收优惠政策。王玺等（2015）通过列举我国现行创新导向的主要税收优惠政策指出，我国的税收优惠政策还存在以下问题：①缺少普惠性税收优惠政策，现行研发费用必须在国家规定的相关指南范围内，这样就把大量的创新型企业排除在政策收益范围之外；②中小企业处于弱势地位，在对高新技术企业的认定中，中小企业的研发强度水平较大型企业有更严格的规定；③结转期间的限制不合理，我国所得税规定企业研发加计扣除不足抵扣部分可以向后结转。但结转期只有 5 年，且申请减免还要承担一定的申请成本，对于初创型和面临财务困境的企业很不利。

第四节　金融政策对企业研发投入的影响

金融政策对企业研发投入的影响是研发领域的热点研究问题，金融政策通过影响企业的融资能力进一步影响企业对研发投入的现金流量。通过文献检索，笔者发现目前学术界对金融发展的深化程度是加大研发投入力度的重要因素形成了统一的认识。此外，国内外学者分别不同角度研究金融产业集聚对研发投入的影响，但目前关于金融产业集聚与企业研发投入的关系仍存在争议。

对于金融政策如何影响企业的研发投入，已有较多文献对此进行了较为深入的研究，一些学者具有代表性的研究成果主要体现在以下三方面：

（1）融资约束对企业研发投入的影响是研发领域的热点研究问题。通过文献综述可以发现，目前该领域已取得了丰硕的研究成果。当企业面临新研究开发项目时内部资金不足，而又得不到外部融资或外部融资成本较高，就会面临融资约束。国内外学者从各自的角度研究了融资约束对企业研发投入的影响。如国外学者萨维尼亚克（Savignac，2006）从企业规模的角度，布朗（Brown，2011）从研发支出的类型研究融资约束对企业研发投入的影响。国内学者主要以实证研究为主，分析影响研发投入的重要因素，并对融资约束是制约企业研发投入的重要因素达成共识，进一步分析了内部现金持有对 R&D 投资的影响。

①部分学者认为企业研发投入受融资约束影响较为明显。萨维尼亚克（Savignac，2006）指出，大约有 17.25% 的企业研发投入受融资约束的影响，尤其在电子电气设备制造领域的企业，有大约 30% 的企业都存在这一问题，那么开发

建设新项目的可能性就降低近 22%。伴随企业规模的扩大，研发投资受融资约束的影响将会不断降低。布朗等（Brown et al.，2011）基于美国科学基金会的调查数据，通过区分研发支出类型的研究发现，融资约束对基础性、高技术含量的研发投资制约更大，而对应用性、技术含量低的研发投资影响较小。融资约束增加了企业陷入流动性困境的可能性，企业将更多的资金配置到短期生产性投资，导致研发投资不足。

②金融市场的发展可以缓解企业融资约束，进而促进企业研发投资。孙伍琴（2004）认为，金融市场能够促进科技创新活动中的资本积累，通过将资金提供给能够开发并生产新产品的企业提高技术创新率，并能够在企业的分阶段融资创新活动中发挥更为有效的作用。在发达国家，金融市场融资是科技创新活动经费的主要来源。同时，在融资模式结构上，应积极培育和发展金融市场，包括推出二板市场、完善和发展技术产权交易市场等，以进一步扩大直接融资比重，并为发展风险投资创设条件。解维敏（2011）使用我国上市公司数据为样本，实证考察了企业研发投入需要资金的长期持续性投入，外部融资来源则是影响企业研发投入的重要因素，同时从产权控股角度来看，与私有产权控制的企业相比，政府控制的上市公司融资约束程度较轻。唐清泉（2012）基于企业 R&D 异质性视角，把 R&D 投资区分为探索式创新投资和常规式创新投资。探索式的、激进型的、基础性的研发，是为了获得革命性的市场创新，而常规类创新投资，目的是巩固和提高已有产品组合。相比之下，探索式创新，风险高，投资回收期长，而且投资涉及更多的技术机密，创新融资的信息披露不足，从而更不容易获得外部资金的支持，受到的融资约束程度就更高。戴小勇等（2015）基于我国约 30 万家工业企业数据的统计分析发现，我国仅 10% 左右的企业有研发行为，而从事研发活动的企业中有 49.25% 的企业研发行为不稳定，研发投入强度仅 0.4%，因此，寻找制约我国企业研发投资的核心因素，已经成为迫切需要研究的问题。通过构建数理模型，他发现融资约束是制约企业研发投入的重要因素，金融发展水平的提高，缓解了企业融资约束的困难，促进了企业研发投资，金融发展对企业研发的促进作用，对于受融资约束程度较强的私营企业、中小企业尤为突出。刘胜强（2015）基于上市公司年报数据认为，融资约束与 R&D 投资呈显著负相关，融资约束使上市公司 R&D 投资的绝对值整体上较最优水平低约 42%。

③在对融资约束是影响企业研发投入的重要因素达成共识的条件下，以下学者进一步分析内部现金流对企业 R&D 投资的影响，不仅体现了新的研究视角，丰富了投资——现金流敏感性领域研究，而且为企业的创新融资提供了决策参考。邦德（Bond，2003）对英国、日本、比利时、德国等发达国家的 R&D 投资与融资约束关系进行检验时发现，融资约束企业的 R&D 投资对内部现金流具有

显著敏感性。麦克尔森（Mikkelson，2003）认为完美的资本市场很难实现，由于存在信息不对称和交易成本，公司现金持有能减少其外源融资成本与缓解投资不足，因而持续高额持有现金将是高成长公司选择的最优政策。福克肯德（Faulkender，2006）和平科维茨（Pinkowitz，2007）都认为，与非融资约束公司相比，融资约束公司在实现的现金流中储备较多的现金，其持有现金的边际价值也较高。唐清泉（2012）运用《企业会计准则》（2006）颁布之后中国 A 股上市公司R&D 投资数据和 q 投资模型，研究发现，企业 R&D 投资—现金流敏感性是投资理论的重要组成部分。企业创新投资依赖内部资金；探索式创新投资—现金流敏感性高于常规式创新投资—现金流敏感性、融资约束程度与创新投资—现金流敏感性的关系是单调的。我们可以通过分析企业 R&D 投资与现金流之间的敏感性，从而判断企业 R&D 投资是否面临融资约束。过新伟（2014）利用我国制造业上市公司微观数据实证检验后认为，现金持有行为缓冲了现金流波动对 R&D 投资的影响。杨兴全（2014）基于研发平滑的视角，结合融资约束与金融发展实证研究了现金持有的经济后果，检验结果表明，公司持有现金具有平滑研发投入的作用，融资约束越严重的公司，现金持有的研发平滑效果更明显；与政府控制企业相比，现金平滑研发的效果在民营企业更显著。随着金融发展水平的提高，现金持有平滑研发投入效应弱化的同时，其在国有与非国有企业中的差异也降低。

（2）国内外学者分别从金融发展水平、金融深化程度、金融制度支持力度、金融发展缓解融资约束、政府干预等角度研究金融发展与研发投入之间的关系。下面将详细从三个方面的文献进行分别综述。

①金融制度的制定可以有效引导企业研发投入。洪银兴（2011）认为，从发展创新型经济的需求来说，科技金融制度中政府对科技创新和创业项目的引导性投入能够带动科技金融的投资方向，并通过完善创新环境和政策对创新活动提供必要的支撑。同时，投资者参与创新与创业项目的投资，固然有高风险、高收益的引诱，但其根本条件在于得到了金融制度的支持。这就需要针对现有金融机构和金融资本的特性，给予必要的制度引导、激励和培育。王建等（2015）应用了知识生产模型，区分了研发经费来源，实证分析了研发经费异质性与科技金融政策之间的关系，实证研究结论发现在资金要素相对稀缺的条件下，为使稀缺的资金资源边际效用最大化，科技金融政策制定应根据资金所有权的不同，分类引导，优化科技资本资源配置。

②金融市场的发展能有效缓解企业融资约束，提高研发投资效率。沈红波（2010）基于中国制造业上市公司的数据进行实证研究，发现金融市场的发展能显著缓解企业融资约束，发展水平越高融资约束相对越低。解维敏（2011）认为，金融发展缓解对企业融资约束的作用，对私有产权控制的企业更为明显。根

据样本最终控制人性质将样本分为中央政府控股、地方政府控股和私有产权控股三组，来进一步分析金融发展对企业 R&D 投入的影响是否因最终控制人性质变化而变化。结果表明，金融发展对企业研发投入的正向作用只有私有产权组中最显著，这说明与政府控股企业相比，私有产权控股企业面临的融资约束问题更为严重，因而金融发展缓慢对其融资约束的作用更为显著。瞿淑萍（2013）在构建金融中介发展指数及股票市场发展指数基础上，开展金融发展对高新技术企业研发投资效率的实证检验，研究发现金融发展能够缓解高新技术企业融资约束，进而促进高新技术企业研发投资效率的提高，金融中介发展作用显著高于股票市场发展，且金融发展对国有高新技术企业融资约束缓解作用和研发投资效率的促进作用更为显著。

③政府干预对金融发展与研发投入的影响。解维敏（2011）研究了政府干预对金融发展与企业 R&D 投入之间关系的影响，结果显示，政府干预指数与金融发展指数的交互项系数显著为正，说明地方政府对辖区内的金融资源配置干预程度越轻，对金融体系过多地干预会削弱金融发展对企业 R&D 投入的影响。马斯克茨（Maskus，2012）研究了政府干预对金融发展与企业 R&D 投入之间关系的影响结果。结果显示，政府干预指数与金融发展指数的交互项系数显著为正，说明地方政府对辖区内的金融资源配置干预程度越轻，对金融体系过多地干预会削弱金融发展对企业 R&D 投入的影响。张玉喜（2015）通过对科技金融投入的综合研究显示，我国科技金融投入对科技创新的影响主要体现在政府、企业和社会中介机构方面，金融市场的支持作用还存在很大的发展空间。

（3）金融产业集聚与研发投入之间的关系。金融产业集聚与研发投入关系研究一直是近些年来研究的热点问题，关于该领域的研究已取得了丰硕的研究成果，国内外学者分别从区域金融产业集聚、所有权性质和企业规模的角度研究金融产业集聚对研发投入的影响，但关于金融产业集聚与企业研发投入的关系仍存在争议，早期的研究认为金融产业集聚与企业研发投入均呈显著正相关关系，后期的研究认为金融产业集聚对于企业研发投入与企业成长之间的外部效应存在不一致性。

①部分学者认为金融集聚程度与企业的 R&D 投资强度显著正相关。莱文（Levine，1997）认为金融体系（包括金融中介和金融市场）发展能利用集聚储蓄、配置资源、促进公司治理、促进风险管理和便利商品服务交易这五大功能减少金融市场交易成本，扩充企业研发融资，进而这些金融功能可通过"资本积累"和"技术进步"，促进企业经济增长，经济增长进一步可使区域金融产业加快集聚而最终又影响企业研发投入。翟艳（2011）基于时间序列的协整关系分析，发现金融集聚与研发投入之间存在长期稳定的均衡关系。其中，股票筹资对

研发投入增长的弹性系数为 0.357014，金融机构贷款对研发投入增长的弹性系数为 0.386456。基于全国 31 个省（自治区、直辖市）的截面数据的分析结果显示，金融集聚与研发投入呈明显的线性相关。其中，金融机构贷款额度每增加 1 个百分点，对研发投入的贡献率为 0.018 个百分点；股票筹资额度每增加 1 个单位，对研发投入的贡献率为 0.1843 个百分点。同时采用 2007 年我国 31 个省（自治区、直辖市）的截面数据，分析我国 31 个省（自治区、直辖市）的金融集聚与研发投入之间的关系，并划分其等级，深入分析各省的金融集聚与研发投入发展的地域差异，研究发现金融集聚与研发投入呈明显的线性相关。我国的金融集聚程度从东部向中、西部地区递减，长三角地区、珠三角地区及环渤海经济圈是我国金融集聚程度最高的三个地区，其中，上海是我国金融集聚程度最高的地区。张冰（2012）运用 1998～2008 年我国各省（自治区、直辖市）大中型工业企业面板总体及分组数据实证检验了金融产业集聚与企业研发投入均呈显著正相关关系，金融产业集聚度越高，企业研发投入越高。结果显示区域金融产业集聚显著地促进了企业研发投入增长；高研发强度企业在进行研发投入时比低研发强度企业更易受到区域金融产业集聚水平的影响；区域金融产业集聚对低资助强度企业研发投入影响的作用比高资助强度企业更为明显。孙维峰（2015）探讨了所有权性质和企业规模对金融集聚与 R&D 投资间关系的影响，发现地区金融集聚程度与企业的 R&D 投资强度显著正相关，两者的正相关关系会受到企业所有权性质和企业规模的影响，并且金融集聚和 R&D 投资之间显著的正相关关系仅存在于非国有控股企业样本组中，金融集聚对 R&D 投资的影响在小企业样本中更为明显。由于小企业的 R&D 投资更易受到金融集聚的影响，因此小企业占重要地位的地区更应采取各种措施促进本地区金融业的发展。

②近两年以来，一些学者也对金融产业集聚对于企业研发投入的正相关性产生了质疑。曹林峰（2015）认为企业研发投入和金融产业集聚的提升对企业成长均存在正向影响，但是，金融产业集聚对于企业研发投入与企业成长之间的外部效应存在不一致性。具体来说，金融产业集聚度增强能提高企业的研发投入绝对额，但会降低企业研发投入强度。比如，当金融产业集聚度超过一定水平后，企业研发投入强度与企业成长可能从正相关转变为负相关。这个结果表明企业的研发资金大部分来源于企业内部，而金融产业集聚影响下的金融机构贷款主要用于企业的生产、项目投资等，即金融产业集聚性与研发创新对于企业成长没有形成良性结合，缺少从金融支持转向技术创新的动力。徐杰（2016）基于 2007 年以来制造业上市民营企业数据，也认为金融集聚对于企业研发投入与企业成长之间的外部效应存在不一致性，说明金融集聚影响下的金融机构贷款没有形成良性结合，鼓励金融机构加大对企业研发投入的支持力度，发展和引入信用担保机构，

扩大企业技术创新的融资规模，让金融更有效地服务企业。

第五节 知识产权保护政策对企业研发投入的影响

知识产权的保护政策对企业研发投入十分重要。知识产权保护的程度合理可以显著增加企业研究投入，增强创新效果，提升企业绩效，有利于企业专利的产出。知识产权保护政策是影响企业创新成果的重要因素，良好的知识产权保护政策会增加研发投入量，提高创新率，从而多方面地影响社会福利、经济增长。知识产权保护政策具有行业异质性，因此在制定知识产权保护政策时要有针对性地制定。

国内外学者具有代表性的研究成果主要体现在以下三方面：

（1）知识产权对企业创新的影响。国内外关于知识产权对企业创新的影响研究较为悠久，国际上最早有关对知识产权保护与创新的理论研究思想来自阿罗（Arrow，1962），文章认为尽管从福利的角度看信息应该为公众免费所得，但如果这样，就会因为创新者不能得到成本补偿而导致新知识的生产性投资缺乏。通过知识产权保护赋予创新者一定时期内使无形资产商业化的独占权可以有效地保护收益。阿罗的思想引发了理论界对知识产权保护如何影响创新、技术扩散、社会福利和经济增长的深入讨论。

20世纪80年代后期开始，许多学者在南北（分别指发展中国家和发达国家）贸易框架下从理论上探讨知识产权保护对南北双方创新和社会福利的影响，但对这些问题的回答却莫衷一是。部分学者认为，严格的知识产权保护会鼓励跨国公司向发展中国家转移生产，提高全球的创新率，增进所有国家福利；但也有学者认为严格的知识产权保护会降低南方国家的创新，阻碍南方产业发展。琼斯（Jones，1995）和爱德华基斯特（Eduqist，1998）等分别考察了"二战"以来不同国家间研发投入与经济产出之间的关系，发现较高的研发投入并没有带来经济产出的实质增加，且两者呈现出越来越大的差距，这一理论与经验之间的差异被称为"研发悖论"。在对"研发悖论"成因的解释中，一个主要的观点是低效率创新系统所致，尤其是国家创新体系以及对于创新成果的保护存在地区性的系统差异，即知识产权保护的差异对地区的研发绩效有着重要的影响，知识产权保护制度的差异是导致"研发悖论"产生的重要制度性因素。莱（Lai，1998）通过引入外国直接投资并进行分析，得出了加强知识产权保护将会提高发达国家的产品创新率，并增加发展中国家的产品转换率和相对工资水平。林等（Lin et al.，2010）使用世界银行2003年对我国18个城市2000多家企业的调查数据估计了产权保护对企业研发决策的影响，结果表明两者存在显著的正相关关系。蔡地（2012）利用世界银行 2005 年对我国 120 个城市 6826 家民营企业的调查数据研究发现，民营企业所处地区产权保护水平的提高无论是对于促进我国民营企业参与研发活动，还是提高其研发投入强度，均有显著积极影响。李春涛（2015）利用世界银行在全球 61 个国家两万多家企业的调查数据，以一国所处的纬度、宗教传统、语言、殖民历史和民族特征等变量作为产权保护的工具变量，在控制了知识产权保护内生性的基础上验证了良好的知识产权保护能够鼓励企业进行创新投资。李霞（2015）运用 VAR 模型对我国知识产权保护与研发投入的创新效果进行了实证比较，研究发现我国知识产权保护强度、研发投入和创新水平之间存在稳定的均衡关系，两者均对创新有正向的促进作用，但研发投入对我国创新的推动力度更强，对创新的贡献度更大。经济发展阶段所限，我国知识产权保护对创新的激励作用尚未充分发挥，研发投入仍是我国创新的主要动力。李伟等（2016）进行 Granger 因果关系检验，发现在 2002 年前后知识产权保护对中国企业研发投入产生了结构性影响，知识产权保护对企业研发投入的杠杆作用上升为0.147，较之前的影响效应提升了一倍，证实了知识产权保护是促进中国企业技术创新的动力源泉。

然而，另外一部分学者认为知识产权保护的强与弱，自主创新能力均能达到最优。宋河发（2006）分析了世界知识产权保护强化的趋势，探讨了自主创新能力建设与知识产权保护强度的关系，表明世界知识产权保护强化的趋势必然会提高知识产权垄断性和滥用的可能性，较大的自我研发投入和较强的自主创新能力基础对应于高的较优知识产权保护强度，高或低的知识产权保护强度下，自主创新能力均能达到最优，即使无自我研究开发投入，也存在较优的知识产权保护强度。授予知识产权一定时期的垄断权，有利于激励本国的发明创造和创新活动，提高知识产权保护强度，增强知识产权的垄断性，有利于提高自我研发的投入能力。在知识产权保护强度较低时，知识产权垄断性较小，自我研发投入和自我实施的积极性较低，但研发成果很容易向外扩散，特别是被侵权的扩散，随着知识产权保护强度提高，知识产权的垄断性增强，自我研发投入积极性提高，自我实施和许可他人实施规模增加，创新扩散和应用能力提高，自我研发投入能力、自主创新扩散应用能力和自主创新产出能力提高。知识产权的垄断水平达到一定强度后，自我研发投入和自我实施的积极性继续提高，许可他人实施的积极性降低，他人非法侵权扩散的可能性降低，由知识产权总量增加所导致的其他类型的扩散增加，总的知识产权扩散应用趋势会放缓。

（2）目前，关于知识产权与研发强度的研究参考文献较少，学者关于知识产权与研发强度的关系尚未达成共识。张望（2014）研究发现，知识产权保护与研发强度是不确定的，取决于国内外技术差距的大小。当国内外技术差距小于某一临界值时，加强知识产权保护有利于提高企业研发强度，否则不利于提高企业研发强度。在此基础上，以我国 2005～2010 年 31 个省（自治区、直辖市）的相关数据所进行的实证分析表明：知识产权保护并不单独作用于企业研发决策，与技术差距共同作用于企业研发强度，技术差距与企业研发强度呈负向关系，技术差距是制约我国企业研发强度提高的主要原因。白彦壮（2015）通过实证分析研究研发投入强度、专利产出和自主知识产权品牌资产三者之间的关系，研究表明：研发资金投入的强度对于品牌的认知质量和忠诚度有显著的正向作用，而专利产出的数量在二者之间起了完全的中介效应。可以看出，研发资金强度对品牌建设有着积极的作用，而要发挥这一影响作用，研发过程与创新成果的转化是必不可少和至关重要的。只有通过研发投入，企业通过创造性努力获得自主知识产权，使企业研发优势转化为知识产权优势，才能提高品牌的市场表现，提升品牌资产。因此，我国企业尤其是高新技术型企业，在建立和完善自主知识产权品牌的过程中，要加大研发资金投入的强度，更要关注研发活动与专利等知识产权的转化情况，提高转化效率，还要加强知识产权的价值组合和战略运用，并且完善对企业自主知识产权的保护和管理，这样才能使企业在发展中立于不败之地。吴先明（2017）认为开放程度对后发企业研发投入的单独作用不显著，但在强知识产权保护的环境下，其会抑制企业的研发投入，即在我国知识产权保护水平不高的省份，开放程度会显著负向影响企业的研发投入。知识产权保护显著正向调节后发企业的研发投入，也就是强知识产权保护的环境，更能够激励企业进行研发投入与创新。因此，虽然知识产权保护有利于国内企业进行自主创新，但不利于企业享受技术外溢所带来的效益，政府在制定实施相关政策时，应权衡好两者之间的关系，争取获得最大的收益。

（3）知识产权保护对企业研发投入的影响是研发领域的热点研究问题。通过文献综述可以发现，目前该领域已取得了丰硕的研究成果。国内外学者从各自的角度研究了知识产权保护对企业研发投入的影响。如从行业异质性、企业绩效等角度研究知识产权保护对研发投入的影响。

①知识产权保护对研发投入的影响具有行业异质性。史宇鹏（2013）研究发现，当企业面临越多竞争时，企业的创新投入对知识产权保护越敏感，即竞争程度较高的行业中的企业创新投入受到知识产权保护的影响也更大。宗庆庆等（2015）通过构建省际层面知识产权保护强度指数，考察了知识产权保护制度环境对工业企业研发投入的影响。跨行业的实证结果表明，知识产权保护程度的提高显著地推动了我国全样本工业企业的研发活动。但分行业的回归结果却显示，知识产权保护对企业研发投入的影响在市场结构不同的行业里表现迥异，在垄断

程度较高的行业中，两者呈倒 U 型关系，过于严厉的知识产权保护反而会削弱企业研发动机；在竞争程度较高的行业中，知识产权保护则显著地提高了企业研发激励。仇云杰（2016）研究发现由于行业的进入和模仿成本较低，知识产权保护的正向调节作用更多地体现在劳动密集型、具有行政色彩的国有企业和集体企业，知识产权保护对于研发绩效的调节作用在私营企业、外资企业以及混合所有制企业中有更为显著的影响。知识产权保护对于研发绩效的促进也存在行业的差异，并且主要体现在劳动密集型的产业中。这一结论的得出与科恩（Cohen，1995）的研究是一致的，即由于高科技行业产品本身具有较高的复杂程度，这无形中提高了模仿者进行逆向工程的难度和成本，起到了自我保护的作用，因而知识产权保护的作用并没有想象中的重要。而在一些劳动密集型行业，研发投入对于企业绩效的促进在很大程度上依赖于严格的专利和知识产权保护。此外，知识产权保护对于研发绩效的调节作用在私营企业、外资企业和混合所有制企业中有显著的影响，而与预期相同，国有企业和集体企业由于自身具备某种程度的垄断势力，因而知识产权保护的作用并不凸显。

②知识产权保护会从直接绩效的角度影响企业研发投入。吴延兵（2006）认为企业的研发投入会催生知识产权，帮助企业确立技术竞争方面的优势，但这必须是在知识产权得到充分保护的前提下才能实现。仇云杰（2016）基于1998~2009 年中国大样本微观企业与地区知识产权保护力度的匹配数据库，考察了知识产权保护对于企业研发绩效的行业和资本密集型行业中的影响。研究表明，知识产权保护水平的提高将显著提升研发投入向企业绩效的转化效率。白彦壮（2015）以 2012~2013 年创业板市场电子信息行业中披露研发投入数据的公司为样本，研究发现：研发资金强度的增加可有效促进企业自主知识产权产出的增加，即研发投入强度与自主知识产权产出是自主创新能力建设价值链上的输入和输出。但是，研发过程与创新成果的转化，对于研发资金促进品牌建设的构建也是必不可少和至关重要的。此外，企业的研发实力具有一定积累效应，即企业的无形资产比例越高，企业规模越大，企业研发实力越强，越容易获得新的专利产出。

第六节　本章小结

研发投入是高新技术企业的灵魂所在，本章通过对现有研究和观点进行总结综述，分别从宏观层面、企业层面、管理者层面对企业研发投入的影响因素进行了梳理，在高新技术企业研发投入对企业的影响方面从企业绩效与资本融资、企业全要素生产率、企业创新产出等方面展开综述，在企业绩效方面从高新技术企业研发投入与企业创新绩效的关系及企业经营绩效的关系两方面对国内外研究观点进行了总结与梳理。

对于我国政府支持企业研发的主要政策，主要分为财政政策、税收优惠政策、金融扶持政策及知识产权保护政策。我国政府对企业 R&D 投入的财政支持主要分为财政直接投入和政府采购两种方式，其中不同行业领域对财政补贴企业研发投入的反应有所不同，针对不同的研究样本和不同的研究模型，政府补贴对企业研发投入有不同的效果；对于税收政策，其有效性被普遍认可，我国学者目前对于税收政策对企业研发投入的影响多持正相关意见，也有部分学者认为税收优惠政策对企业研发投入产生的作用是不显著且有限的，即政策力度存在临界值；对于金融政策影响企业研发投入的影响主要集中在融资约束对研发投入的影响、金融发展与研发投入之间的关系、金融产业集聚与研发投入之间的关系这三个方面。企业的研发投入受到融资约束、内部现金流、金融产业集聚等因素的共同影响。金融市场的发展可以间接地缓解企业外部融资约束，企业现金持有量则可从内部缓解企业融资约束。融资约束得到有效缓解后，可以显著地促进企业的研发投入力度和研发效率。金融产业集聚在一定程度下对企业研发投入和企业成长具有促进作用；知识产权保护对企业创新、研发强度以及研发投入都存在重要影响。企业研发强度和研发投入力度在一定程度下会刺激企业创新，提高对知识产权的保护是维护企业创新成果的关键措施。因此，我国要加大研发资金投入强度，关注自主知识产权的构建，不断进行技术改良和创新，拥有核心知识产权，从而获得长久的竞争优势，赢得市场主动权。

第三章

理 论 基 础

第一节　相关概念界定

一、高新技术企业

"高技术"一词最早出现于20世纪60年代，1983年被正式收入美国出版的《韦氏第三版国际词典·补充900个词》中，高技术是指使用或包含尖端方法或仪器用途的技术，从此高技术作为一个正式的名词被确定下来，并且高技术的发展水平越来越成为衡量一个国家综合国力的主要标志。高技术是新技术，是建立在最新科学技术成就基础上的技术，它区别于传统技术，通常将高技术与新技术的结合简称为高新技术。

高新技术是指那些对一个国家或一个地区的政治、经济和军事等各方面的进步产生深远的影响，并能形成产业的先进技术群。高新技术与一般科学技术相比，有其明显的内在特征：高战略性、高层次性、高势能性、高效益性、高投入性、高智力性、高速度性、高风险性、高竞争性、高时效性等。

20世纪80年代初，美国率先提出了高新技术产业的概念，并得到各国广泛认同。国内外研究中对于高新技术产业的定义有很多，目前并没有非常明确的高新技术产业的标准定义，相关的研究还在进一步的探讨之中（郑坚，2013）。由于各国经济发展阶段不同，经济发展特点不一致，各国需要根据自身实际发展水平和需求采用各自不同的标准定义本国的高新技术产业。

目前，西方发达国家和一些国际性组织界定高技术产业的方法和标准有逐渐统一的趋势，即普遍在国际标准产业分类法产业统计的基础上，采用研发费用占制造业销售额的比重和研究与开发科技人员占职工总人数的比重这两个指标的组合或其中的一个指标来界定高技术产业。美国商务部将职工总数中科学家和工程师占 2.5% 以上，或者其净销售额中有 3.5% 以上用于研究与开发的产业界定为高技术产业。1986 年国际经济合作与发展组织（OECD）第一次正式界定高技术产业，将 R&D 强度作为界定高技术产业的标准。西方国家标准工业分类（Standard Industrial Classification，SIC）的观点为：高新技术企业科技人员的比例高出普通制造业 5 倍，研发费用占销售额的比例比一般企业高出 10 倍至 20 倍[①]。

经济合作与发展组织（OECD）出于国际比较的需要，1994 年选用 R&D 总费用（直接 R&D 费用加上间接 R&D 费用）占总产值比重、直接 R&D 经费占产值比重和直接 R&D 占增加值比重 3 个指标重新对高新技术产业进行了划分，即将航空航天制造业、计算机与办公设备制造业、电子与通讯设备制造业、医药品制造业等确定为高新技术产业。这一分法为世界大多数国家所接受。

按照我国国民经济行业分类，参照 OECD 的划分标准，2002 年国家统计局制定了《高技术产业统计分类目录》。本书将高技术产业（制造业）定义为国民经济行业中 R&D 投入强度（即 R&D 经费支出占主营业务收入的比重）相对较高的制造业行业。医药制造业、电子及通信设备制造业、航空航天及设备制造业、医疗仪器设备及仪器仪表制造业、计算机及办公设备制造业和新兴化学品制造业六大行业被列入我国高技术产业。

在界定高新技术产业范围的基础上，高新技术企业概念是采用我国 2016 年国家修订印发的《高新技术企业认定管理办法》来加以界定。高新技术企业一般是指在国家颁布的《国家重点支持的高新技术领域》范围内，持续进行研究开发与技术成果转化，形成企业核心自主知识产权，并以此为基础开展经营活动的居民企业，是知识密集、技术密集的经济实体。

二、高新技术企业认定条件

根据科技部、财政部、国家税务总局 2016 年 3 月联合发布的修订后的《高新技术企业认定管理办法》及《国家重点支持的高新技术领域》，高新技术企业的认定标准如下：

（1）企业申请认定时须注册成立一年以上。

（2）企业通过自主研发、受让、受赠、并购等方式，获得对其主要产品（服务）在技术上发挥核心支持作用的知识产权的所有权。

---

① 参见美国劳工部网站，http://www.census.gov/epcd/www/sic.html。

（3）对企业主要产品（服务）发挥核心支持作用的技术属于《国家重点支持的高新技术领域》规定的范围。

（4）企业从事研发和相关技术创新活动的科技人员占企业当年职工总数的比例不低于10%。

（5）企业近三个会计年度（实际经营期不满三年的按实际经营时间计算，下同）的研究开发费用总额占同期销售收入总额的比例符合如下要求：一是最近一年销售收入小于5000万元（含）的企业，比例不低于5%；二是最近一年销售收入在5000万元至2亿元（含）的企业，比例不低于4%；三是最近一年销售收入在2亿元以上的企业，比例不低于3%。其中，企业在中国境内发生的研究开发费用总额占全部研究开发费用总额的比例不低于60%。

（6）近一年高新技术产品（服务）收入占企业同期总收入的比例不低于60%。

（7）企业创新能力评价应达到相应要求。

（8）企业申请认定前一年内未发生重大安全、重大质量事故或严重环境违法行为。

三、企业 R&D

国际上通常采用 R&D 活动的规模和强度指标反映一国的科技实力和核心竞争力。一国的 R&D 水平体现着一国的政治经济实力，而一个企业的 R&D 水平，体现着一个企业的竞争力。

我国 R&D 活动具有两个显著的特点，一是其活动成果无论如何都具有公共物品的特征，任何机构的 R&D 经费投入者都难以完全独占 R&D 成果所带来的收益。二是从 R&D 活动本身的规律来说，R&D 活动具有高投资、高风险的鲜明特征，完全的市场主体难以承担失败概率颇高的 R&D 投资。因此，政府对于 R&D 活动的投入就非常重要。

企业 R&D 通常被称为企业研究与试验发展，是指在企业生产活动中，企业为获得科学与技术（不包括人文、社会科学）新知识，创造性运用科学技术新知识，或实质性改进技术、工艺、产品（服务）而持续进行的具有明确目标的研究开发活动。创造性运用科学技术新知识，或实质性改进技术、工艺、产品（服务），是指企业通过研究开发活动在技术、工艺、产品（服务）方面的创新取得了有价值的成果，对本地区（省、自治区、直辖市或计划单列市）相关行业的技术、工艺领先具有推动作用，不包括企业产品（服务）的常规性升级或对公开的科研成果直接应用等活动（如直接采用公开的新工艺、材料、装置、产品、服务或知识等）。它是指在科学技术领域中运用知识区创造新应用而进行的系统性、创造性的活动，是科技活动的核心指标，是衡量一个国家或地区科技发展水平的主要指标，也是反映企业自主创新能力的指标。主要包括基础研究、应用研究和试验发展三类活动。

基础研究指为了获得关于现象和可以观察事实的基本原理的新知识（揭示客观事物的本质、运动规律，获得新发展、新学说）而进行的实验性或理论性研究，它不以任何专门或特定的应用或使用为目的。应用研究指为了确定基础研究成果可能的用途，或是为达到预定的目标探索应采取的新方法（原理性）或新途径而进行的创造性研究，主要针对某一特定的目的或目标。试验发展指利用从基础研究、应用研究和实际经验所获得的现有知识，为产生新的产品、材料和装置，建立新的工艺、系统和服务，以及对已产生和建立的上述各项做实质性的改进而进行的系统性工作。

四、企业 R&D 人员

R&D 人员是指直接从事 R&D 活动的人员，以及直接为 R&D 活动提供服务的管理人员、行政人员和办事人员。R&D 研究人员指从事新知识、新产品、新流程、新方法或新系统的构思或创造的专业人员及相关项目管理的专业人员。R&D 人员计算一般采用人员数（人头数）和全时工作当量两种指标，人员数（人头数）指参与 R&D 活动的所有人员，单位为人，全时工作当量指按工作量折合为全时人员数，单位一般为人·年和人·月。

企业研究开发人员主要包括研究人员、技术人员和辅助人员三类。研究人员是指企业内主要从事研究开发项目的专业人员。技术人员是指具有工程技术、自然科学和生命科学中一个或一个以上领域的技术知识和经验，在研究人员指导下参与下述工作的人员：关键资料的收集整理；编制计算机程序；进行实验、测试和分析；为实验、测试和分析准备材料和设备；记录测量数据、进行计算和编制图表；从事统计调查等。辅助人员是指参与研究开发活动的熟练技工。

五、企业 R&D 经费

企业 R&D 经费是指在统计年度内企业实际用于基础研究、应用研究和试验发展的经费支出，通常包括用于科技研发项目活动的直接支出，以及间接用于研发活动的管理费、服务费、与企业科技研发有关的基本建设支出以及外协加工费用等，即日常性支出和资产性支出。对于生产性活动支出、归还贷款支出以及与外单位合作或委托外单位进行研发活动而转拨给对方的经费支出不包括在内。

企业 R&D 经费（原"技术开发费"）是支撑企业研究开发活动最主要的资源之一，目前有关企业 R&D 经费的界定国内外尚无统一的标准。根据《国际会计准则第 9 号》的规定，R&D 经费包括可直接计入研究与开发活动或按一个合理的基础分配计入这些活动的所有费用，主要包括研究与开发人员的薪金、工资及其他与聘用人员有关的费用；研究与开发活动中消耗的材料、劳务费用（不包括一般性的管理费用）；用于固定资产的折旧费用；与研究开发活动有关的其他间接费用。《美国财务会计准则第 2 号公告》关于 R&D 经费的内容与国际会计准则有相似之处，具体与研发活动相符的成本要素包括：材料、设备和设施、人员（年薪、周薪及其他从事科研开发活动的人员发生的成本）、外部购入的无形资产、劳务合同和间接成本。

我国财政部财企〔2007〕194 号第一条规定企业研发费用包括：①研发活动直接消耗的材料、燃料和动力费用。②企业在职研发人员的工资、奖金、津贴、补贴、社会保险费、住房公积金等人工费用及外聘研发人员的劳务费用。③用于研发活动的仪器、设备、房屋等固定资产的折旧或租赁费及相关固定资产的运行维护、维修费用。④用于研发活动的软件、专利权、非专利技术等无形资产的摊销费。⑤用于中间试验和产品试制的模具、工艺装备开发及制造费、设备调整及检验费，样品、样机及一般测试手段购置费、试制产品的检验费等。⑥研发成果的印证、评审、验收评估及知识产权的申请费、注册费、代理费等费用。⑦通过外包、合作研发等方式，委托其他单位、个人或者与之合作进行研发而支付的费用。⑧与研发活动直接相关的其他费用，包括技术图书资料费、资料翻译费、会议费、差旅费、办公费、外事费、研发人员培训费、培养费、专家咨询费、高新科技研发保险费等费用，但事实上并未对其概念进行概括，我国对企业 R&D 经费概念的界定只在《企业会计准则——无形资产》中有所涉及，但只是规定"自行开发并依法申请取得的无形资产，其入账价值按依法取得时发生的注册费、律师费等费用确定，依法申请取得前发生的研发费用，应于发生时确认为当期费用。"

六、企业 R&D 经费支出

研发（R&D）经费支出，指的是整个国家或地区范围内所有研究与开发经费的总和，包括三类不同活动类型（基础研究、应用研究和试验发展）的经费支出。R&D 经费可以按照不同的方法进行分类。按照经费来源不同可以将 R&D 经费分为：政府、企业、国外和其他；按照执行部门不同可以将 R&D 经费分为私人企业、政府研究机构、高等院校和其他事业单位。《中国科技统计年鉴》将 R&D 经费分为内部 R&D 经费支出和外部 R&D 经费支出。其中，内部支出是指为实施研发活动用于本部门内的全部实际开支；外部支出是指接受委托的其他部门或单位实施研发活动而收取的全部费用。为避免对实施单位和委托单位的重复计算，经费统计的是实施单位开展 R&D 活动的内部支出。所以说，R&D 经费支出在全国范围内是指，全部实施单位 R&D 经费内部支出的总和。

研发（R&D）经费支出指的是企业在产品、技术、材料、工艺、标准的研究、开发过程中发生的各种费用，包括：研发活动直接消耗的材料、燃料和动力费用；企业在职研发人员的工资、奖金、津贴、补贴、社会保险费、住房公积金等人工费用以及外聘兼职研发人员的劳务费；用于研发活动的仪器、设备、房屋等固定资产的折旧或租赁费用，单位价值在 30 万元以下的研发仪器、设备的购置费用以及相关固定资产的运行维护、维修等费用；用于研发活动的软件、专利权、非专利技术等无形资产的摊销费用；用于中间试验和产品试制的模具、工艺装备开发及制造费，设备调整及检验费，样品、样机及一般测试手段购置费，试制产品的检验费等；研发成果的论证、评审、验收、评估以及知识产权的申请费、注册费、代理费等费用；通过外包、合作研发等方式，委托其他单位、个人或者与之合作进行研发而支付的费用；与研发活动直接相关的其他费用，包括技术图书资料费、资料翻译费、会议费、差旅费、办公费、外事费、研发人员培训费、培养费、专家咨询费、高新科技研发保险费用等。

第二节 经济理论对研发的指导意义

一、熊彼特的创新理论

创新理论 1912 年由美国哈佛大学教授熊彼特的《经济发展概论》首次提出并对现代经济发展理论产生了重大影响。熊彼特在其著作中提出："创新是指把一种新的生产要素和生产条件的'新结合'引入生产体系。"熊彼特认为，资本主义经济打破旧的均衡而又实现新的均衡主要来自内部力量，其中最重要的就是创新，正是创新引起经济增长和发展。创新的概念主要包括：一是引进新的产品，即产品创新；二是采用一种新的生产方法，即工艺创新或生产技术创新；三是开辟一个新的市场，即市场创新；四是获得一种原料或半成品的新的供给来源，即开发新的资源，不管这种资源是已经存在，还是首次创造出来；五是实行一种新的企业组织形式，即组织管理创新。① 熊彼特认为，在均衡经济中，创新可以在短期内创造超额利润，但同时创新被大量模仿使得技术垄断优势被打破，刺激大规模的投资产生，从而引致经济走向繁荣。随着技术在大多数企业中被扩散应用，创新带来的超额利润下降，从而引发投资下降，经济衰退，直至下一个创新行为出现。由于创新活动对经济的影响及作用时间长短不同，创新的引入则被解释为经济发展周期"四阶段模式"（繁荣、衰退、萧条、复苏）之间的内在联系。由于经济领域中存在多种创新活动，而不同的创新活动所需的时间长短不一，对经济的影响范围和程度也各不相同，从而会出现多种周期。此外，他还认为经济生活中的创新和发展并非从外部强加而来，而是从内部自行发生的变化。这实际上强调了创新中应用的本源驱动和核心地位。在创新过程中，企业家的作用是实现新创新，引进新组合，在企业家精神的推动下实现创新和经济发展。由此，熊彼特认为技术活动是外生的经济变量。

二、新熊彼特主义的技术创新经济学

技术创新经济学发源于熊彼特的创新理论，是将熊彼特的创新理论和研究方法，同新古典学派的经济理论即微观经济理论结合起来，用于技术创新的研究。门施等人的周期理论、弗里曼的技术创新政策体系和卡曼等的市场理论，是继承和发展熊彼特创新理论的几个具有代表性的技术创新理论。

以门施为代表的周期理论，把技术创新看成是经济增长和长期波动的主要动因，并运用统计资料证实了熊彼特的理论。门施认为，熊彼特理论不足是没有涉及创新所需要的环境和前提条件，因而没有解决技术创新周期性阵发的原因。门施理论的核心思想是经济衰退和大危机刺激了技术创新，它是技术创新高潮出现的主要动力；危机会迫使企业寻求新技术，而大批技术创新的出现则成为经济发展浪潮的基础。

英国弗里曼等为代表的新熊彼特主义者，提出了政府的科学技术政策对技术创新起重要作用的理论体系。弗里曼的技术创新政策体系是把技术创新看作是经济增长的主要动力，同时更强调技术创新对劳工就业的影响，强调科学技术政策对技术创新的刺激作用，并为政府提出了三套科学技术政策，用以刺激技术创新、扩大劳工就业。第一套政策的目的是扶持、资助和鼓励基础技术的发明和创新；第二套政策的目标是推动和促进基础技术创新的传播和应用；第三套政策的

---

① Schumpeter J. A. The theory of economic development: An inquiry into profits capital, credit, interest, and the business cycle [M]. Transaction Publishers, 1934.

目标是改善对国外先进技术的进口，并促进其在国内的广泛应用。弗里曼的技术创新政策体系，为国家创新系统的提出打下了基础。

以爱德温·曼斯菲尔德、莫尔顿·卡曼、南赛·施瓦茨、理查德·列文、海纳等为代表的技术创新经济理论，研究了技术创新与垄断、竞争和企业规模之间的关系，认为竞争程度、企业规模和垄断力量是决定技术创新的三个重要因素。竞争程度引起"技术创新"的必要性。企业规模的大小不仅直接影响着技术创新的效果，而且影响所开辟的市场前景的大小。垄断程度越高，对市场的控制越强，越不容易被其他企业模仿，技术创新产生的利益就越能持久，最为有利的市场结构是介于垄断和完全竞争之间的市场结构。在最优的市场结构下存在着垄断所推动的技术创新和竞争所推动的技术创新。

新熊彼特学派对技术创新理论的系统研究得益于 20 世纪 50 年代以微电子技术为主导的新技术革命的蓬勃兴起，为技术创新理论和制度创新理论的建立奠定了基础，并初步搭起了技术创新的理论框架。这一时期技术创新理论研究的问题主要涉及技术创新过程，影响技术创新的因素，技术创新的市场体制、扩散模式、与企业经营的关系，对企业、行业、国民经济增长的贡献的测度方法，同时也研究了企业的组织结构、管理策略、企业内外因素等与技术创新的关系。其成就主要体现在三个方面：一是在分析熊彼特创新理论的基础上，引出了技术创新理论；二是在分类研究熊彼特的创新类型的基础上，界定了技术创新的概念、内容和主要类型；三是初步探讨、描述了技术创新理论的研究对象、主要任务和理论命题等。

三、经济增长理论

（一）传统经济增长理论是认识研发投入绩效问题的逻辑起点

对于经济增长的探讨可以追溯到英国经济学家亚当·斯密（1776），他注意到经济增长的动态过程，非常重视知识和技术等要素在经济增长中的作用。他认为技术变化是内在持续的，这种内在的、持续的专业化知识和技术的积累能带来递增收益，进而构成经济增长的持续动力。

完整的经济增长理论模型是 20 世纪 40～50 年代在凯恩斯宏观经济理论的动态发展过程中建立起来的，其中最主要的经典模型是英国经济学家哈罗德和美国经济学家多马的经济增长模型，这两个模型被称为传统经济增长理论的起点。

哈罗德在 1939 年发表的《论动态理论》论文中，试图把凯恩斯采用短期、静态均衡分析方法提出的关于国民收入决定理论和就业理论长期化、动态化，并于 1948 年出版的《动态经济学导论》中进一步系统地提出了一个稳定状态均衡增长的模型。此外，美国多马在 1946 年发表的《资本扩张增长率和就业》一文中完整、独立地提出了与哈罗德模型理论构思和基本观点几乎完全相同的经济增长模型。在哈罗德 – 多马经济增长模型中假定生产技术固定不变，即资本 – 劳动比率和资本 – 产量比率（V）是固定不变的，而充分就业均衡增长要求 $G_n = G_w = G = S/V$。S 取决于个人和公司的储蓄倾向以及政府的财政政策，V 取决于技术状况，G_n 取决于人口的社会因素。

虽然哈罗德 – 多马经济增长模型没有涉及技术进步问题，却极大地推动了经济增长理论的研究和发展。在修正、补充这一模型的基础上，索洛、斯旺和米德等提出了"新古典经济增长模型"。索洛在《对经济增长理论的一个贡献》（1956）一文中认为，通过资本主义市场机制的作用调整生产中资本 – 劳动的组合比例，充分就业、稳定状态经济增长是可以实现的。索洛的生产函数没有把技术进步作为一个重要的解释变量列入，而事实上技术进步是经济增长的主要贡献者。针对这一缺陷，索洛在 1957 年发表了《技术变化和总量生产函数》一文，米德（1961）出版了《一种新古典的经济增长理论》一书，在模型中引入技术进步和时间因素，从而将其发展为"索洛 – 米德模型"。

"索洛 – 米德模型"的意义是第一次提出了技术进步对经济增长很重要的观点。而技术进步则必须有一定的研发（R&D）投入，从而使人们初步认识到技术进步，包括研发（R&D）的投入对经济增长的重要性和关键性。

（二）技术创新理论揭示了技术创新与研发投入的内在联系

技术创新理论是经济增长理论的一个分支。约瑟夫·熊彼特在《资本主义、社会主义和民主》（1942）中将创新看成是企业行为内生决定的，创新主要是企业自觉投入 R&D 的结果，创新能力的大小、创新成功的概率都内生地决定一个企业在 R&D 活动上的投入数额。虽然从某一次投入产出的效果看，R&D 与企业创新并不一定存在正相关关系，但是从长远来看，这种关系是一定存在的。这也解释了 20 世纪以来为什么有越来越多的企业自觉地不断扩大企业内部对 R&D 活动的投入。而现代技术创新理论正是在约瑟夫·熊彼特的创新理论的基础上衍生和发展起来的。熊彼特认为：

1. 技术创新与 R&D 的关系

就本质而言，R&D 的实施主体是企业、科研机构以及高校，这与技术创新的主体是一致的。R&D 的客体是知识的创造，而技术创新的客体是新产品的产出，但从本质上讲也属于知识的创造。这种知识除了技术创新本身的知识外，还包括技术扩散和商业化的知识。R&D 活动中的知识创造为技术创新的利润获得提供了直接的动力源。所以，R&D 是技术创新体系中的最重要的内生变量。从这个意义上讲，没有 R&D 活动就没有技术创新。

就目的而言，R&D 是为了创造知识，进而应用知识而进行的新的发明，这是对 R&D 活动的抽象概括。而技术创新以获得商业利润为目的，是对 R&D 产出的具体运用和延伸。技术创新的目的要想得以最终实现必须要求技术创新主体具有丰富的知识储备，这离不开 R&D 活动；而建立更高技术平台的生产经营系统，又必须要应用新的知识，这更少不了 R&D 活动。反之，R&D 活动也需要一定的资金投入来支撑，而技术创新取得成功又会进一步激励 R&D 活动。

2. R&D 活动是高新技术企业的一种内生的、常规性的活动

随着垄断竞争的展开，当垄断企业创新所确定的地位受到后来者的威胁时，垄断企业为了保持自己的地位就需要进一步有效地创造活动。因此，第一次创新成功的垄断企业，在其所获得的垄断利润中会拿出相当一部分再投入 R&D 活动，以期再一次获得创新利润。

到 20 世纪中叶，经济发展中的科技知识作用越来越重要，企业自觉投资于 R&D 活动，创新活动与 R&D 活动的投入成正比，创新活动就成为企业家的一项常规活动，也就是说，企业的创新需要企业家根据市场潜在需求的敏感性来组织安排 R&D 活动，通过 R&D 活动的努力，实现新的组合，开拓新产品、新生产过程、新生产材料来源以及生产组织的新组合等。

在现代经济中，竞争形式多种多样，R&D 竞争，即新产品或新技术的开发问题，是一种重要的竞争形式。此前，我们一直将生产技术看作是经济系统的外生变量，并在此基础上讨论各个市场参与者之间的相互博弈。

3. 研发与技术创新、企业核心竞争力的关系分析

研发主要是通过基础研究、应用研究和试验发展来产生技术创新，以提高产品技术含量、增强企业核心竞争力、优化和提升产业结构等方式来推动经济增长。在这个过程中，生产要素质量和经济增长质量的提高是技术创新的直接结果和主要标志。一般来说，研发的投入经费与强度和国家经济的发展是相互依赖、互为影响的。一个国家经济越发达，就会越重视和支持科学事业的发展。通过以上分析可以发现，工业发达国家的研发的经费来源大多经历了相似的发展过程，即经历了由政府为主导向政府、企业同时并重，最后企业成为主体的发展历程，而研发投入分配也是经历了一系列发展过程后才逐步趋于稳定，而且一个国家在不同的研发投入阶段其国家经济及产业结构也会有所不同。所有这些发展规律都可以成为我国研发投入变化的借鉴。

随着企业之间竞争日趋激烈，企业经营日益国际化，产品生命周期日渐缩短，技术创新对于企业生存与发展日益重要。通过技术创新，企业可以开发或引入新产品，或降低产品成本，更好地满足顾客需求，提高产品的市场竞争力；也可以率先进入新的业务领域，抢先占领新市场，形成企业新的利润增长点，从而提高企业的盈利能力。同时，技术创新有助于企业提升生产与经营能力，获得新的核心能力。而核心能力是企业长期竞争优势的源泉，从而决定了企业经营绩效。因此，企业技术创新有助于提高企业盈利能力，促进企业成长，从而提高企业经营绩效。

面临知识经济时代，技术创新成为企业生存和发展的关键，反之企业也日益成为技术创新的主体。企业作为创新的主体主要表现在三个方面：一是企业要成为技术创新投资的主体；二是企业要成为研究与开发的主体；三是企业要成为利益分配的主体。因此企业技术创新一般包括三个阶段：一是技术创新的构思及评价阶段；二是以实现技术创新构思并获得技术创新成果为目的的研究和开发阶段；三是技术创新成果的商业化及进入市场阶段。其中，第二阶段更是重中之重。企业进行创新要通过大量的研发活动来实现，许多世界知名的高新技术企业用于技术创新的研究与开发费用已达到了营业收入的10%以上。

由上述现象可以看出，当前知识经济时代，企业、投资者，乃至整个国家都对研发活动非常重视。因而，研发支出有逐年上升的趋势。企业不仅仅把视线对准能直接为企业带来商业产品和经济效益的开发活动，对开发的前身——研究活动也给予越来越多的重视。市场经济中研发主体并不是孤立存在的，而是与其他部门（包括其他企业和产业等）发生千丝万缕的联系。研发主体的技术创新会通过产业链在各产业间进行扩散，一个行业的技术创新最终会通过产业间的前向关联或后向关联拉动其他行业劳动生产率的提高。研发不仅能提高国民经济各部门的劳动生产率，而且不断地对产业结构进行重构，促进产业结构向高层次、合理化方向发展。从本质上看，建立在研发基础上的产业结构的优化和升级，为经济增长提供了良好的物质载体，技术创新对经济增长的贡献在很大程度上是通过产业结构的优化和提升间接表现出来的。

长期以来，特别是近十年以来，世界500强中佼佼者成功的关键就在于形成了以研究与开发为基础的核心竞争力，并依靠这一竞争优势成为国际市场上某一行业的领头羊。随着我国融入世界经济一体化进程的加快，我国的市场经济日趋完善，企业之间产品和质量的竞争愈演愈烈，产品更新速度也越来越快。在这种情况下，企业就必须一方面重视新型产品和技术的开发，另一方面促进自身核心竞争力的提升，协调、统一全局发展思路和重点突破方向两者之间的关系。

企业核心竞争力是企业在长期的经营活动中，通过整合各种知识、能力、合理匹配各种资源而形成的一种不同于竞争对手的独特的竞争力，具有增值性、稀缺性、不可模仿性和不可替代性的特征。它可以具体表现在企业的研究与开发、战略决策、影响能力、产品制造、市场营销、组织管理等方面，而这几方面除靠经验积累之外，研究与开发是形成企业竞争优势最重要的动力和源泉，是培育企业核心竞争力的根本途径。因为无论是新产品、新的生产方式、新原料，还是新市场、新组织，无不都是基于研究与开发所带来的技术创新和管理变革而引起的创新。

企业核心技术和核心产品是企业核心竞争力形成的基础，是判断企业是否具有核心竞争力的基本标准，即企业只有在核心技术、核心产品上具有长期积累的特殊能力，才能在企业内部和外部不断扩展并形成企业的核心竞争力。在其得以巩固和提高的基础上，企业就能在激烈的市场竞争中获得持续获利能力。但企业的核心技术和核心产品离不开研究与开发活动，为此，我们必须充分认识企业研究与开发活动在形成、提高企业核心竞争力中的基础性、关键性作用。

一是依靠研究与开发提供消费者需要的产品与服务是企业核心竞争力形成的基本前提。随着社会的进步，人民生活水平的不断提高，消费者的消费观念也在日趋个性化，这具体体现在消费市场需求趋向多样化、高品质化和特殊化。为满足这种要求，多品种、小批量、非标准化的生产方式必将日益取代大批量的标准化生产方式。而企业核心竞争力的最基本的特征就是必须要能够有助于顾客实现其看重的价值。因此，企业必须为了提供差异化、个性化和多样化的产品而不断努力，为满足消费者不断变化的需求而进行持续的产品研究与开发。

二是依靠研究与开发增强企业应变能力是企业核心竞争力形成的根本保证。在市场竞争日益激烈的今天，任何盈利产品在市场上的出现都会导致大量竞争对手的出现，进而造成生产能力过剩的局面，并最终爆发价格战。出现这种现象的主要原因就是产品进入市场的门槛太低。一般说来，在市场经济发达的西方国家里，企业获取超额利润的法宝是设置较高的产品入市门槛，即设立进入壁垒。如果企业的研究与开发能力越强，其产品的技术含量、质量、性能、工艺水平以及服务水平就越高，产品进入市场的障碍也越小。而企业参与市场竞争的应变能力越强，企业的竞争力就越大，相应地，其核心竞争力的构建也就越有保证。

三是依靠研究与开发获取竞争优势是构建企业核心竞争力的关键环节。竞争优势是企业核心竞争力一个至关重要的部分。从企业的生命周期来看，任何企业并非总是处于长期繁荣时期，具有产生、发展、消亡的生命周期，企业的生命周期总是与其核心技术的周期以及由核心技术决定的核心产品的周期密切联系的。而核心产品的市场寿命的长短主要取决于市场需求、市场竞争密度以及产品在研发中的科学技术水平。随着科学技术的突飞猛进及人们消费水平的提高，一方面，作为研发成果的新设备、新工艺、新产品、新管理制度、管理方法等方面的生命周期因无形磨损而变得越来越短；另一方面，研究与开发成果的扩散借助于信息技术日益呈现出快速化和全球化的特点，各家企业都可以利用研发成果的外部经济效果进行相应的仿效开发。这些都使得主导产品的市场寿命不断缩短，企业很难像工业经济时代那样较为长期地垄断某种研发成果并获取超额利润。竞争优势维持时间日趋减少，任何核心技术和产品都会过时，而且周期还越来越短。在这种情形下，企业只有不断加大研究与开发力度，用新产品替代过时产品，开始新一轮市场生命周期，才能形成、巩固企业的核心竞争力，不断从研发中获取竞争优势，才能使企业生产经营活动处于长久不衰的境地。

四是依靠研究与开发实现低成本扩散与收益放大是提升企业核心竞争力的重要手段。研究与开发成果在企业内部技术扩散是实现规模经济、增加创新收益的主要手段。在企业经营中，由研究与开发成果构建成的新技术尤其是核心技术在不同产品或产业中的扩散和渗透，使企业技术扩散产生"收益倍放"效应。当然，通常企业技术扩散过程中的收益放大效应主要来源于企业多元化经营、国际化经营与纵向一体化生产体系，其实质在于企业内部资源尤其是企业对研究与开发能力的优化配置，最终有效提升企业核心竞争力。

企业的发展将面临剧烈的市场竞争，企业之间的竞争实际上是产品的竞争，而产品的竞争实质则是研究与开发能力的较量。随着竞争的加剧，时间的推移，一个企业的核心竞争力会演化为一般技术，企业只有进行不断的研究与开发，通过技术创新与改进，加速新技术、新材料和新工艺的应用，开发出有更高使用价值、成本更低的新产品，创造出消费者对该类产品的新需求，使这类产品以较高的技术含量来增强企业的市场竞争力，并形成新的企业核心技术和核心产品，形成新的企业核心竞争力，才能实现企业市场竞争力和经济效益双丰收。

研究开发活动与企业技术创新、企业核心竞争力，三者间有着密不可分、互相促进的关系。核心竞争力的形成和提升有不同的途径，可以通过客户服务、渠道的建立、品牌形成、核心技术方面获得。虽然技术创新只是获取竞争力的一个方面，而且它要靠大量的研究与开发活动来实现，但是，无论是工业经济时代，还是知识经济时代，技术创新和研究与开发都是社会进步的推动力和主要特征。正是因为如此，我们才要对研究与开发活动给予特别的关注，并以此为出发点，进一步针对研究开发活动与公司业绩之间的相关性进行研究，并希望对构建和提升企业核心竞争力有所贡献。

总之，随着知识经济的到来，技术创新，特别是企业的 R&D 活动越来越成为企业快速发展、超前一步的制胜武器。现在，R&D 活动已成为高新技术企业的一种内生的、常规性的活动。R&D 活动存在于技术创新过程中的每一步骤，而且 R&D 活动与技术创新的绩效（如产品的数量增加、质量的提高、市场的开拓以及超额垄断利润等）的关系最为密切，存在着一定程度的相关性。

（三）新经济增长理论引发对研发投入（R&D）的重视

20世纪80年代以来的高科技革命，尤其是现代信息技术的迅速发展，改变了以制造业为基础的工业经济模式。高新技术经济是知识高度密集、创新收益递增的知识经济。高新技术经济，从本质上讲是兴起于美国、扩展于世界的由新技术革命引起的经济增长方式、经济结构和经济运行规则的变化。

据经合组织（OECD）报告，在近年来，该组织成员国的高新技术产品在制造业的份额翻了一倍，达到了20%～25%。随着知识、技术密集部门，教育、通讯、信息等产业的迅速发展，知识和技术创新对经济增长的贡献率已从20世纪初的5%～20%提高到70%～80%，预计全球高速信息公路建成后将高达90%①。这一切表明，世界经济正处在由工业经济向知识经济转变的时代，以知识为基础的知识经济的强大生命力将支配21世纪的世界经济，并对人类社会生活的各个方面产生深远的影响。

在20世纪50～60年代，以索洛模式为代表的新古典增长理论开始重新思考经济长期增长的可能性。他们发现，如果没有某种外生因素的引入，以新古典生产函数为核心的新古典增长模式最终无法避免零增长的稳定均衡状态。在对增长剩余的计量中，他们发现传统的要素资本和劳动只能解释经济增长的很少一部分，很大一部分增长剩余得不到解释，由此他们引入一个外生的技术进步因素。据估测，现代美国经济增长有3/4源于这种性质的技术进步。不难发现，这一增长理论把对技术进步的作用推向一个顶峰，技术进步成为远比物质资本和劳动力更为重要的经济增长的决定因素。然而，这一理论对知识的生产一无所知。我们想象一下，如果这个外生的技术进步来源被切断，经济终究难逃零增长的稳定均衡状态，从而经济的长期增长仍是无法解释的现象。总之，尽管新古典增长理论在逻辑上符合这些经验事实，但它的解释却是远远不够的：外生的技术进步远远不能揭示经济增长的内在机制。因此，为了深入探讨经济增长的内在机制，必须超越新古典增长理论，而这正是新经济增长理论（亦称内生增长理论）的历史使命。

新经济增长理论在20世纪80年代的兴起和知识经济在20世纪末出现不是偶然的。新经济增长理论的兴起进一步推动了知识内生化的过程，促进了知识这种能带来收益递增的生产要素在经济中的运用。新经济增长理论所强调的经济增长模式和经济增长方式孕育、促进了知识经济的来临，并构成了知识经济的核心内涵。高新技术经济推进了传统的不可持续发展的经济增长方式向可持续发展的

---

① 参见OECD中文官方网站的统计数据库，http：//www.oecdchina.org/。

知识化、信息化、生态化经济增长方式的转变，客观上要求并极大地促进了经济学家对研究与开发、技术创新与经济发展相关理论的探讨，将技术创新的经济机理、可持续发展的经济构架融入经济增长理论的框架中。

近半个世纪以来，现代经济增长理论经历了一条由外生增长到内生增长的演进道路。以罗默和卢卡斯等人为代表的一批经济学家，在对新古典增长理论的重新思考的基础上，提出一组以"内生技术进步"为主要内容的论文，探讨了长期经济增长的可能前景，掀起了一股"新增长理论"的研究潮流。

卢卡斯根据贝克尔的人力资本内生化理论和阿罗的观点，将原来的外生技术进步转变为人力资本。卢卡斯建立了一个以人力资本为增长发动机的两部门模型，分析指出经济不需依赖外生力量（如人口增长）就能实现增长，增长的源泉是人力资本积累。随后发展衍生的众多类型的增长模型着重考察了知识外溢、人力资本投资、研究和开发、边干边学等与人力资本形成密切相关的技术进步实现机制和表现形式。在收益递增和外部性假设上考察经济增长的理论模型的结论是：一国人力资本存量和生产力对经济增长有重要影响，在长期现实中各国经济增长率的广泛差异是由知识和人力资本存量及积累率水平决定的。新增长理论指出人力资本的个人投资者无法将投资的外部效应完全内部化，因而存在人力资本投资的非帕累托最优，进而引申出来政府资助的政策含义。经济增长理论系统证明了知识、人力资本在经济增长中的内生性作用，知识和人力资本存量的增加使经济处于规模收益递增，而非古典经济增长理论的规模收益递减。

罗默则直接研究了以人力资本和实物资本为载体的知识积累过程，建立了知识积累和产出水平的函数关系。罗默1986年的论文开始探讨新增长理论的整体框架。在这篇《收益递增和长期增长》论文中，他提出了知识积累推动经济增长的模型，认为知识是资本最基本的形式，知识与实物资本相比，其特点就是初期投入成本相当高，而一旦知识被创造出来，就可以相当低的成本进行复制和传播。而且知识产品可以带来许多溢出效应。罗默指出，知识投资具有"天然的外部性"，即知识是不可能完全地专利化或者完全保密的，从而新知识对于其他企业的生产具有正的外部效应。

内生增长模型强调了知识（包括 R&D）投资的重要作用，而罗默的 R&D 模型更是专门从研究与开发投入的角度探讨经济增长问题。从此，研发投入（R&D）的绩效问题日益成为人们关注的焦点。

四、经济合作与发展组织的国家创新体系

自1994年开始，经济合作与发展组织（OECD）对国家创新系统中的知识流

动开展调查研究，试图找出国家范围内知识流动的主要渠道，以及制约知识流动的"瓶颈"，进而提出解决问题的建议和方法。OECD 对国家创新系统定义为："国家技术创新系统是一种在公、私领域里的制度网络，其活动和行为对启发、引进、修改和传播新技术产生作用。"OECD 另一个较为具体的定义是：国家创新系统是立足在国内从事科技生产的公私企业、大学和政府机构间相互作用的一种系统。这些单位之间通过技术、商业、法律、社会和金融等方面相互作用，促使新科技的发展、保护、投资和立法。①

OECD 认为国家创新体系的核心在于科学技术知识在一国内部的循环流转，主要包括企业之间的合作研究活动和其他技术合作，企业、大学与公共研究机构之间的相互作用，以及知识和技术的扩散以及人员的流动。

第三节 政府政策对技术创新的支持理论

一、政府协同治理

(一) 政府协同治理的内涵

政府协同治理就是政府主导或引导下的社会治理实践过程。具体而言，就是在这个系统的治理过程中，通过平等参与、协商对话、合作共赢来整合政府、企业、社会组织、公民等各个子系统的力量，以现实的公共利益为连接纽带，以已有的法律法规、伦理道德为实践规范，形成一个全面的、有效的社会治理系统，并促使组织系统有序、可持续运作，产生单个组织所不具备的新功能，从而在共同治理社会公共事务过程中最大限度地维护和增进公共利益。

(二) 政府协同治理的特点

顾名思义，政府协同治理既要实现部门内部不同参与主体的协同（这里的参与主体可能是个人或一些子系统），又要解决不同参与部门、参与主体间的协同问题。其具备着目标一致性、动态开放性、主体多维性和功能集成性等特点。

1. 目标一致性

协同以实现目标为主要目的，而目标的实现需要不同参与主体、系统和子系

---

① 薛澜，柳卸林等译. OECD 中国创新政策研究报告［M］. 北京：科学出版社，2011.

统之间相互合作、相互促进。但协同的基础是所有参与主体的目标是一致的。若目标不一致，系统就失去了方向性，且不同主体间的活动很容易引起系统内耗，阻碍目标的实现；只有目标一致了，不同参与主体才能在系统整体目标的指引下，基于自身实际，参与协同治理，促进目标实现并达到治理效果最优化。

2. 动态开放性

政府协同治理虽有不同参与主体集合而成，但其并非是一种静态的策略或合作集合，而是一个动态的开放系统。因为要促使治理目标的实现，不同的参与主体间必须要进行诸如物质、信息和能量等的交换。系统的动态开放可以促使外部资源的顺利流入，打破不同主体间的"锁定效应"；利于建立不同主体间的协作联盟，从而促进相互合作、相互交流，实现相互促进。此外，由于治理过程的动态性，也决定了政府协同治理的过程、主体间的关系必然是动态演化的。

3. 主体多维性

随着全球化、信息化以及个性化的不断发展，人民的民主意识、企业的主体意识以及政府的辅助意识越来越强，参与政府治理的方式、途径也越来越丰富，从而使得参与政府协同治理的主体出现多维性的特点。由最初的国家和地区政府组织扩张到了如今的政府、企业、非政府组织、家庭、个人等，甚至可以说所有社会组织和个人等都已成为政府协同治理的主体和参与者。这既是组织或个人的权利，不能剥夺，也是组织和个人的义务，需要参与。只有多维主体的协同合作才能有效地发挥作用，实现互补共进共赢。

4. 功能集成性

政府协同治理参与主体的多样性决定了不同主体之间功能的多样性，从而使得要实现最优的协同效果，需要将不同的功能之间进行组合集成，使不同的功能间协调运作，发挥整体效益，达到整体最优的效果。政府同治理的功能集成性势必需要打破地域、组织、部门和层级间的限制，使不同部门组织之间的诸多功能、信息、物质和能量等有效集成整合，实现公共事务处理优质化、效率化和最优化等。

（三）政府协同治理的主体

政府协同治理主体是公共事务协同治理行动的具体实施者，包括政府、企业、第三部门等。

政府是主权国家的要件之一，是政治组织的核心组成部分。在行政学意义上，狭义上的政府专指根据官僚制原则组织起来的国家行政机关。本书使用的是狭义上的政府概念。政府在协同治理中发挥引导或主导作用，要从传统管理过程中的"划桨者"转变为协同治理实践中的"掌舵者"，承担起宏观调控的重要职责。要防止政府出现职责的缺位、越位和错位，也要防范政府的过度干预和不当干预，导致所谓的"政府失灵"。在这种情况下，政府巨舰仿佛变成了一条小船，既饱受外部狂风巨浪的冲击，又面临内部"中空化"的风险。因此，政府应与企业、第三部门等协同治理主体一起积极探索新的政社合作治理形式，以此增强政府的治理能力，使政府有更多的时间和精力进行宏观调控，从而更好地提供公共服务，实现协同治理的最终目标——公益至上。

企业作为市场主体，生产、经营活动虽然是以盈利为目的，但是随着市场经济的不断发展，社会公共需求呈现多样化、个性化、私人化等特征，过去以政府为唯一主导的供给方式开始变得乏力，必须要引入市场和企业作为新的供给主体，充分满足社会公共服务需求。如政府可以通过购买服务、委托外包、经营许可等形式与企业进行合作，将具体的公共服务供给事务交给企业承担，政府只需要在政策扶持、财政保障、过程监管、效果评价等方面下工夫。因而，企业参与政府协同治理，不仅有外在的契机，更有内在的条件。作为参与协同的治理主体之一，企业比政府更能满足多样化、个性化、私人化的社会公共服务需求。经过激烈、长期的市场竞争历练，企业具有更为直观和灵敏的经济感知度。而在市场监管方面，又能发挥行业协会、专业部门的优势来协助政府优化市场管理，进行经济的微观调控。

第三部门大量涌现于20世纪60年代，它既不同于极具竞争性的经济组织，也不同于全面政治化的政府组织，在社会治理中作用的日益显著使得它们要求更多地与政府部门合作，成为社会治理网络的重要一极。电子政务的快速发展正好为各新型治理主体参与政社共治提供了平台，非政府组织乃至民众都可以通过电子政务通道参与政府决策和其他治理活动。各主体之间也由单纯的行政命令关系，转变为交织着行政命令关系、讨价还价关系、双向依赖关系、交互作用关系的状态。由此可见，政府协同治理是一个多元主体合作共治的过程，充分包含了政府、企业、第三部门之间的协同合作，在保证各主体共赢、多赢的基础上，实现公共治理效率和效益的最大化。

（四）政府协同治理的模式

公共事务的协同治理是一个复杂的系统，从不同的角度进行分析可以将政府的协同治理活动划分为许多不同的类别。本书着重以治理主体组合规律为基本依据来划分政府协同治理的类别。治理主体的组合有复杂多样的形式，这些协同关系可以归类为三类——政府主导式、主体并行式和多元驱动式。

（1）政府主导式的协同治理中，政府处于排头地位，主要通过行政命令和行政计划来推动治理行动。在我国当前的基本国情下，这种政府主导式的协同模式是目前行之有效的跨域治理的方式，它往往通过由中央政府或上一级政府部门成立的行政协调机构来发挥主导作用，政策诱导和行政命令的痕迹明显，当然，执行起来也是事半功倍，效率高且成效好。然而，这一模式下的政府协同治理实践现在难以完全实现，政府并没有绝对主导的能力，企业和第三部门出于对自身利益实现的考虑，参与的积极性和主动性下降，协同作用十分有限。因此，可能引发协同动力不足，协同治理容易流于形式并停滞不前。

（2）主体并行式的协同治理中，所有协同主体处于平等合作的状态，基本上是以对话、协商、分工的方式来处理社会公共事务。这一模式下的除政府之外的治理主体拥有了更大的自主性，因而也就具备更强的自愿性，它们在互信、互惠、互利的基础上主动寻求利益同盟，并在遵守公认的合作规则框架之内实现自由的准入和准出。同时，政府不再是"高高在上"的主导者，而是要"放下身段"充分分权、授权、放权，赋予其他治理主体更多的自主决策权和自由选择权，践行更加灵活、多样的协同治理合作形式。那么，基于满足公共需求、提升治理绩效的目标，政府将会积极吸纳企业、第三部门参与公共治理。随之而来的是，协同治理主体之间的信任得以产生、合作关系得以稳定持续、协作能力得到锻炼，进而实现众多主体的并行协作。

（3）多元驱动式的协同治理，其实现的重要基础是各个主体在社会治理层面的协同合作能力不断提高，尤其是在宽容、民主的社会氛围下，社会组织体系、公民力量不断壮大，政府与企业、第三部门在广泛的领域开展深入的合作，没有强制命令和行政诱导，也没有过分的利益追求和经济动机驱使，长期的政社合作形成了多元主体共同驱动的协同治理模式。在这一模式下，协同治理动力来自于广泛的议题驱动，治理的模式、工具更加灵活多样，第三部门的参与更加广泛和深入，治理主体的主动性和独立性更强，利益共享、风险共担的合作理念开始广泛形成，协同治理成为了一种多元自发的合作治理网络。多元驱动的治理模式以议题为中心以及问题导向来寻找利益联盟，有了企业组织、民间团体、公民等社会治理主体的真正参与，从而达到政府协同治理多元驱动的最高层次。

二、政府的创新政策

（一）政府自主创新政策

1. 自主创新的概念

自主创新的概念有宏观和微观之分，包括国家自主创新和企业自主创新。从宏观角度看，国家自主创新是从国家战略的角度表明一个国家产业技术的创新特征和发展路径。具体是指一个国家的产业技术不依赖于外部的技术引进，而主要依靠本国自身力量独立开发新技术，进行技术创新活动。从微观角度看，企业自主创新是指企业通过自身的努力和探索产生技术突破，攻破技术难关，并在此基础上依靠自身的能力推动创新的后续环节，完成技术的商品化，获得商业利润，达到预期目标的创新活动。

2. 自主创新政策

2006 年 2 月 27 日，国务院正式发布《关于实施〈国家中长期科学和技术发展规划纲要（2006～2020 年）〉若干配套政策的通知》。该配套政策涵盖科技投入、税收激励、金融支持、政府采购、引进消化吸收再创新、创造和知识产权保护、人才队伍建设、教育和科普、科技创新基地与平台等十个部分，共 60 条。规定进一步要求国务院各部门、各省、自治区、直辖市人民政府要结合本地实际，依照法定权限制定相应的具体政策措施。可见，这些政策内容丰富，涉及财政、税收、金融、政府采购、知识产权、人才、教育、基本建设等诸多方面。

2006 年初出台的《国家中长期科学和技术发展规划纲要（2006～2020 年）》和相应的配套政策成为各部门、各地区落实国家自主创新战略的纲领性文件，同时也延伸出了一系列更加具体、更具操作性的政策体系。主要支撑政策概述如下：

（1）自主创新产品认证。为了营造激励自主创新的环境，推动企业成为技术创新的主体，落实国务院《关于实施〈国家中长期科学和技术发展规划纲要（2006～2020 年）〉若干配套政策的通知》中提出的"建立财政性资金采购自主创新产品制度，建立自主创新产品认证制度，建立认定标准和评价体系"，2006 年 12 月，科技部、国家发展和改革委员会与财政部联合发布了《国家自主创新产品认定管理办法（试行）》（以下简称《管理办法》）。《管理办法》的作用主要有两个方面：一是为我国自主创新产品的认定评价工作提供制度依据和方法指导，规范认定程序和认定标准，使认定工作做到公开、公正、公平和科学；二是经过认定，提出一个国家自主创新产品目录，为鼓励自主创新的相关优惠政策提供支撑和依据。《管理办法》中明确被认定的国家自主创新产品将在政府采购、国家重大工程采购等财政性资金采购中优先购买，并在高新技术企业认定、促进科技成果转化和相关产业化政策中给予重点支持。

（2）自主创新财政政策。自主创新财政政策提出要发挥财政资金对鼓励企业自主创新的引导作用，创新投入机制、整合政府资金、加大支持力度，激励企业开展技术创新和对先进技术的消化吸收与再创新。加大对科技型中小企业技术创新基金的投入力度，鼓励中小企业自主创新。自主创新财政政策还明确要求以国家实验室、国家重点实验室、国家工程实验室、国防科技重点实验室、国家工程

（技术）研究中心、企业技术中心为依托，组织实施重大自主创新项目。加强企业和企业化转制，科研机构自主创新基地建设，国家支持企业特别是大企业建立研究开发机构。依托具有较强研究开发和技术辐射能力的转制科研机构或大企业，集成高等学校、科研院所等相关力量，在重点领域建设一批国家工程实验室，开展面向行业的前沿技术和军工配套、军民两用技术研究。可以预见，国家财政科技经费将通过各种形式向具有自主知识产权、知名品牌和较强国际竞争力的优势企业聚集，使我国能够尽快培育出一批具有国际竞争力的企业集团。

（3）自主创新税收政策。自主创新税收政策相对过去出台的鼓励企业增加科技投入的税收政策做了三个方面的重要创新。一是取消行业限制。过去仅工业企业才能享受技术开发费150%抵扣应税所得政策，新政策提出所有企业，包括建筑业、服务业等非工业企业均可享受这一政策。二是取消了企业技术开发费增幅的限制。原有政策规定只有技术开发费比过去一年增幅超过10%以上的企业才有资格享受这一政策，新政策则规定按照当年实际发生的费用抵扣。三是新政策取消了对当年应税所得的限制。原有政策规定企业必须有足够的应税所得，否则就不能享受，而新政策则规定企业技术开发费用当年抵扣不足部分可按税法规定在五年内结转抵扣，使得那些微利或亏损企业的技术创新得到鼓励。

（4）政府采购政策。根据国务院《关于实施〈国家中长期科学和技术发展规划纲要（2006～2020年）〉若干配套政策的通知》的要求，财政部先后出台《自主创新产品政府采购评审办法》《自主创新产品政府采购预算管理办法》《自主创新产品政府采购合同管理办法》等政策文件着力将自主创新与政府采购挂钩。这些政策突出表现在以下几个方面：

①建立激励自主创新的政府首购和订购制度。国内企业或科研机构生产或开发的试制品和首次投向市场的产品，且符合国民经济发展要求和先进技术发展方向，具有较大市场潜力并需要重点扶持的，经认定，政府进行首购，由采购人直接购买或政府出资购买。政府为鼓励自主创新而对特定产品进行首购，是政府采购政策的重大突破。这表明政府采购政策在由降低采购成本、防止腐败等构成的政策目标体系中，加入了鼓励自主创新的政策目标，使政府采购这一政策工具有了更高的战略性和前瞻性，对国家整体发展的推动作用也将明显增强。

②配套政策不仅规定了政府本身的采购，还将鼓励自主创新的精神扩大到国防采购、国家重大建设项目和所有使用财政性资金进行的采购，而这些采购的资金总额远远多于政府采购本身，因而其政策意义也更重大。

③在政府采购的评标准则方面做出了重要突破。以往在政府采购招标评标时是按照"同等条件下优先"的原则，而配套政策中明确规定了"在满足采购需求的条件下，优先采购自主创新产品"。如果是同等条件下优先，则我国企业的

产品一般都很难与跨国公司的产品相竞争。而满足采购条件下优先，则降低了我国企业自主创新产品进入的门槛，同时也限制了政府采购中盲目追求国外名牌产品的冲动。

（5）知识产权政策。加强知识产权保护是激励自主创新的重要方面。利用知识产权保护有关制度促进自主创新，一方面要求保护私权激励创新，另一方面也要合理界定权利界限，确保私权与公共利益的平衡，促进知识传播和运用，平衡好权利人、使用者和社会公众间的利益格局，为后续创新留下空间。因此，既要加大知识产权保护力度，又要规制滥用知识产权排除和限制竞争、阻碍创新的行为。自主创新知识产权政策主要体现在以下三个方面：

①提升工业企业知识产权创造运用能力。结合改造提升传统产业、培育发展战略性新兴产业、节能减排、两化融合等专项，开展重点关键技术领域知识产权战略研究、布局分析与评估、共性和热点问题研究；支持企业在掌握核心专利技术基础上联合将专利纳入标准，开展标准中专利处置、评估与利益分享机制研究与实施。在产业基地开展知识产权优势企业培育。

②激励和推动创新成果保护、扩散和转化。依托产业基地，利用现有公共服务平台，支持知识产权宣传、实务培训与咨询服务、企业知识产权管理运用试点示范、关键核心专利技术扩散和转化等，在此基础上选择一批工作基础条件好的典型平台。

③产业知识产权预警与纠纷应急机制建设。支持企业和行业机构开展专利检索、动态跟踪、风险监测与应对，推动建立重点行业知识产权预警信息服务平台；构建技术标准中知识产权数据库；开展重点行业、关键技术领域知识产权态势分析研究，支持建立重点产业知识产权态势分析与发布平台；支持重点行业和企业应对涉外知识产权纠纷。

（6）工业技术标准政策。与其说自主创新是要形成大量自主知识产权成果，不如说是要在专利成果基础上形成大量的技术标准，实现技术专利化、专利标准化。因此，工业技术标准成为自主创新事业发展的关键。为此，2006年中国标准化专家委员会成立，并确定了我国今后5年和10年两个阶段的标准化发展目标：一是在2010年实现基本建成重点突出、结构合理、适应市场的技术标准体系，使我国标准化工作达到中等发达国家水平。具体目标为：相关联的国际标准采标率由目前的44%增加到85%，标准制定和修订由2000项7年增加到6000项7年，标准制定周期由4.5年缩短到2年，标龄由10.2年缩短到5年以内。二是在实现第一阶段目标的基础上再经过5年的努力，争取2015年实现标准总体水平达到国际先进水平，家用电器、能源、汽车等重点领域技术标准水平达到国际领先水平。具体目标为：我国自主创新技术的标准达到5000项；以我国标准为主制定国际标准和重点参与制定的国际标准达到 2000 项；相关联的国际标准采标率达到 90% 以上；我国成为国际标准化组织的常任理事成员国，承担国际标准化技术委员会、分技术委员会、工作组的比例由 1.7% 提高到 10%；形成龙头企业积极跟踪和参与国际标准、国家标准制定和修订工作的机制。为了确保目标的实现，国家标准委提出了实施标准战略的 12 项重点保障措施。如：形成以企业为主体参与国际标准和国家标准制定和修订的新机制；形成以龙头企业的专家为主体参与国际、国内标准组织领导机制等。

（7）人才政策。创新说到底是需要人来完成的，创新人才是自主创新的关键。因此，自主创新人才政策作为创新型国家建设的重要支撑受到了广泛关注和重视。在国务院颁布的《实施〈国家中长期科学和技术发展规划纲要（2006～2020 年）〉的若干配套政策》的 60 条配套政策中有 7 条涉及人才队伍建设，78 项实施细则中有 14 项涉及人才队伍建设。这 7 条人才队伍建设政策包括：①加快培养一批次创新人才；②结合重大项目的实施加强对创新人才的培养；③支持企业培养和吸引创新人才；④支持培养农村实用科技人才；⑤积极引进海外优秀人才；⑥改革和完善科研事业单位人事制度；⑦建立有利于激励自主创新的人才评价和奖励制度。

这些政策旨在培养和引进高层次战略科学家和创新团队，促进创新人才向企业集聚，培育专业人才和农村实用科技人才，营造有利于创新人才成长的文化环境等。在中央、各部委和地方政府对这一系列政策的贯彻落实过程中，具有典型代表的是海外高层次人才引进计划（简称"千人计划"）。在国家层面成立海外高层次人才引进工作小组，由其负责"千人计划"的组织领导和统筹协调。工作组由中央组织部、人力资源和社会保障部会同教育部、科技部、中国人民银行、国资委、中国科学院、中央统战部、外交部、发改委、工业和信息化部、公安部、财政部、侨办、中国工程院、自然科学基金委、外专局、共青团中央、中国科协等单位组成。"千人计划"主要是围绕国家发展战略目标，从 2008 年开始，用 5～10 年时间，在国家重点创新项目、重点学科和重点实验室、中央企业和国有商业金融机构、以高新技术产业开发区为主的各类园区等，引进并有重点地支持一批能够突破关键技术、发展高新产业、带动新兴学科的战略科学家和领军人才回国（来华）创新创业。

（二）政府的技术创新政策

1. 政府的技术创新政策概念

在早期的技术创新研究中，一些学者将政府的因素作为外生变量排除在技术创新的研究之外，如在熊彼特（1912）看来，"创新"是指"新的生产函数的建立"，即"企业对生产要素的新的组合"。在他提出的五种类型中也没有政府因素，他把其看作为创新外部给定的条件，不在研究范围之内。后来的新熊彼特学派的研究者也很少把政府行为纳入技术创新体系来加以研究。到 20 世纪 70 年代中后期，这种状况发生了变化，首先提出质疑的是英国的技术创新经济学家 R. 库姆斯等人，他根据科学发展的一些基本事实对这一观点进行了反驳。他指出，从事科学和技术的大多数人所工作的领域实际上是受到高度控制和计划的领域。直到 20 世纪 80 年代后，新古典主义学派的技术创新研究者才开始关注技术创新中政府行为的作用〔保罗·罗默（Paul M. Romer，1986）、罗伯特·巴罗（Robert J. Barro，1991）〕。继新古典主义学派之后，国家创新体系的代表人物弗里曼（Freeman，1987）提出了国家创新体系（National System of Innovation）的概念，将政府作为技术创新中内在因子进行系统研究。他认为，一国的经济发展和追赶跨越中，仅靠自由竞争的市场经济是不够的，需要政府提供一些公共商品，需要从一个长远的动态的视野出发，寻求资源的最优配置，以推动产业和企业的技术创新。弗里曼认为，技术创新体系主要由政府的政策、教育培训、企业及其研究与发展、产业结构等 4 个因素构成。不同的要素对技术创新的影响是不同的，其中政府的政策对其他因素都能产生影响，因此政府的技术创新政策在推动技术创新中占有举足轻重的地位。

政府资助技术创新的政策工具，一般来讲主要可分为以下三类：公共研究，主要由政府资助在大学或是公共试验室里开展的基础研究和应用研究，特别是基础研究和应用研究中的应用基础研究（应用研究又可细分为应用基础研究和应用技术研究）；直接资助，主要由政府向企业和一些研究机构提供研究资金、政府担保、政府贴息和政府贷款等；税收优惠，主要内容有：允许企业从其应税收入（即税基）中扣除当年发生的 R&D 费用，允许企业从其上交的收入税中扣除基于一定基础的 R&D 费用，允许企业对用于技术创新的机器、设备和建筑的投资进行加速折旧。根据这些政策工具对私人部门技术创新的作用效果又可将其分为两类：一类是有直接作用的政策工具，包括政府直接资助和税收优惠；另一类就是起间接作用的政策工具，主要是公共研究。

2. 科技创新与政府政策相关性理论分析

（1）技术创新具有较强的外部性。

对于较强外部性的公共产品或准公共产品的供给，仅靠纯粹的市场经济的竞争机制和价格机制无法解决外部性问题，需要政府的干预。技术创新，特别是许多基础科研项目，社会效益大大高于私人收益，具有一定的公共产品性质（张小蒂，1999）。私人付出的技术创新成本在很多情况下难以得到充分的补偿，以致缺乏参与此类活动的动力，在这种情况下，就需要政府通过直接参与或改变相应的制度（如专利保护法规的完善）加以解决。顺彼得（Schumpeter，1961）指出由于模仿和溢出，R&D 活动的私人收益低于社会收益。阿罗（Arrow，1962）进一步强调 R&D 具有公共产品性质，它所生产的技术或信息所带来的利益如果全部被从事研发活动的个人或个体所拥有，其收益一般将会小于社会整体收益。所以信息技术的研发，如果完全由市场支配，必将导致企业积极性不高，研发供给量不足而低于社会最优水平，社会投入于技术知识或信息的生产的 R&D 投入就会大大不足。曼斯菲尔德（Mansfield，1977）等人研究了 R&D 活动对于私人收益和社会收益的影响，数据显示社会收益高于私人收益。这一研究成果支持了在一个市场内的 R&D 投资通常低于社会最优水平的观点，因此需要政府的干预来改善这种市场失灵。

（2）纠正因创新主体陷入博弈困境造成的市场功能扭曲。

福利经济学基本定理指出：完全竞争的市场经济机制将导致帕累托最优状态。但是当市场的不完备、信息的不对称性以及非充分竞争等经济特征普遍存在时，市场机制将不能自行达到帕累托最优状态，这就是著名的格林沃德－斯蒂格利茨定理（Greenwald and Stiglitz，1986）。例如，很多技术创新项目在高额投入的保障完成之后，却容易产生"外溢"现象，在这种情况下相关厂商就会倾向选择等待接受创新厂商的"技术外溢"策略，而不是开展技术创新，当所有的厂商都选择了等待策略时，技术创新就可能陷入停滞状态。因此，在通过市场机制实现资源最优化配置的功能被扭曲时，政府加以干预极其必要。

（3）新兴技术产业与战略性产业的刺激与培植。

为了占领未来国家间竞争的制高点，政府需要对新兴产业和具有战略地位的产业加以刺激和培植，而这些新兴产业或战略性产业大多是技术密集型的。一般认为，在一国拥有健全、高效的资本市场时，具有巨大发展潜力的新兴产业并不需要政府的特殊政策保护，它可以得到资本市场的充分支持，实现资本和技术的紧密结合，从而能以短期亏损为代价获取长期收益。但是，我国资本市场的形成历史较短，发育尚不完全，难以对新兴产业特别是需要大量资本投入的新技术产业提供足够的支持，这就需政府推行短期的刺激和培植政策，塑造动态的而非静态的比较优势，尽快形成规模经济，强化学习效果，降低边际成本，积极创造出本国新兴产业和战略性产业的竞争优势。若本国资本市场发育程度和产品市场容量不足以支持新兴产业的快速扩张，或者该产业的技术创新具有极强的外溢效果时，政府的刺激和培植就更有必要性。

（4）技术创新的能力失衡与动力失衡。

技术创新的能力失衡原因在于不同厂商创新能力的差异，它的表现主要包括特定技术创新领域中大企业较中小企业的创新能力优势和厂商对技术的需求超出或低于自身创新能力等。这种失衡易于导致创新资源无法得到充分利用，使得一国经济的实际创新产出低于潜在创新能力。技术创新动力失衡则起因于针对不同类型技术的创新动力的差异，如资源开发技术和资源保护技术的创新之间、基础研究和应用研究之间就存在很大的动力差异。市场经济的供求、价格及竞争机制使厂商在资源开发技术创新和应用研究方面具有更强的动力，而社会效益远高于经济效益的资源保护类技术创新与基础研究的动力明显相对不足。前述两种类型技术创新失衡状况无法通过市场机制得到完全地解决，需要政府实施积极而审慎的干预。

三、关于政府 R&D 资助对企业 R&D 投入的影响

（一）政府激励企业研发的相关理论

1. 公共物品性

技术具有公共物品的性质，企业进行技术创新活动所形成的科技成果无法据为己有，这是由技术知识的特征决定的。好的技术成果的使用能够使企业在市场上拥有竞争力，这会使得其他企业进行模仿，使进行研发的企业不再独占富有竞争力的技术。如果企业研发的技术产品不是自用而是进行出售，发明者就更难以阻止其他人进行使用和模仿。而企业研发所形成的科技成果被其他企业模仿和使用，其他企业的成本相当于零。知识技术产品的公共品特性决定了政府必定要采取措施介入，对企业的研发活动提供政策支持。因为其公共品特性意味着企业进行研发的科技成果会被其他企业不承担任何成本地进行共享，这势必导致了企业研发积极性的降低，不利于整个社会的科技进步。为了不降低企业研发的积极性，国家也制定了相关的保护政策，比如国家制定了知识产权保护的制度，保证企业研发的技术成果为其私有，但是知识产权保护也是有一定期限的，一旦保护的期限到期，技术产品又会变成公共物品为他人免费使用。而企业研发形成的科技成果若被社会普遍使用，能够有利于整个社会的科技进步，知识产权保护制度不利于研发成果的扩散和整个社会资源的最优配置。因此政府通过补助的方式，在一定程度上弥补企业进行研发所付出的成本，这对于激励企业进行科技创新是十分必要的。

2. 外部性

外部性是指某一经济主体在从事某些经济活动的过程中，给他人带来利益或者损失，却没有获得相应的回报或承担相应的义务的现象。此说法来源于马歇尔在其出版的《经济学原理》中"外部经济"的概念。外部性无法由市场自行解

决，只能采取非市场的方式予以矫正。外部经济理论认为，某些产业或厂商能够产生巨大的外部经济，促进相关产业的发展。但是由于这些外部经济不能够被有关厂商所独占，这些产业或者厂商就不能发展到社会最优状态。如果政府能够给予这些产业或者厂商足够的支持和保护，就可以促进这些产业或者厂商的发展，政府研发补助和税收优惠就是政府介入市场来矫正外部性的重要的政策工具。哈维罗森（美）等研究发现的专利在四年内会被模仿，三年时间内过半的创新产品被模仿。研发的外部性及其溢出效应极大地损害了竞争性企业投入研发活动的积极性，导致了研发创新竞争演变成一种"等待博弈"，企业不想自主地去进行研发活动，都希望能够"搭便车"而坐享其成。

3. 市场失灵

市场失灵理论认为：完全竞争市场是资源配置的最佳方式，但在现实中完全竞争市场只是理论上建立的假设。现实中的市场在运行的过程中不能够保证资源的充分配置，即市场无法对某一产业或某些企业的调节效果达到社会最优，这时候就需要政府的力量进行干预，以确保社会利益的最大化。新古典经济学家认为政府有必要干预企业的技术创新活动，因为技术创新活动中存在着"市场失灵"。

4. 信息不对称

信息不对称理论，是指在市场经济活动中，各类人员对有关信息的了解是具有差异的；掌握信息比较充分的人员往往处于比较有利的地位，而信息缺乏的人员则处于不利的地位。信息不对称的存在，也是政府需要对企业研发活动进行政策性补助的重要依据。这是因为研发活动在技术上的不确定性很大，企业投入研发项目承受的风险很高，企业为研发项目进行融资时，经常由于研发项目具体内容属于企业机密性信息，无法完全提供给金融机构，导致金融机构缺乏和项目相关的内部信息而不愿意为企业融资。二者之间的信息不对称限制了企业在资本市场上进行研发资金的筹集，企业进行研发活动的能力和积极性也相应降低。

（二）政府 R&D 资助效应主要影响机理

1. 竞争效应

随着工业化阶段的提升，市场化改革不断推进，竞争环境逐渐得到改善。市场竞争（特别是来自国外的竞争）会变得越来越激烈，为了增强自身产品的核心竞争力，获取并保持竞争优势，企业会不断加强 R&D 活动，增加 R&D 经费投入，而政府 R&D 资助能够及时释放产业调整信号或市场需求信号，形成明确导向，从而会更加显著地带动企业的 R&D 活动或 R&D 投入。一般而言，像韩国当初的情形那样，在工业化初期阶段，企业通常不愿意在一个缺乏竞争且创新对于生存而言并不至关重要的市场里进行 R&D 活动。此时的政府资金支持和其他保护政策, 会使企业并不需要通过投资 R&D 活动、提升产品等级来保持竞争地位, 而且它们可以利用国内工资水平较低这一条件在国际市场上获得价格优势。在这种情况下, 那些可以获得政府 R&D 资助的大公司也更愿意依赖低廉的劳动力。另外, 市场的竞争程度越激烈, 企业越可能享受到 R&D 成本降低效应, 政府 R&D 资助的杠杆效应就会越明显。

2. 预期效应

工业化阶段的提升与城镇化进程是同步的, 城镇化率的不断提高会引起工业企业产品需求的上涨, 稳定工业企业产品的价格预期, 积极向企业传递良好的市场信号, 为企业 R&D 经费投入的商业化成果提供稳定的市场需求, 提高 R&D 活动的预期收益, 降低预期风险。同时, 政府 R&D 资助提高了接受资助企业 R&D 活动的预期收益率, 使企业 R&D 活动的边际预期收益率曲线上移, 同时能够降低企业的 R&D 成本, 使其 R&D 活动的边际成本曲线向右下方移动, 从而引致企业更多的 R&D 配套投入; 对于未接受政府 R&D 经费资助的企业来讲, 为了能够享受到政府 R&D 资助所带来的收益提升和成本降低效应, 会不断增加自身的 R&D 投入, 以促进自身创新能力和创新水平的提升。

3. "重叠"效应和创新环境改善效应

随着工业化阶段的提升, 创新意识和创新环境均得到较大改善, 产业结构、专利政策法规及体制因素的逐步完善, 能够有效消除企业增加 R&D 投入的制约因素, 提高其 R&D 活动的积极性。同时, 产学研合作创新体系的建立和健全, 能够有效降低 R&D 活动的风险和成本。因为企业技术创新水平和能力比以前有明显改善, 它们更容易从政府 R&D 资助中获取技术能力提升方面的好处, 从而增强政府 R&D 资助的杠杆效应。

4. 风险分担效应

随着工业化阶段的提升, 人均 GDP 和人均收入不断提高, 对工业企业产品的需求不断上涨, 同时对工业企业的产品质量的要求也会逐渐提高, 间接促使企业不断进行新产品研发, 提高 R&D 经费投入。在此背景下, 政府 R&D 资助由于可以分担微观主体无法承担的风险而更容易引导企业 R&D 经费投入的增加。

第四节 本章小结

研发主要是通过基础研究、应用研究和试验发展来产生技术创新, 提高产品技术含量、增强企业核心竞争力、优化和提升产业结构等推动经济增长, 其发展主要依靠市场经济手段, 使企业成为它的主体。随着工业化进程的推进, 一国研发模式和 55 主体结构会发生转变。这一规律背后的一个关键因素是政府引导和资助。

现代经济学关于技术进步的讨论已成为新经济增长理论的核心内容之一，而对 R&D 活动的研究又是其中非常活跃的领域，基本上是沿着两条相互平行的主线进行的：一是内生增长理论，尤其是其中的 R&D 增长模型，揭示了 R&D 在一国持续经济增长中的作用；二是技术创新理论，创新被看成是企业行为内生决定的，创新主要是企业自觉投入 R&D 的结果。此外，通过对 R&D 活动特性的分析，论证了政府的参与对技术创新的提高以及 R&D 投入的必要性，以及政府政策对企业可能产生的影响。

长期以来，由于知识溢出等市场失灵现象的存在，企业在创新活动中的支出通常是低于社会最优水平的。为了解决这一问题，各国政府往往通过运用诸如 R&D 资助、财政补贴和税收优惠等政策工具来予以干预，政府通过提供对研发投入的支持政策可以帮助企业有效降低科技创新成本和风险。故本书选取企业研发投入和政府支持政策进行研究，基于经济增长理论及技术创新政策的现有研究，检验不同类型的政府支持科技研发投入政策对企业研发活动的促进效果，并对政府研发投入支持政策的执行情况进行效果评价。

第四章

政府支持企业研发活动的政策措施

第一节　国内外高新技术企业研发投入研究现状

一、高新技术企业创新能力研究

国内外的学者现有研究主要针对高新技术企业创新能力的经济成果和创新能力的影响因素。

在高新技术企业的创新能力效果方面，阿胡贾和卡特拉（Ahuja and Katila，2001）认为高新技术企业的创新效果，不仅应当考虑企业的技术创新水平，而且应当关注该技术的商业化程度；威廉姆斯等（Williams et al.，1993）的研究表明，企业创新效果与客户的需求相关；创新的效果与客户需求越吻合，高新技术企业的创新效率越高；库珀和林恩（Cooper and Lynn，2005）利用企业专利申请量、企业新产品类别、新产品销售收入等7个指标来度量高新技术企业的创新效果；哈格多姆等（Hagedoom et al.，2003）则选取了研发项目数、专利申请和引用数以及新产品发布数等4个指标评价企业的研发效率。官建成、陈凯华（2009）利用数据包络分析方法和临界效率测度模型，定量分析了企业研发投入的纯技术效率、规模效率等；刘志迎、叶蓁（2006）参照效率理论，利用非参数估计，研究了高新技术企业发展过程中的总增长量和创新效率水平；朱有为、徐康宁（2006）运用随机前沿分析法计算出高新技术企业的创新效率，并进一步研究得出市场结构、企业规模和企业股权结构等影响因素与我国高新技术企业研发效率的相关关系。

在高新技术企业创新能力影响因素方面，塔瓦索尔（Tavassol，2013）采用问卷调查的方式对高新技术企业创新效率的影响因素进行了研究，并得出了若干关键影响指标，包括人力资源、企业规模等；阿米卡和休梅克（Amk and Schoemaker，1993）则认为企业管理水平是影响创新成果质量的关键因素；布洛克霍夫（Brockhoff，1996）指出企业的研发人员水平和研发投入水平对创新效率的影响作用显著；赵宗更等（2005）构建了3模块、5要素，包含17个指标的研发投入评价指标系统，并量化分析了我国高新技术企业的研发效率。

二、政府政策与企业研发投入相关性研究

（一）政府研发投入资助与企业研发投入相关性

有关政府R&D资助与企业R&D投资之间关系的研究较多，综合而言，认为存在挤出效应和认为存在诱导效应的研究成果几乎各占一半，双方都无法拿出最有利的证据说服对方。如莱登和林克（Leyden and Link，1991）就对政府R&D资助、技术创新和知识溢出的互补性进行了深入的研究，并指出政府研发资助将促进企业R&D投资的增长。同时，他们也指出当政府对企业R&D投资相对较高的领域进行研发资助时，有可能会阻碍企业对研发活动的投资情况。瓦尔斯滕（Wallsten，2000）对20世纪末美国小企业创新研究计划的研究发现政府R&D资助对企业R&D投资存在完全的挤出效应。胡辛格（Hussinger，2003）以德国制造业企业为研究对象，指出政府R&D资助对企业R&D投资存在显著的促进作用，且他的研究还进一步指出了无论是企业研发支出还是政府研发资助都会对生产力产生正向的影响。迪盖（Duguet，2004）运用法国企业的数据，证实了政府支持并不会影响企业的研发投入。冈兹德雷斯等（Gonzdlez et al.，2005，2008）在2005年和2008年分别对政府R&D资助和企业R&D投资之间的关系进行了研究，结果均证实政府R&D资助对企业研发支出的影响既正向又显著。札米茨基等（Czamitzki et al.，2007）对有关政府R&D资助和企业R&D投资的关系研究进行了统计和梳理，发现在他统计的14篇相关研究的论文中，仅有2篇证实了在国家或者产业层次上，政府R&D资助对企业研发投资存在显著的挤出效应。

此外，本研究统计的国际顶级期刊上的相关研究发现，仅有少部分文章认为政府R&D资助对企业R&D投资存在完全的或部分的挤出作用。这意味着，多数研究均证实了在产业或国家层次上，政府R&D资助对企业研发支出的影响是正向的。但政府R&D资助是否在企业层面上也显著促进研发支出的增长并未得到学者证实。本书认为，由于受到宏观环境、行业环境和企业内部环境的影响，不同企业应区别对待，且针对某一个或几个企业的调查研究并不如产业层面或国家

层面研究所得出的结果更具说服力。

从 20 世纪八九十年代开始，人们开始研究政府资助的绩效和作用。早期研究方向为政府对企业研发活动资助对于企业研发经费投入的促进效用，即研究政府在科技方面的资金投入对于企业研发活动的杠杆作用。1984 年，斯彭斯（Spence）首次提出政府对于研发的补贴能够促进企业的 R&D 活动，并且最优补贴率也随竞争对手的增加逐渐增多。在斯彭斯（Spence）之后，卡普龙（Capron，1997）进一步研究得到 G7（西方七国集团）政府长期资助的领域（如个人计算机、通信技术等），企业 R&D 活动有明显的被促进效果。但也有学者认为同一行业中没有得到政府补助的企业会减少其研发经费的投入，娜得丽和马姆尼斯（Nadri and Mamuneas，1996）在对美国制造业研究后认为，政府资助促进了接受资助企业的研发活动，反之抑制了其他企业的研发活动。研究表明，接受资助后企业 R&D 有可能产生"技术外溢"（Technology Spillovers），不能固定研发收益为自己所有，因而会使竞争对手收益，对竞争对手产生了研发投入的替代效应。与国外学者观点一致，并且在加入了税收减免的影响以后，我国学者朱平芳、许伟民（2003）认为，大中型企业在获得政府的拨款资助和税收减免后，会增加自主研发投入，且其效果受政府拨款稳定性的影响，这是这两大政策性工具对 R&D 投入的积极效果；而这两大政策性工具对企业研发的影响相得益彰，增加政府拨款资助的强度能带来税收减免效果的增加，反之亦然，但这种增加效果应以税收减免为主。冯振中和吴斌（2008），朱云欢和张明喜（2010）的研究与朱平芳等一脉相承，他们认为政府补贴对 R&D 具有正效应。

在研究杠杆效应的同时，不少学者将目光也投向了挤出效应。古尔什（Goolshe，1998）和戴维（David，1999）的研究表明，政府对科技的支持对企业有挤出效应，因为要素价格（例如研发人员得到研发补助或薪酬上调）会随着政府资助的投入所带来的不断增长的需求而同时上涨，因此企业进行研发活动的成本也会上涨，从而导致企业 R&D 投入减少。多米尼奇和布鲁诺更明确地指出，政府资助对象的不同所带来的效应也不同。他们研究的结论是，政府对国有科研机构的激励对高校的研发补助，为企业带来的杠杆效应远远小于挤出效应。许治、师萍（2005）以我国 1990～2000 年的数据进行了实证检验，研究政府对企业和高校的科研投入分别对企业 R&D 支出有何影响，样本数据显示，政府科技投入对企业 R&D 支出有明显的正效应，但政府投入于高校的研发补助对企业 R&D 支出产生挤出效应。许春和刘奕（2005）明确指出政府补贴如果过多反之将对企业 R&D 支出产生负影响，导致挤出效应的产生。唐清泉和罗党论（2007）研究表明，政府科技资助并没有明显提高上市公司的经济效益，它只是促进上市公司发挥了社会效益。

（二） 政府研发保护政策与企业研发投入相关性

阿罗 （Arrow，1962） 最早进行了关于知识产权保护政策对研发活动的作用相关的理论研究，研究结果表明，虽然根据福利学的理论公众应该免费获得这些信息，但对这些信息的免费获取会导致参与创新的个体成本很难获得相应的经济补偿，进而造成创新者投资减少，新知识的研究匮乏。对知识产权的保护给了创新者一个相对时间内的保护期，在保护期内企业形成的无形资产的经济利益受到保护，由企业单独占有。这一研究引起学术界关于知识产权保护对技术革新、技术传播、社会福利和经济增长更为深刻的探索。诺德豪斯 （Nordhaus，1969） 探索了专利保护情况下企业最优的 R&D 投入，他的理论模型主张专利保护越强，R&D 投入应越多。20 世纪 80 年代后期，专家和学者们开始研究在发展中国家和发达国家不同的贸易框架下知识产权保护对创新的驱动和对社会福利的影响，然而学术界对这个问题的答案却各执一词。赖 （Lai，1998） 的研究结论是，严格的知识产权保护下，跨国公司会将生产活动转移到发展中国家，从而带来全球创新率的整体提高和全体国家福利的提升；但赫尔普曼 （Helpman，1993）、钦和格罗斯曼 （Chin and Grossman，1998） 的研究都认为严格的知识产权保护会降低南方国家的创新，抑制南方创新投入和技术发展。

知识产权保护的研发投入效应方面理论研究虽多，但实证研究却相对缺乏。如何对知识产权的保护程度进行精确地定量描述成为实证研究的一大重点。由于知识产权保护制度与诸多因素 （立法、司法、执行、管理、运作） 密切相关，因此为实际定量增加了难度。RR 指数提出后，理论界开始尝试进行知识产权保护与创新关系的规范实证研究。古纳特和帕克 （Ginarte and Park，1997） 在 RR 指数的基础上，设立了 GP 指数研究专利和 R&D 投入的关系，他们认为专利强度对实物投资和 R&D 支出有正向的较强影响。帕克 （Park，2005） 以 1980 ~ 1995 年41 个国家的数据为依托，再次利用 GP 指数研究得到结论：加强知识产权保护力度能够促进全球的技术革新。

我国经济学者从 2000 年始对知识产权保护制度进行规范研究，直至近几年相关研究方使大量涌现，研究主要聚焦在三个大类上。第一类是理论研究，探索是否存在最优专利宽度 （或期限） 和最佳专利制度。学者们虽然用了不同的研究方法进行研究，但大多从社会福利的角度解释了有限专利宽度存在的合理性。郭春野和庄子银 （2012） 延续外国学者的研究思想，从理论上探索了知识产权保护对南北方创新和社会福利有何效用。方颖和赵扬 （2011） 从规范研究和实证研究两个方面研究了知识产权保护对经济增长的影响。地方政府和地方法院虽然遵守相同的法律规定，但又存在地域差异，遵从相应的地方行政规章，因此不同地区在知识产权保护的执行中和实施上难免有所不同。同时，不同的行业中企业研发收入对知识产权保护的敏感程度未必相同。

现有实证文献较少讨论我国知识产权保护与企业研发投入的关系。林等（Lin et al.，2010）以世界银行2003年公布的来自中国18个城市2000余家企业的数据研究了知识产权保护对研发投入的影响，数据分析结果显示两者显著正相关。蔡地（2012）等对世界银行2005年公布的对中国120个城市6826家民营企业的调查数据进行研究，得到了显著积极影响的结论，即对于民营企业，地区知识产权保护水平的提高有利于促进我国民营企业自主参加研发活动，加大研发投入强度。宗庆等（2015）构建了省际层面知识产权保护强度指数，研究了知识产权保护制度的制定和执行对工业企业研发投入的影响。知识产权保护程度的提高对我国全样本工业企业的研发投入具有显著正效应，能够推动企业研发活动的开展，但其影响程度在市场结构不同的行业里表现迥异。在垄断程度较高的行业中，两者呈倒"U"型关系，知识产权保护程度过高反而会抑制企业研发积极性，削弱研发动机；在竞争性行业中，知识产权保护则显著地提高了企业研发激励。

（三）对政府政策研发投入效果理论测度分析

最早的政府干预企业创新的政策研究可追溯于20世纪50年代弗兰克尔（Frankel，1955），但之前的研究大多均为理论研究，缺少对政策执行效果的测度与评价。对于政策执行效果的实证研究则主要从企业研发投入量、企业研发产出量和单个企业在政府政策影响下的研发行为三个维度进行研究；依照是否具有经济理论基础划分，又可分为结构性实证模型与非结构性实证模型（任国良，2013）。

对于结构性实证模型，戴维和霍尔（David and Hall，2000）较早提供了相应的理论基础。为解决模型可能出现的遗漏变量与变量测度问题，部分学者后来通过采用增加工具变量（如政府补贴）的方法降低内生性问题［胡辛格（Hussinger，2008）、克劳森（Clausen，2009）、加罗内和格里利（Garrone and Grilli，2010）、西村和冈村（Nishimura and Okamuro，2010）］，但工具变量的选取假设条件较为严格，以政府补贴为例，其基本假设为政府在对企业进行研发补贴的过程中采取随机选择的方式，而事实可能并不满足这一假设［克劳森（Clausen，2009）］。为解决这一问题，部分学者李和马弗尔（Lee and Marvel，2008）、西村和冈村（Nishimura and Okamuro，2011）采用建立"选择方程"和"结果方程"的方法，以降低选择性偏误。这一方法的改进使得模型检验效果增强许多，但上述方法忽略了政府补贴政策出台后企业与企业间的相互作用，而事实上企业间的研发活动是具有替代效应的［芬格尔（Finger，2008）］。因此，学者们［里安（Ryan，2012）和饶（Rao，2011）］将博弈论加入选择模型中，以模拟企业间的研发决策。

对于非结构性实证模型，部分学者认为经济理论假设模型需要太多的前提或假设，反而有可能误导研究者并产生不正确的结论。与其依赖于模型推导，倒不如根据实际的客观数据展现的规律对政策绩效问题进行研究，即通过挖掘数据的方法寻找规律。这类研究虽然被部分学者认为缺乏理论依据，但近年来也有越来越多的人开始采用这一方法［李（Lee，2011）和查尼茨基（Czarnitzki，2012）］。

第二节　国内外政府对企业研发活动支持政策现状

发达国家为了在国际上占领竞争制高点，非常重视对科技研发的投入。美国政府一直重点支持基础科学的创新研究，在 2012 财年预算案中为科学和基础研究提供了额外支持，并将在未来 10 年招募 10 万名科学、技术、工程和数学类教师。奥巴马政府还发起成立了教育高级研究项目署。英国政府在 2008～2010 年间，投入了 10 亿英镑用于企业技术创新。日本的企业研发支出 2006 年已达到 81.9%。德国联邦教研部计划在 2013 年至 2019 年间投入 5 亿欧元，支持东西部研发创新合作。20 世纪 80 年代，韩国确立了"科技立国"战略，研发投入保持了持续高速增长的态势。同时，他们十分重视税收政策对促进企业技术创新的积极效应。美国奥巴马总统提议将研究与试验税收减免提高约 20%，研究与试验税收减免鼓励企业以不触犯公司利润的方式投资于美国的技术发展。在英国研发投入在 1 万英镑以上的企业均可享受研发税收减免政策，2009～2010 年英国企业研发投入减免税收总额超过 10 亿英镑。自 2011 年 4 月起，将工厂和机械的短期资产免税额制度从 4 年延长为 8 年。为进一步提高研发税收优惠政策的实施效率，英国财政部还进一步简化小企业行动方案的预审批程序，推广"线上"税收抵免，以鼓励规模较大企业的研发活动。日本 1985 年出台的《促进基础技术开发税制》规定，购买用于基础技术研发的资产，税金减免 7%。目前对重大技术研发设备、引进国外技术、产学研合作研发活动等均实施了税收优惠政策。财税政策通过影响企业的投资决策，对企业开展研发活动产生了积极的激励作用。

我国对于研发投入的政府政策主要包括以科技支撑计划、火炬计划、星火计划等为主的财政支持政策和以研发投入加计扣除、对于小型微利企业税收优惠等为主的税收支持政策。而应用于城市基础设施建设的"PPP 融资模式"和从 2016 年 5 月开始全面实施的"营改增"政策同样对于企业研发具有促进作用。

一、立法保护

近年来，世界上无论发达国家还是发展中国家都先后制定了一系列法律、法规，以促进企业 R&D 投入水平的提高（毕颖，2000）。如日本颁布了《高技术工业智密区开发促进法》和《技术城法》，韩国通过了《高技术工业开发促进法案》等。完全市场化的发达工业国家如美国、英国等，也有多种涉及科技活动和企业创新的相关法律，如美国的《1976 年国家科学技术政策、机构和优先目标法》、《1986 年联邦技术转移法》、《小企业创新研究法》，法国的《风险投资共同基金》、《风险投资公司》、《新兴企业财政优惠》等管理条例。此外，各国还制定了大量有关专利保护、环境政策、技术转移、引进外资等的特殊法案。

我国也将鼓励企业创新视为国家创新战略的重要一环，自主创新法治氛围的营建、产学研相结合、企业成为创新主体、知识产权、风险投资、人才激励机制、其他激励扶持机制以及高新科技园区发展的立法保障等方面都应进一步加强，特别是在资金投入、税收、进出口、原材料供应等方面实行相应的激励政策。为进一步增强企业研发投入的法律保障，我国自 1982 年以来相继颁布了商标法、著作权法、专利法等法律法规。

二、财政投入支持

科技创新可以为企业带来利润和更大的市场份额，如果科技创新带来的收益能够被企业独享，企业在获利动机的驱动下就会有足够的自主创新积极性。但是，由于科技创新具有外部性和不确定性，削弱了企业自主创新的动力和积极性，导致市场不能有效供给。一方面，企业的科技创新活动将对其他企业以及整个社会产生正外部性，也就是创新者的成果容易部分或全部被他人无偿使用，使得科技创新的私人收益率和社会收益率之间存在外溢差距，创新者的创新动力和积极性在一定程度上会被削弱，导致市场有效供应不足；另一方面，科技创新活动本身的难度和复杂性、创新主体自身的局限性等，导致了创新投资存在达不到预期目标的可能性，也就是科技创新活动具有较高的不确定性。因此，为了弥补市场缺陷，改善市场对科技创新的供应，需要政府利用财税手段来激励和引导企业的科技创新活动。

科技创新的激励机制和政策包括政府的宏观管理和企业的微观管理以及两者的相互作用和相互配合。虽然企业是科技创新的主体，但企业无法承担整个创新系统的组织和调控，加上我国正处于经济结构转型升级的关键阶段，政府的政策导向和组织功能对科技创新体系建设的作用尤为重要。由于科技创新具有外部性和不确定性，导致市场对创新的有效供应不足，这就需要政府采取政策措施来进行干预，以校正市场失灵。而政府在促进科技创新方面的政策是多样化的。根据各国的实际情况，将已有的激励科技创新的政策工具归纳如下：从供给面来看，新产品及新工艺的研究开发需要一定的投入，其中主要的投入有三个，即科技人员、资金和信息；从需求面来看，国家政策的影响主要在于创造国内外市场对技术创新成果的需求。此外，国家对科技创新活动的影响还可以通过改善政治、经济、法律等环境因素来达到。据此，我们把这些激励科技创新的政策工具分为以下三个类别：第一，科学技术成果供给面政策，包括资金、人力、技术上的帮助，以及建立科技创新的基础设施等；第二，科技创新产品需求面政策，包括政府购买、贸易代理等；第三，科技创新的制度环境面政策，包括税收政策、专利政策、政府管制等。

国际上，政府通过财政投入支持企业 R&D 投入水平的提升。而政府的投入多限于基础设施的建设，一般占 60% ~70%。日本筑波科学城的建设，前后历时 20 年，共耗资 13000 亿日元。西班牙政府投资 100 亿欧元建设卡贾图科学城。美国等实行自由市场经济体制的国家，一般不鼓励向基础设施进行直接投资，而注重完善企业发展大环境，主要是通过国家采购影响企业 R&D 的投入。我国政府对企业 R&D 投入的财政支持主要分为财政直接投入和政府采购两种方式。如设立专项资金（财政直接投入，专项资金一般采取拨款补助、参股创业投资基金等支持方式，并根据国际国内战略性新兴产业发展形势进行适当调整）用于支持引进技术的消化、吸收和再创新，支持重大技术装备研制和重大产业关键共性技术的研究开发；实施促进自主创新的政府采购，对国内企业开发的具有自主知识产权的重要高新技术装备和产品，政府实施首购政策。

三、税收优惠政策

制定税收优惠政策，是世界各国促进企业 R&D 投入的普遍做法，各国通过减免税和给予补贴，减少研发风险，鼓励和吸引民间企业增加研发投入。如美国政府颁布的《S 项修改法案》规定对技术密集型企业少交 1/3 的税款。为了鼓励风险投资活动，在 1981 年通过了《经济复兴税法》，规定对研究开发投资税从 49%减至 25%，1986 年国会又通过对该法的修正案，将投资税减至 20%，从而有力地促进了高新技术风险投资事业的发展。英国政府于 1983 年制订《企业扩展计划》，为了诱导中小企业投资高技术，税收政策规定对创办小企业者，可以免 60%的投资税，对新创办的小企业可以免 100%的资本税，公司税从 1983 年财政年度的38%减为30%，印花税由20%减至1%，起征点由2.5万英镑提高到3万英镑，取消投资收入附加税。日本政府于1985年制定了《促进基础技术开发税制》，对购置用于基础技术开发的资产，免征7%的税金。巴西政府规定科技投入超过企业利润5%的企业可免交产品税，允许企业把所欠税款的80%用于研究与开发的投资。台湾的《科学工业园设置管理条例》规定，园区的企业可以全部免征进口税、货物税、营业税和土地税，企业5年内免征盈利事业所得税，外销产品不课税。我国对高新技术企业的税收政策比较全面，被认定的高新技术企业的所得税按15%征收，新办的企业从投产两年内免征所得税，然后减征三年，同时还有减免进出口关税等规定。

在推动科技创新的政策工具中，财税政策作为政府宏观调控的重要手段，是促进科技创新的重要政策工具之一。财税政策主要通过影响创业投资、研发活动、企业家行为等方面进而来影响自主创新。政府通过运用财政投入、税收优惠、政府采购等政策，营造激励科技创新的环境，推动企业成为科技创新活动的主体。通过财税政策的实施，政府可以对一些高新技术产业进行扶持，引导相关企业研究开发新技术、新产品。一方面促进这些企业自主创新，另一方面通过这些企业、产业的辐射带动作用，实现产业结构的升级与优化，进而带动整个经济的科学、持续发展。

科技创新活动外部性和不确定性的存在，明确了政府运用财税激励性政策的导向，但政府怎样运用财税政策？是针对特定产业？还是针对特定活动？不同的财税政策，因其传导机制不同，对科技创新的作用亦不同。从对创新产品的供给与需求角度看，财政投入政策、税收优惠政策主要是从增加创新技术、产品的市场供给角度来促进企业的自主创新；而政府采购政策则主要是从创造和增加创新技术、产品的市场需求的角度，通过影响市场对新技术、新产品的需求来激励企业的自主创新。从对企业行为的调节来看，财政投入政策、政府采购政策为直接调节方式，财政投入政策是通过财政支出和补贴直接增加企业自主创新的投入，政府采购政策是通过政府部门的购买直接创造市场需求；而税收优惠政策为间接调节方式，是通过影响税负结构，影响企业的盈利能力，进而影响企业的发展能力和发展动力，促进企业自主创新。

财政投入、税收优惠、政府采购由于其作用机理的不同发挥着不同的重要作用。但从发达国家的科技创新实践经验可以看出，发达国家对自主科技创新的支持更多采用的是税收政策，而非财政投入政策。这主要是因为，促进科技自主创新的财政投入政策的成本和风险要比税收政策相应的成本和风险更大一些。财政投入政策主要是通过投资、补贴、担保等措施支持自主科技创新，有些关键领域的投入巨大，且投入具有一定的连续性，加之创新过程的不确定性与财政支持的事前安排特性，财政支出成本较大，承担的风险也大。而自主创新的税收政策通常是一种事后支持，当企业的经济行为符合科技创新要求时，才能得到税收的优惠政策。因此，税收政策体现的是政府与企业、市场的合力作用，相对财政支出政策成本要低，承担的风险也小。发达国家的创新实践表明，自主科技创新并不是国家财政支出越多越好，而且从我国的经济发展阶段来看，财力也很有限。因此，我国各级政府在运用财税政策促进科技创新时，除需要国家财政投入的特殊领域外，更应发挥好税收政策的作用。

四、金融优惠政策

目前，政府支持企业研发的金融政策主要分为提供低息贷款和风险投资。国外许多国家一般是通过银行或设立基金会的方式向园区的企业提供低息贷款，如加拿大联邦商业发展银行为园区内的企业实施风险性很大的发展项目专门提供"平衡资助"，与定期贷款一起协助企业维持财政平衡或尽快收回成本。日本政府建立了振兴地方技术的特别贷款制度，凡新增设备可提供特别利息贷款，在高科技园区内的投资企业可使用低息长期贷款（年利率为 8%～8.15%）。法国政府设立"工业发展基金"，以 8.75% 的优惠利率供营业额在 5 亿法郎以下的中小企业融资之用，政府还提供 3 亿法郎给 SOFARIS 投资公司，对中小企业申请贷款提供 50% 的保证。英国政府对私营技术企业的短期资金可以通过银行透支、贸易信贷等方式融通，中期资产可以通过银行信贷、财产抵押、自发信用券、发行股票等方式取得。风险投资作为一种扶持风险企业的特殊政策，一些国家允许建立风险企业的专门证券市场，其目的在于将风险企业的资金筹措方式进行转变，由间接金融为主转为以直接金融为主的方式，使风险企业在不需要担保的情况下筹措到低息资金。美国、英国、日本等国家就开辟了二级证券市场（场外证券市场），允许企业进行资金筹措。其特点是以发行风险企业的股票为主，其发行标准低于一般证券市场。如日本政府 1983 年在大阪、东京、名古屋设立场外证券市场，并规定只要市场净值在 85 万美元以上，税前利润率达到 4% 的公司都可以上市。美国还有 450 家专门代表美国小企业管理局进行风险投资的私人性质的小企业投资公司。英国允许新创办的高技术公司以发行债券的方式筹措资金。这些国家还调整了资本收益税，以鼓励银行和个人参与风险投资。

五、知识产权保护政策

对于知识产权保护美国前总统林肯曾说过："专利制度就是给天才之火，浇上利益之油。"为激励创新，在经济全球化过程中占据竞争优势，许多国家都将知识产权政策与人才培养紧密结合，充分发挥知识产权在高层次创新型人才培养和发展中的关键作用。

近年来，发达国家和发展中国家都通过法律、法规等制度规范促进企业R&D投入水平的提高（毕颖，2000）。当前，全世界188个国家建立了知识产权制度，国际重大的经济贸易活动中，如世界贸易组织（WTO）、跨太平洋伙伴关系协定（TPP）、跨大西洋贸易与投资协议（TIPP）等世界性或重要区域性经济贸易协定中，知识产权都是热点议题，并成为国际合作的重要准入规则。

美国在建国之日，就将以专利为代表的知识产权制度写入宪法。近年来，美国通过不断完善其知识产权制度，制定了拜杜法案、贸易法和关税法等配套的法律政策体系，以及联邦巡回上诉法院等制度安排，使科技、经济与法律有效衔接，保证人才发明创造的精神和物质权利，激励了科技人才稳定、持续地创新。英国是知识产权制度建立最早的国家之一。该国在1624年颁布《垄断法》，催生了以蒸汽机和动力机械为代表的第一次工业革命，使英国崛起为世界头号强国，并对创意文化产业、新兴信息产业等全面创新起了推波助澜的作用。日本建立了"知识产权立国"的基本国策，制定《知识产权基本法》，成立知识产权上诉法院，加大知识产权保护和运用力度。20世纪90年代日本经济停滞发展，人才创新动力不足。为此，内阁增设知识产权战略总部，首相亲任部长，全体内阁人员参加，制定相关法律，建立相关机构，出台《高技术工业智密区开发促进法》《技术城法》，力图保证日本走出"失落的十年"。此后十余年间，日本诺贝尔奖获得者增加了13位，而之前100多年间仅有9位。除此之外，韩国、新加坡、印度、南非等国家也纷纷推出知识产权战略，制定中长期规划，成立协调管理机构等，促进知识产权保护和运用，激励人才创新。各国还出台了保护专利、保护环境、转移技术、引进外资等方向的大量法案。

改革开放40年来，我国的知识产权保护政策力度呈现出逐渐增强的过程。目前，我国的发明专利申请量和商标注册量稳居世界首位。依据2017年1月13日国务院发布的《"十三五"国家知识产权保护和运用规划》，相比上个五年计划，"十二五"规划时期，每万人口发明专利拥有量达到6.3件，增长了3倍；每万市场主体的平均有效商标拥有量达到1335件，增长了34.2%；通过《专利合作条约》途径提交的专利申请量（以下称PCT专利申请量）达到3万件，增长了2.4倍，跻身世界前三位；植物新品种申请量居世界第二位；全国作品登记数量和计算机软件著作权登记量分别增长95.9%和282.5%；地理标志、集成电路布图设计等注册登记数量大幅增加。知识产权制度进一步健全，知识产权创造、运用、保护、管理和服务的政策措施更加完善，专业人才队伍不断壮大。市场主体知识产权综合运用能力明显提高，国际合作水平显著提升，形成了一批具有国际竞争力的知识产权优势企业。知识产权质押融资额达到3289亿元，年均增长38%。专利、商标许可备案分别达到4万件、14.7万件，版权产业对国民经济增长的贡献率超过7%。知识产权司法保护体系不断完善，在北京、上海和广州相继设立知识产权法院，民事、刑事、行政案件的"三合一"审理机制改革试点基本完成，司法裁判标准更加细致完备，司法保护能力与水平不断提升。知识产权行政保护不断加强，全国共查处专利侵权假冒案件8.7万件，商标权、商业秘密和其他销售假冒伪劣商品等侵权假冒案件32.2万件，侵权盗版案件3.5万件。全社会知识产权意识得到普遍增强。

同时，文件也对"十三五"知识产权保护和运用主要指标提出了要求：到2020年，每万人口发明专利拥有量为12件，PCT专利申请量为6万件，植物新品种申请总量为2.5万件，全国作品登记数量为220万件，年度知识产权质押融资金额为1800亿元，计算机软件著作权登记数量为44万件，规模以上制造业每亿元主营业务收入有效发明专利数为0.7件，知识产权使用费出口额为100亿美元，知识产权服务业营业收入年均增长为20%，知识产权保护社会满意度为80分。同时，知识产权重要领域和关键环节的改革也将取得决定性成果，保护和运用能力将得到大幅提升，将建成一批知识产权强省、强市，为促进大众创业、万众创新提供有力保障，为建设知识产权强国奠定坚实基础。

第三节　我国政府支持企业研发的主要政策汇总

技术创新作为经济社会发展的主要动力，已经成为当今世界经济发展的一个重要特征。从发达国家的实践看，大多数国家都充分认识到政府通过财政政策激励技术创新活动的重要性，并且制定了具体政策予以实施。政府投入、税收优惠、政府采购、贷款担保等多种方式是国家支持技术创新的主要政策。同时，知识产权作为人才创新智力成果最科学、最完整、最核心的体现，知识产权制度是保障创新者权益、激发创新创造活力、促进创新人才成长和发展的基本制度。世界发达国家高度重视知识产权的设计和安排。我国近年来制定的用于支持和鼓励企业研发的各类政策种类繁多，项目组经过筛选和分类，总结整理了主要支持政策如下。

一、财政政策

（一）科技支撑计划

支撑计划是面向国民经济和社会发展需求，重点解决经济社会发展中的重大科技问题的国家科技计划。该计划主要落实《国家创新驱动发展战略纲要》重点领域及其优先主题的任务，以重大公益技术及产业共性技术研究开发与应用示范为重点，结合重大工程建设和重大装备开发，加强集成创新和引进消化吸收再创新，重点解决涉及全局性、跨行业、跨地区的重大技术问题，着力攻克一批关键技术，突破"瓶颈"制约，提升产业竞争力，为我国经济社会协调发展提供支撑。

支撑计划项目根据支持的方向和作用，分为重大项目和重点项目，按项目、课题两个层次组织实施。

重大项目主要支持解决重大经济社会问题、形成重大战略产品、支撑国家重大工程建设或重大装备开发，以及重大技术引进消化吸收等符合国家战略需求的，对经济社会发展带动作用大、影响度高，需要在国家层面协调推动的跨行业、跨部门、跨区域项目。

重点项目主要支持着眼于公益技术和产业共性关键技术突破，解决经济社会发展"瓶颈"制约问题，具有较强应用前景的项目；支持服务于国家区域发展战略，提升区域创新能力，支撑区域社会经济发展和区域性重大工程建设的项目。

企业承担或参与项目和课题的条件：（1）属行业龙头企业、企业集团或企业联盟、转制院所、科技型中小企业等内资或内资控股企业；（2）企业技术需求与项目和课题的目标一致；（3）企业在相关任务领域具有领先的创新能力和技术基础；（4）企业承担的任务，在完成时有能力在本企业进行应用和转化；（5）有稳定的研发投入、常设企业技术开发机构或稳定的科研队伍和人才，能够为项目或课题实施提供任务书确定的资金及其他条件；（6）通过项目或课题的实施，能够与其他企业和大学、科研机构建立紧密的技术创新联盟与知识产权联盟，能将项目或课题成果进行技术转让或服务，促进全行业技术水平和产品质量提高。[①]

（二）科技型中小企业技术创新基金

创新基金是一种引导性资金，通过吸引地方、企业、科技创业投资机构和金

---

① 2006 年 7 月国家科技部、财政部关于印发《国家科技支撑计划管理暂行办法》的通知。

融机构对中小企业技术创新的投资，逐步建立起符合社会主义市场经济客观规律、支持中小企业技术创新的新型投资机制。

创新基金不以营利为目的，通过对中小企业技术创新项目的支持，增强其创新能力。

创新基金面向在中国境内注册的各类中小企业，其支持的项目及承担项目的企业应当具备下列条件：第一，创新基金支持的项目应当是符合国家产业技术政策、有较高创新水平和较强市场竞争力、有较好的潜在经济效益和社会效益、有望形成新兴产业的高新技术成果转化的项目。第二，企业已在所在地工商行政管理机关依法登记注册，具备企业法人资格，具有健全的财务管理制度；职工人数原则上不超过 500 人，其中具有大专以上学历的科技人员占职工总数的比例不低于 30%。经省级以上人民政府科技主管部门认定的高新技术企业进行技术创新项目的规模化生产，其企业人数和技术人员所占比例条件可适当放宽。第三，企业应当主要从事高新技术产品的研制、开发、生产和服务业务，企业负责人应当具有较强的创新意识、较高的市场开拓能力和经营管理水平。企业每年用于高新技术产品研究开发的经费不低于销售额的 3%，直接从事研究开发的科技人员应占职工总数的 10% 以上。对于已有主导产品并将逐步形成批量和已形成规模化生产的企业，必须有良好的经营业绩。

根据中小企业和项目的不同特点，创新基金分别以贷款贴息、无偿资助、资本金投入等不同的方式给予支持。[①]

（三）火炬计划

火炬计划项目分为国家级和地方（省、自治区、直辖市、计划单列市）级两种，实行国家和地方两级立项和管理。各地的国家级火炬计划项目评审权属当地省、自治区、直辖市、计划单列市科技行政管理部门（以下简称"省市科技行政管理部门"）。

国家级火炬计划项目的认定立项权属科技部。科技部火炬高技术产业开发中心（以下简称"科技部火炬中心"）是国家级火炬计划项目的归口管理部门。具体负责组织实施国家级火炬计划项目。

国家级火炬计划项目管理坚持突出重点、强化创新、分类指导、加强服务的原则；坚持以市场为导向，企业为主体，引入竞争机制，实行动态管理；坚持因地制宜，保证项目质量，发挥示范引导作用。鼓励并优先支持高新技术产业开发

---

① 1999 年 5 月国务院办公厅：转发国家科技部、财政部《关于科技型中小企业技术创新基金的暂行规定的通知》。

区、火炬计划产业基地、火炬计划重点高新技术企业、科技型中小企业申请和实施国家级火炬计划项目。鼓励科研院所、高等院校同企业结合，共同承担国家级火炬计划项目。

国家级火炬计划项目分为一般项目和重点项目。国家级火炬计划项目是以国内外市场为导向，以国家、地方和行业的科技攻关计划、高技术研究计划（"863"计划）成果以及其他科研成果为依托，以发展高新技术产品、形成产业为目标，择优评选并组织实施的高科技产业化项目。

从国家级火炬计划项目中择优认定重点项目。重点项目应具有我国自主知识产权，技术水平在国内同行业中居领先地位，项目产品市场前景好，产业规模大；有较强的市场竞争能力和较大的市场覆盖面，是国家重点发展的高新技术产业。重点项目应在同行业中有示范带动作用，在地方经济中起支柱作用。

申报渠道与要求：

第一，国家级火炬计划项目申报工作，由各省、市科技行政管理部门负责；国务院部委（局、总公司）的直属单位可通过部委（局、总公司）科技司（或相关部门，下同）申报，但项目承担单位应先将申报书抄报所在省、市科技行政管理部门盖章备案。部委（局、总公司）科技司只能申报国家级火炬计划项目。

第二，申报国家级火炬计划项目，项目承担单位须提交的申报材料包括：（1）国家级火炬计划项目申报书；（2）国家级火炬计划项目可行性研究报告；（3）计算机软盘。

申报重点国家级火炬计划项目，须提交的申报材料有：第一，重点国家级火炬计划项目申报书；第二，重点国家级火炬计划项目立项申请报告；第三，计算机软盘。

报送各省、市科技行政管理部门或部委（局、总公司）科技司进行评审。[①]

（四）星火计划

申报国家级星火计划项目必须具备的基本条件有：第一，符合国家产业和技术政策，适应本地区国民经济和社会发展战略和行业发展规划要求，有利于保护生态环境；第二，技术先进适用、成熟可靠，有利于农业和农村经济结构的战略性调整，具有良好的经济、社会、生态效益和发展前景；第三，有利于推动农村科技进步和提高农村劳动者素质，有利于增加农村就业机会，增加地方财政收入和农民收入；第四，项目申报单位必须是具有独立法人资格的企事业单位，以企业为主体，鼓励企业与大专院校、科研单位联合申报；第五，项目申报单位应具

[①] 2001年科技部、财政部《国家级火炬计划项目管理办法（试行）》第2~5条。

有良好的金融、商业和社会道德信誉，经营机制良好，没有知识产权纠纷。申请银行贷款的项目，必须符合银行信贷要求。

申请重点项目的单位除具备上述条件外，还必须具有较强的技术开发和应用能力、可靠的技术依托以及完成项目所需的其他相关条件。①

（五）工程技术研究中心

凡符合国家组建工程中心的总体规划和布局原则，拟申请承担组建任务的单位，应具备以下基本条件：

第一，在某一技术领域具有雄厚的科研实力，承担并出色完成了国家各项重点科技任务，在国内同行业中是公认的学术和技术权威，在国际上有一定影响；拥有较好的工程技术研究和技术基础，以及较丰富的成果转化背景及经验。一般还应是本行业技术监督管理的归口单位，兼有产品检测、标准制定、成果推广、质量监督及技术信息服务等职能。第二，具有技术水平高、工程化实践经验丰富的工程技术带头人；拥有一定数量和较高水平的工程技术研究和工程设计人员；有能够承担工程试验的熟练技术工人。第三，基本具备了工程技术试验条件和基础设施，有必要的检测、分析、测试手段和工艺设备。经组建充实完善后，应具备承担综合性工程技术试验任务的能力。第四，拥有较雄厚的科研资产和经济实力，有筹措资金的能力和信誉。在组建过程中有一定资金的匹配。第五，在深化科技体制改革中，已初步形成自我良性循环的发展机制。拥有改革意识强、敢于创新、高效精干、科学化管理的领导班子，有强有力的组织管理机构和管理队伍。第六，密切联系一批企业，并与之有良好的伙伴关系，有向这些企业辐射工程技术成果的成功经验。②

（六）创业投资引导基金

引导基金的资金来源为：中央财政科技型中小企业技术创新基金；从所支持的创业投资机构回收的资金和社会捐赠的资金。

引导基金的支持对象为：在中华人民共和国境内从事创业投资的创业投资企业、创业投资管理企业、具有投资功能的中小企业服务机构（以下统称"创业投资机构"），及初创期科技型中小企业。

申请引导基金支持的创业投资企业应当具备下列条件：（1）经工商行政管理部门登记；（2）实收资本（或出资额）在10000万元人民币以上，或者出资人

---

① 2002年1月国家科技部《国家星火计划管理办法》第19条。
② 1993年2月国家科技部《国家工程技术研究中心暂行管理办法》第7条。

首期出资在 3000 万元人民币以上，且承诺在注册后 5 年内总出资额达到 10000 万元人民币以上，所有投资者以货币形式出资；（3）有明确的投资领域，并对科技型中小企业投资累计 5000 万元以上；（4）有至少 3 名具备 5 年以上创业投资或相关业务经验的专职高级管理人员；（5）有至少 3 个对科技型中小企业投资的成功案例，即投资所形成的股权年平均收益率不低于 20%，或股权转让收入高于原始投资 20% 以上；（6）管理和运作规范，具有严格合理的投资决策程序和风险控制机制；（7）按照国家企业财务、会计制度规定，有健全的内部财务管理制度和会计核算办法；（8）不投资于流动性证券、期货、房地产业以及国家政策限制类行业。

申请引导基金支持的创业投资管理企业应具备下列条件：（1）符合上条第（1）、（4）、（5）、（6）、（7）项条件；（2）实收资本（或出资额）在 100 万元人民币以上；（3）管理的创业资本在 5000 万元人民币以上。

申请引导基金支持的中小企业服务机构需具备下列条件：（1）符合上条第 5、6、7 项条件；（2）具有企业或事业法人资格；（3）有至少 2 名具备 3 年以上创业投资或相关业务经验的专职管理人员；（4）正在辅导的初创期科技型中小企业不低于 50 家（以签订《服务协议》为准）；（5）能够向初创期科技型中小企业提供固定的经营场地；（6）对初创期科技型中小企业的投资或委托管理的投资累计在 500 万元人民币以上。

享受引导基金支持的初创期科技型中小企业应具备下列条件：（1）具有企业法人资格；（2）职工人数在 300 人以下，具有大专以上学历的科技人员占职工总数的比例在 30% 以上，直接从事研究开发的科技人员占职工总数比例在 10% 以上；（3）年销售额在 3000 万元人民币以下，净资产在 2000 万元人民币以下，每年用于高新技术研究开发的经费占销售额的 5% 以上。

引导基金按照最高不超过创业投资机构实际投资额的 5% 给予风险补助，补助金额最高不超过 500 万元人民币。[①]

二、税收优惠政策

（一）高新技术企业

认定（复审）合格的高新技术企业，自认定（复审）当年起可依照《中华

---

① 2007 年 7 月财政部、科技部关于印发《科技型中小企业创业投资引导基金管理暂行办法》的通知第 3、7、8、9、11、26 条。

人民共和国企业所得税法》（以下简称《企业所得税法》）和《中华人民共和国企业所得税法实施条例》《中华人民共和国税收征收管理法》《中华人民共和国税收征收管理法实施细则》《高新技术企业认定管理办法》等有关规定，申请享受税收优惠政策。[①]

国家需要重点扶持的高新技术企业，减按 15% 的税率征收企业所得税。[②]

（二）创业投资企业

《企业所得税法》第三十一条所称抵扣应纳税所得额，是指创业投资企业采取股权投资方式投资于未上市的中小高新技术企业 2 年以上的，可以按照其投资额的 70% 在股权持有满 2 年的当年抵扣该创业投资企业的应纳税所得额；当年不足抵扣的，可以在以后纳税年度结转抵扣。[③]

（三）技术先进型服务企业

自 2010 年 7 月 1 日起至 2013 年 12 月 31 日止，在北京、天津、上海、重庆、大连、深圳、广州、武汉、哈尔滨、成都、南京、西安、济南、杭州、合肥、南昌、长沙、大庆、苏州、无锡、厦门等 21 个中国服务外包示范城市（以下简称"示范城市"）实行以下企业所得税优惠政策：第一，对经认定的技术先进型服务企业，减按 15% 的税率征收企业所得税；第二，经认定的技术先进型服务企业发生的职工教育经费支出，不超过工资薪金总额 8% 的部分，准予在计算应纳税所得额时扣除；超过部分，准予在以后纳税年度结转扣除。[④]

（四）小型微利企业

符合条件的小型微利企业，减按 20% 的税率征收企业所得税。[⑤]

（五）研究开发费加计扣除

第一，加计扣除方式。

研究开发费用的加计扣除，是指企业为开发新技术、新产品、新工艺发生的

---

① 2008 年 7 月科技部、财政部、国家税务总局关于印发《高新技术企业认定管理工作指引》的通知第 3 条。

② 2007 年 3 月《中华人民共和国企业所得税法》第 28 条。

③ 2007 年 12 月《中华人民共和国企业所得税法实施条例》第 97 条。

④ 2010 年 11 月财政部、国家税务总局、商务部、科技部、国家发展改革委员会《关于技术先进型服务企业有关企业所得税政策问题的通知》第 2 条。

⑤ 2007 年 3 月《中华人民共和国企业所得税法》第 28 条。

研究开发费用，未形成无形资产计入当期损益的，在按照规定据实扣除的基础上，按照研究开发费用的50%加计扣除；形成无形资产的，按照无形资产成本的150%摊销。①

第二，加计扣除费用项目。

企业从事《国家重点支持的高新技术领域》和国家发展改革委员会等部门公布的《当前优先发展的高技术产业化重点领域指南（2007年度）》规定项目的研究开发活动，其在一个纳税年度中实际发生的下列费用支出，允许在计算应纳税所得额时按照规定实行加计扣除。规定的项目包括：（1）新产品设计费、新工艺规程制定费以及与研发活动直接相关的技术图书资料费、资料翻译费；（2）从事研发活动直接消耗的材料、燃料和动力费用；（3）在职直接从事研发活动人员的工资、薪金、奖金、津贴、补贴；（4）专门用于研发活动的仪器、设备的折旧费或租赁费；（5）专门用于研发活动的软件、专利权、非专利技术等无形资产的摊销费用；（6）专门用于中间试验和产品试制的模具、工艺装备开发及制造费；（7）勘探开发技术的现场试验费；（8）研发成果的论证、评审、验收费用。

第三，加计扣除实施规定。

企业根据财务会计核算和研发项目的实际情况，对发生的研发费用进行收益化或资本化处理的，可按下述规定计算加计扣除：（1）研发费用计入当期损益未形成无形资产的，允许再按其当年研发费用实际发生额的50%，直接抵扣当年的应纳税所得额；（2）研发费用形成无形资产的，按照该无形资产成本的150%在税前摊销。除法律另有规定外，摊销年限不得低于10年。②

"营改增"税制改革之前，我国并行着两个一般流转税税种即增值税和营业税。前者主要适用于制造业，后者主要适用于服务业。原有税制在一定程度上制约了服务业发展。从产业发展和经济结构调整的角度来看，将我国大部分第三产业排除在增值税的征税范围之外，对服务业的发展造成了不利影响。因此，2011年，经国务院批准，财政部、国家税务总局联合下发营业税改增值税试点方案。从2012年1月1日起，在上海交通运输业和部分现代服务业开展营业税改征增值税试点。至此，货物、劳务税收制度的改革拉开序幕。自2012年8月1日起至年底，国务院将扩大"营改增"试点至10省市。截至2013年8月1日，"营改增"范围已推广到全国试行。国务院总理李克强2013年12月4日主持召开国

① 2007年12月《中华人民共和国企业所得税法实施条例》第95条。
② 2008年12月国家税务总局关于印发《企业研究开发费用税前扣除管理办法（试行）》的通知第4、7条。

务院常务会议，决定从 2014 年 1 月 1 日起，将铁路运输和邮政服务业纳入营业税改征增值税试点，至此交通运输业已全部纳入"营改增"范围。自 2014 年 6 月 1 日起，将电信业纳入营业税改征增值税试点范围。自 2016 年 5 月 1 日起，中国全面实施"营改增"，营业税退出历史舞台，增值税制度更加规范。这是自 1994 年分税制改革以来，财税体制的又一次深刻变革。袁从帅、刘晔等（2015）选取了 239 家上市公司 2007～2013 年的面板数据，提出"营改增"对企业研发具有一定促进作用，并且在促进作用上人员投入比资金投入更强。

三、金融扶持政策

（一）科技贷款

第一，重点服务对象。商业银行应当根据国家产业政策和投资政策，重点加强和改善对以下高新技术企业的服务，积极给予信贷支持：（1）承担《国家中长期科学和技术发展规划纲要（2006～2020 年)》确定的"重点领域及其优先主题""重大专项"和"前沿技术"开发任务的企业；（2）担负有经国家有权部门批准的国家和省级立项的高新技术项目，拥有自主知识产权、有望形成新兴产业的高新技术成果转化项目和科技成果商品化及产业化较成熟的企业；（3）属于电子与信息（尤其是软件和集成电路）、现代农业（尤其是农业科技产业化以及农业科研院所技术推广项目）、生物工程和新医药、新材料及应用、先进制造、航空航天、新能源与高效节能、环境保护、海洋工程、核应用技术等高技术含量、高附加值、高成长性行业的企业；（4）产品技术处于国内领先水平，具备良好的国内外市场前景，市场竞争力较强，经济效益和社会效益较好且信用良好的企业；（5）符合国家产业政策，科技含量较高、创新性强、成长性好，具有良好产业发展前景的科技型小企业。尤其是国家高新技术产业开发区内，或在高新技术开发区外但经过省级以上科技行政管理部门认定的，从事新技术、新工艺研究、开发、应用的科技型小企业。①

第二，扶持中小企业。鼓励金融机构积极支持中小企业技术创新。商业银行对纳入国家及省、自治区、直辖市的各类技术创新计划和高新技术产业化示范工程计划的中小企业技术创新项目，应按照国家产业政策和信贷原则，积极提供信贷支持。各地可通过有关支持中小企业发展的专项资金对中小企业贷款给予一定

---

① 2006 年 12 月中国银行业监督管理委员会《关于商业银行改善和加强对高新技术企业金融服务的指导意见》第 4 条。

的贴息补助，对中小企业信用担保机构予以一定的风险补偿。各级中小企业管理部门、知识产权部门要积极向金融机构推荐中小企业自主知识产权项目、产学研合作项目、科技成果产业化项目、企业信息化项目、品牌建设项目等，促进银企合作，推动中小企业创新发展。

加大对技术创新产品和技术进出口的金融支持。各金融机构要按照信贷原则，对有效益、有还贷能力的中小企业自主创新产品出口所需流动资金贷款积极提供信贷支持。对中小企业用于研究与开发所需的、符合国家相关政策和信贷原则的核心技术软件的进口及运用新技术所生产设备的出口，相关金融机构应按照有关规定积极提供必要的资金支持。[1]

（二）科技保险

高新技术企业可以为符合团体人数要求的关键研发人员投保团体保险。

中国出口信用保险公司对列入《中国高新技术产品出口目录》的产品出口信用保险业务，在限额审批方面，同等条件下实行限额优先；在保险费率方面，给予公司规定的最高优惠。

发挥保险中介机构在高新技术企业承保理赔、风险管理和保险产品开发方面的积极作用。鼓励高新技术企业和保险公司采用保险中介服务，支持设立专门为高新技术企业服务的保险中介机构，鼓励在国家高新技术产业开发区内设立保险中介机构及其分支机构。

鼓励保险经纪公司参与科技保险产品创新，专门为高新技术企业服务的保险中介机构资格由保监会和国家科技部共同认定，享受科技中介机构有关优惠政策。[2]

（三）创业风险投资

第一，创业风险投资受托管理机构。创业风险投资委托专业管理机构管理，财政部会同国家发展改革委通过招标的方式确定专业管理机构，并与专业管理机构签订委托协议。

受托管理机构的资质应包括：（1）具有企业法人资格；（2）注册资金不少于1亿元；（3）从事创业风险投资管理业务5年以上；（4）有3年以上创业风险投资相关经历的从业人员至少5名；（5）有完善的创业风险投资管理制

---

[1]　2007年10月国家发展和改革委员会、国家科技部等《关于支持中小企业技术创新的若干政策》第11、12条。

[2]　2006年12月保监会、国家科技部《关于加强和改善对高新技术企业保险服务有关问题的通知》第3~5条。

度；（6）有创业风险投资项目运作的成功经验。

受托管理机构的职责包括：（1）按照本意见及有关规定的要求，推荐投资项目；（2）受委托以投资额为限对被投资企业行使出资人权利，包括向被投资企业派遣董事、监事，通过股东会、董事会、监事会依法行使权利；（3）充分利用自身资源和创业投资经验为被投资企业提供各种增值服务，帮助企业建立规范的管理制度，促进企业发展；（4）定期向财政部和国家发展改革委员会报告被投资企业项目进展情况、股本变化情况以及其他重大情况；（5）根据要求，组织创业风险投资退出，并及时将回收资金上缴中央财政。

第二，创业风险投资项目的选择。风险投资项目要符合以下条件：（1）具有公益性、公共性技术属性，能明显提升产业自主创新能力和企业核心竞争力；（2）拥有自主知识产权且技术含量较高；（3）虽然近期内筹集资金能力相对较弱，但具有良好市场前景、预期盈利能力较强。

创业风险投资项目可以采取以下两种方式筛选和确定：第一，国家发展改革委员会会同财政部根据国家经济、科技发展战略和规划等公布创业风险投资项目申报指南，各地发展改革委员会会同财政厅（局）按本意见规定的要求组织相关项目并向国家发展改革委员会和财政部推荐，国家发展改革委员会会同财政部组织专家评审后，在受托管理机构与被投资单位协商一致并签订投资协议的基础上，批复投资项目和投资额度。第二，受托管理机构推荐投资项目。受托管理机构根据本意见规定的原则和要求在国家发展改革委员会和财政部确定的创业风险投资支持重点领域内评估、筛选本机构已经投资的项目，上报国家发展改革委员会和财政部，国家发展改革委员会会同财政部在专家评审的基础上，批复投资项目和投资额度。

申报创业风险投资项目需要提交的材料：项目可行性研究报告和专家初步论证意见；项目申报单位近两年经中介机构审计的财务报告和资信材料；项目申报单位现有的股权结构；项目申报单位同意国家财政投资参股的决议；其他相关材料。

第三，资金的拨付。财政部依据批复的投资项目名单、金额以及受托管理机构与被投资单位签订的投资协议，按照有关规定，将资金拨付受托管理机构的托管专户，由受托管理机构拨付被投资单位。

受托管理机构的托管专户需在财政部指定的代理银行范围内开设，并由财政部、受托管理机构、开户银行3家签订协议，明确托管机构只有接到财政部的拨款通知后，方可通知银行拨付资金。

因特殊原因无法继续执行的，受托管理机构要及时将投资资金缴回中央财政。

第四，创业风险投资的退出。创业风险投资项目通过企业并购、股权回购、股票市场上市等方式实现退出。

受托管理机构负责对投资项目退出时机进行考察，在退出时机成熟时运作退出，并及时将退出时机、退出方式等情况报告财政部和国家发展改革委员会。

退出的资金（含回收的股息、股利）直接收回到托管专户，由受托管理机构及时上缴中央财政。

第五，委托经费。委托管理机构管理创业风险投资，需支付一定委托费用。委托费用分为两个部分：一部分是日常管理费，按不超过投资余额的 3% 确定；另一部分是效益奖励，按不超过总投资收益（弥补亏损后的净收益）的一定比例确定。委托经费的具体安排在委托协议中约定。[①]

四、知识产权保护政策

（一）专利

未经专利权人许可，实施其专利，即侵犯其专利权，引起纠纷的，由当事人协商解决；不愿协商或者协商不成的，专利权人或者利害关系人可以向人民法院起诉，也可以请求管理专利工作的部门处理。管理专利工作的部门处理时，认定侵权行为成立的，可以责令侵权人立即停止侵权行为，当事人不服的，可以自收到处理通知之日起十五日内依照《中华人民共和国行政诉讼法》向人民法院起诉；侵权人期满不起诉又不停止侵权行为的，管理专利工作的部门可以申请人民法院强制执行。进行处理的管理专利工作的部门应当事人的请求，可以就侵犯专利权的赔偿数额进行调解；调解不成的，当事人可以依照《中华人民共和国民事诉讼法》向人民法院起诉。

专利侵权纠纷涉及新产品制造方法的发明专利的，制造同样产品的单位或者个人应当提供其产品制造方法不同于专利方法的证明。

专利侵权纠纷涉及实用新型专利或者外观设计专利的，人民法院或者管理专利工作的部门可以要求专利权人或者利害关系人出具由国务院专利行政部门对相关实用新型或者外观设计进行检索、分析和评价后作出的专利权评价报告，作为审理、处理专利侵权纠纷的证据。

在专利侵权纠纷中，被控侵权人有证据证明其实施的技术或者设计属于现有技术或者现有设计的，不构成侵犯专利权。

---

① 2007 年 1 月 31 日财政部、发改委《关于产业技术研究开发资金试行创业风险投资的若干指导意见》第 2~6 条。

假冒专利的，除依法承担民事责任外，由管理专利工作的部门责令改正并予公告，没收违法所得，可以并处违法所得四倍以下的罚款；没有违法所得的，可以处二十万元以下的罚款；构成犯罪的，依法追究刑事责任。

管理专利工作的部门根据已经取得的证据，对涉嫌假冒专利行为进行查处时，可以询问有关当事人，调查与涉嫌违法行为有关的情况；对当事人涉嫌违法行为的场所实施现场检查；查阅、复制与涉嫌违法行为有关的合同、发票、账簿以及其他有关资料；检查与涉嫌违法行为有关的产品，对有证据证明是假冒专利的产品，可以查封或者扣押。

管理专利工作的部门依法行使前款规定的职权时，当事人应当予以协助、配合，不得拒绝、阻挠。

侵犯专利权的赔偿数额按照权利人因被侵权所受到的实际损失确定；实际损失难以确定的，可以按照侵权人因侵权所获得的利益确定。权利人的损失或者侵权人获得的利益难以确定的，参照该专利许可使用费的倍数合理确定。赔偿数额还应当包括权利人为制止侵权行为所支付的合理开支。

权利人的损失、侵权人获得的利益和专利许可使用费均难以确定的，人民法院可以根据专利权的类型、侵权行为的性质和情节等因素，确定给予一万元以上一百万元以下的赔偿。

专利权人或者利害关系人有证据证明他人正在实施或者即将实施侵犯专利权的行为，如不及时制止将会使其合法权益受到难以弥补的损害的，可以在起诉前向人民法院申请采取责令停止有关行为的措施。

申请人提出申请时，应当提供担保；不提供担保的，驳回申请。

人民法院应当自接受申请之时起四十八小时内作出裁定；有特殊情况需要延长的，可以延长四十八小时。裁定责令停止有关行为的，应当立即执行。当事人对裁定不服的，可以申请复议一次；复议期间不停止裁定的执行。

申请人自人民法院采取责令停止有关行为的措施之日起十五日内不起诉的，人民法院应当解除该措施。

申请有错误的，申请人应当赔偿被申请人因停止有关行为所遭受的损失。

为了制止专利侵权行为，在证据可能灭失或者以后难以取得的情况下，专利权人或者利害关系人可以在起诉前向人民法院申请保全证据。

人民法院采取保全措施，可以责令申请人提供担保；申请人不提供担保的，驳回申请。

人民法院应当自接受申请之时起四十八小时内作出裁定；裁定采取保全措施的，应当立即执行。

申请人自人民法院采取保全措施之日起十五日内不起诉的，人民法院应当解除该措施。

侵犯专利权的诉讼时效为两年，自专利权人或者利害关系人得知或者应当得知侵权行为之日起计算。

发明专利申请公布后至专利权授予前使用该发明未支付适当使用费的，专利权人要求支付使用费的诉讼时效为两年，自专利权人得知或者应当得知他人使用其发明之日起计算，但是，专利权人于专利权授予之日前即已得知或者应当得知的，自专利权授予之日起计算。①

（二）著作权

有下列侵权行为的，应当根据情况，承担停止侵害、消除影响、赔礼道歉、赔偿损失等民事责任：（1）未经著作权人许可，发表其作品的；（2）未经合作作者许可，将与他人合作创作的作品当作自己单独创作的作品发表的；（3）没有参加创作，为谋取个人名利，在他人作品上署名的；（4）歪曲、篡改他人作品的；（5）剽窃他人作品的；（6）未经著作权人许可，以展览、摄制电影和以类似摄制电影的方法使用作品，或者以改编、翻译、注释等方式使用作品的，本法另有规定的除外；（7）使用他人作品，应当支付报酬而未支付的；（8）未经电影作品和以类似摄制电影的方法创作的作品、计算机软件、录音录像制品的著作权人或者与著作权有关的权利人许可，出租其作品或者录音录像制品的，本法另有规定的除外；（9）未经出版者许可，使用其出版的图书、期刊的版式设计的；（10）未经表演者许可，从现场直播或者公开传送其现场表演，或者录制其表演的；（11）其他侵犯著作权以及与著作权有关的权益的行为。

有下列侵权行为的，应当根据情况，承担停止侵害、消除影响、赔礼道歉、赔偿损失等民事责任；同时损害公共利益的，可以由著作权行政管理部门责令停止侵权行为，没收违法所得，没收、销毁侵权复制品，并可处以罚款；情节严重的，著作权行政管理部门还可以没收主要用于制作侵权复制品的材料、工具、设备等；构成犯罪的，依法追究刑事责任：（1）未经著作权人许可，复制、发行、表演、放映、广播、汇编、通过信息网络向公众传播其作品的，本法另有规定的除外；（2）出版他人享有专有出版权的图书的；（3）未经表演者许可，复制、发行录有其表演的录音录像制品，或者通过信息网络向公众传播其表演的，本法另有规定的除外；（4）未经录音录像制作者许可，复制、发行、通过信息网络向

①　2008 年 12 月 27 日第十一届全国人民代表大会常务委员会第六次会议《关于修改〈中华人民共和国专利法〉的决定》（第三次修正）第 60～68 条。

公众传播其制作的录音录像制品的，本法另有规定的除外；（5）未经许可，播放或者复制广播、电视的，本法另有规定的除外；（6）未经著作权人或者与著作权有关的权利人许可，故意避开或者破坏权利人为其作品、录音录像制品等采取的保护著作权或者与著作权有关的权利的技术措施的，法律、行政法规另有规定的除外；（7）未经著作权人或者与著作权有关的权利人许可，故意删除或者改变作品、录音录像制品等的权利管理电子信息的，法律、行政法规另有规定的除外；（8）制作、出售假冒他人署名的作品的。①

（三）软件著作权

软件著作权人享有下列各项权利：（1）发表权，即决定软件是否公之于众的权利；（2）署名权，即表明开发者身份，在软件上署名的权利；（3）修改权，即对软件进行增补、删节，或者改变指令、语句顺序的权利；（4）复制权，即将软件制作一份或者多份的权利；（5）发行权，即以出售或者赠与方式向公众提供软件的原件或者复制件的权利；（6）出租权，即有偿许可他人临时使用软件的权利，但是软件不是出租的主要标的的除外；（7）信息网络传播权，即以有线或者无线方式向公众提供软件，使公众可以在其个人选定的时间和地点获得软件的权利；（8）翻译权，即将原软件从一种自然语言文字转换成另一种自然语言文字的权利；（9）应当由软件著作权人享有的其他权利。

软件著作权人可以许可他人行使其软件著作权，并有权获得报酬。

软件著作权人可以全部或者部分转让其软件著作权，并有权获得报酬。②

有下列侵权行为的，应当根据情况，承担停止侵害、消除影响、赔礼道歉、赔偿损失等民事责任：（1）未经软件著作权人许可，发表或者登记其软件的；（2）将他人软件作为自己的软件发表或者登记的；（3）未经合作者许可，将与他人合作开发的软件作为自己单独完成的软件发表或者登记的；（4）在他人软件上署名或者更改他人软件上的署名的；（5）未经软件著作权人许可，修改、翻译其软件的；（6）其他侵犯软件著作权的行为。③

除《中华人民共和国著作权法》《计算机软件保护条例》或者其他法律、行政法规另有规定外，未经软件著作权人许可，有下列侵权行为的，应当根据情况，承担停止侵害、消除影响、赔礼道歉、赔偿损失等民事责任；同时损害社会公共利益的，由著作权行政管理部门责令停止侵权行为，没收违法所得，没收、

---

① 2001 年 10 月《中华人民共和国著作权法》（修正）第 46、47 条。
② 2001 年 12 月《计算机软件保护条例》第 8 条。
③ 2001 年 12 月《计算机软件保护条例》第 23 条。

销毁侵权复制品，可以并处罚款；情节严重的，著作权行政管理部门并可以没收主要用于制作侵权复制品的材料、工具、设备等；触犯刑律的，依照刑法关于侵犯著作权罪、销售侵权复制品罪的规定，依法追究刑事责任：（1）复制或者部分复制著作权人的软件；（2）向公众发行、出租、通过信息网络传播著作权人的软件；（3）故意避开或者破坏著作权人为保护其软件著作权而采取的技术措施；（4）故意删除或者改变软件权利管理电子信息；（5）转让或者许可他人行使著作权人的软件著作权。①

第四节　北京中关村高新技术园区创新扶持政策与上海、深圳高新区对比

北京地区、长江三角洲地区与珠江三角洲地区是我国创新发展的代表区域，但由于其地理位置与资源的不同，三大创新发展区又有其各自不同的发展特点，地区扶持创新的政策也有异同。在研究北京创新发展扶持政策的过程中，需要对三大创新经济区进行对比分析，从而得出北京发展的特点。

三大创新发展区域的代表分别为中关村国家自主创新示范区、张江国家自主创新示范区与深圳高科技园区。现对三大区域的政府政策对比如表4.1：

表4.1　　　　　　　　　　三大区域的政府政策对比

项目	政策文件		
	中关村	张江	深圳
主体地位	建设世界一流园区试点园区（2006）；国家自主创新示范区（2009）：具有全球影响力的科技创新中心（2012）	建设世界一流园区试点园区（2006）；国家自主创新示范区（2011）；具有世界竞争力的高科技创新园区（2012）	建设世界一流园区试点园区（2006）；国家创新型城市的核心区（2009）；国家自主创新示范区（2012）
法规文件	《中关村国家自主创新示范区条例》（2010）；同时2000年的《中关村科技园区条例》废止	尚无明确法律法规文件	《深圳经济特区高新技术产业园区条例》（2001）；2006年最新修正

---

① 2001年12月《计算机软件保护条例》第24条。

项目	政策文件		
	中关村	张江	深圳
发展规划	《中关村国家自主创新示范区发展规划纲要（2011~2020年)》(2011)；海淀区《关于加快核心区自主创新和产业发展的若干意见》(2012)	《张江高科技园区2009~2015年产业发展规划》(2009)	《深圳高新技术产业园区发展专项规划2009~2015》(2009)；《深圳高新区优化升级方案（2012~2015)》(2012)
人才政策	《中关村高端领军人才聚集工程实施细则》(2010)；《关于中关村国家自主创新示范区建设人才特区的若干意见》(中共中央组织部，2011年)；《海淀区引进和激励高端创新人才实施办法》(2009)；《海淀区高层次人才聚集服务实施办法（试行)》(2010)；《海淀区促进人才创新创业发展支持办法》(2012)	《上海市张江高科技园区自主创新人才激励办法》(2011)；张江管委会：《关于推进张江核心园建设国家自主创新示范区若干配套政策》(2011)；《浦东新区引进海外高层次人才意见》和《浦东新区引进海外高层次人才实施细则》（百人计划)(2012)	《深圳市关于加快高新技术产业人才队伍建设和人才引进工作的若干规定》(1998)；《深圳市产业发展与创新人才奖暂行办法》(2006)；《深圳市产业发展与创新人才奖暂行办法实施细则》(2008)
政府采购	《北京市自主创新产品政府首购和订购实施细则》(2009)；《海淀区政府采购自主创新产品目录编制暂行办法》(2009)	《上海市政府采购自主创新产品操作规程（试行)》(2009)	《深圳市政府采购扶持自主创新配套政策》(2006)
科技金融	《中关村国家自主创新示范区科技金融创新工程工作方案》(中关村管委会，2010年)；《中关村国家自主创新示范区创业投资风险补贴资金管理办法》(2011)；《海淀区促进科技金融创新发展支持办法》(2012)	《浦东新区促进高新技术产业发展的财政扶持意见》(2005)；《浦东新区促进高新技术产业发展财政扶持办法》(2011)；《浦东新区促进金融业发展财政扶持办法实施细则》(2012)	《深圳经济特区创业投资条例》(2003)；《关于加强自主创新促进高新技术产业发展的若干政策措施》(2008)；《深圳市政府关于促进科技和金融结合的若干措施》(2012)
中小企业	《关于促进中关村高新技术企业发展的若干意见》(中关村管委会，2010年)；《中关村国家自主创新示范区科技型中小企业信用贷款扶持资金管理办法》(2010)；《海淀区促进中小微企业发展支持办法》(2012)	《浦东新区中小企业发展基金管理办法（试行)》(2006)；《上海市人民政府贯彻国务院关于进一步促进中小企业发展若干意见的实施意见》(2010)；《关于推进张江核心园建设国家自主创新示范区若干配套政策》(2011)	《深圳经济特区民办科技企业管理规定》(1993)；《深圳市民营及中小企业发展专项资金管理暂行办法》(2006)；《深圳经济特区中小企业发展促进条例》(2010)

项目	政策文件		
	中关村	张江	深圳
知识产权	《中关村专利促进资金管理办法》（2011）；《中关村技术标准资助资金管理办法》（2011）	《张江科技创新专项资金知识产权专项》（2004）；《浦东新区科技发展基金知识产权资助资金操作细则》（2011）	《深圳市企业奖励技术开发人员暂行办法》（1993）；《深圳市高新区知识产权工作管理办法》（2008）
公共服务平台	《海淀区促进公共技术服务平台发展实施办法》（2009）；《北京市中小企业公共服务平台管理暂行办法》（2012）	《上海市张江高科技园区科技公共服务平台扶持办法》（2011）	《深圳市促进科研机构发展行动计划》（2012）
成果转化	《北京市科委关于促进科技成果转化若干规定的实施办法》（1999）；《海淀区促进重大科技成果转化和产业化支持办法》（2009）；《海淀区促进产学研合作实施办法》（2009）	《浦东新区推进高新技术产业化实施方案（2009～2012）》（2009）；《上海市促进高新技术成果转化的若干规定》（2010）	《深圳经济特区技术转移条例》（2013）
科技企业孵化器	《海淀区促进科技企业孵化器发展暂行办法》（2009）；《中关村国家自主创新示范区大学科技园及科技企业孵化器发展支持资金管理办法（试行）》（2011）	《关于推进张江高科技园区孵化器建设实施办法》（2008）；《上海市张江高科技园区科技孵化及加速发展扶持办法》（2011）；《浦东新区科技发展基金孵化器资助资金操作细则》（2011）	《深圳市鼓励科技企业孵化器发展的若干规定》（2003）；深圳市科技创新委、财政委《关于促进科技型企业孵化载体发展的若干措施》（2012）
协会商会	《中关村国家自主创新示范区协会商会组织发展支持资金管理办法》（2010）	《张江高科技园区关于进一步支持行业协会发展的实施办法》（2007）	《深圳市行业协会暂行办法》（2005）
中介机构	《中关村国家自主创新示范区企业购买中介服务支持资金管理办法》（2010）；《海淀区促进科技中介发展实施办法》（2009）；《海淀区促进科技服务业发展支持办法》（2012）	《上海市张江高科技园区科技中介组织发展扶持办法》（2011）	《关于促进高技术服务业发展的若干措施》（2012）
战略性新兴产业	《中关村国家自主创新示范区战略性新兴产业中小企业创新资金管理办法》（2010）；《海淀区促进重点产业发展支持办法》（2012）	《上海市战略性新兴产业发展"十二五"规划》（2012）	《生物、新能源、互联网三大新兴产业振兴发展规划》（2010 等）

项目	政策文件		
	中关村	张江	深圳
文化创意产业	《北京市促进文化创意产业发展的若干政策》（2006）；《海淀区文化创意产业专项资金管理办法》	《上海市促进文化创意产业发展财政扶持资金实施办法》（试行）（2012）；《文化产业发展专项资金管理暂行办法》（修订）（2012）	《深圳文化创意产业振兴发展规划》（2011）；《深圳文化创意产业振兴发展政策》（2011）；《深圳市政府关于促进文化与科技融合的若干措施》（2012）
土地开发	《中关村科技园区土地一级开发暂行办法》（2002）	《张江功能区域关于开展"腾笼换鸟"工作的实施意见（暂行）》（2007）；《关于推进张江核心园建设国家自主创新示范区若干配套政策》（2011）	《深圳经济特区高新技术产业园区协议类空置厂房调剂管理办法》（2007）
综合配套政策	《中共北京市委北京市人民政府关于建设中关村国家自主创新示范区的若干意见》（2009）	《上海市委、市政府关于推进张江国家自主创新示范区建设的若干意见》（2011）；《上海浦东新区政府关于推进张江核心园建设国家自主创新示范区的若干配套政策》（张江创新十条）（2011）	《深圳市综合配套改革总体方案》（2009）；《深圳高新区优化升级方案（2012～2015）》（2012）；《关于努力建设国家自主创新示范区实现创新驱动发展的决定》（2012）【"1+10"政策文件】

总体上看，中关村的法律法规最完善，政策体系最完备，主要来自四个层次：示范区、行政区、北京市和国家。得益于"近水楼台"的独特区位与政治优势，科技部、发改委、财政部、证监会等国家部委都颁布过针对中关村的专门政策，这也使得中关村的政策更具超前性和可操作性。如在人才政策上，中关村鼓励体制内技术人员"越过围墙"进行创新创业，同时，鼓励和支持技术人员以团队形式进行创业，重在集聚高端人才和领军人才，这种人才政策，应对面更广，风险性更小，且更有操作性。

张江在"聚焦张江"战略实施后，使得要素市场、中介机构、大学分部、科研院所、公交、地铁等全市的优势资源迅速向园区集结。据不完全统计，各级政府推动张江园区发展的各项政策约有70条。张江的政策中有一个重要特点，就是"产业链招商"和强力引进世界级企业，将与张江重点产业链相关的跨国公司吸引到园区内。同时，张江针对园区进入"二次开发"的特殊时期，提出了有针对性的两条促进自身发展和建设的政策，即鼓励核心园二次开发，促进土地集约节约利用和鼓励园区企业参与园区管理，积极营造市场化环境。在人才政策上，张江鼓励个人创业，积极推动股权激励政策。

深圳高新区坐落在特区，具有很好的政策、体制先行先试的优势，但同时也由于身在特区，亦受"特区之困"，难以在特区中凸显政策高地的优势。深圳高新区很少有针对自身的政策，绝大多数具体的政策措施都纳入了深圳市的政策体系范围之内。结果，深圳高新区长期在全国高新区的综合排名中名列前三，2012年已经名列第二名，但是却未能成功地申请自主创新示范区，这大概也是其中的原因之一。当前，从全国看，随着我国改革开放的日渐深入，交通和信息的高度发达，园区政策面临普惠化和同质化；从深圳看，市委市政府做出了全市建设国家自主创新示范区的决定，深圳高新区在服从全市大局中需要有新的定位考虑，应是打造成为示范区中的核心区。总的来看，深圳高新区的发展路向正在从依托经济特区的政策红利，走向"向深化改革要红利"的发展路向转型。

第五节　本章小结

本章从政府支持政策的效果角度进行切入，探究政府支持政策与研发的关系，对政府支持研发和立法保护的政策进行分类整理。首先，梳理了国内外的学者针对高新技术企业创新能力的经济成果和创新能力的影响因素的现有研究结论，并进一步证实了政府政策与企业研发投入确实密切相关。通过回顾国内外政府，尤其是发达国家对研发的一系列支持性政策，我们可知发达国家非常重视对研发的投入。

本章从立法保护、财政投入支持、税收优惠政策、金融优惠政策和知识产权保护政策几个方面对国内外政府支持研发的现状进行了汇总，并对我国近年来制定的用于支持和鼓励企业研发的各类政策做了进一步的梳理。此外，由于北京地区、长江三角洲地区与珠江三角洲地区是我国创新发展的代表区域，但由于其地理位置与资源的不同，三大创新发展区又有其各自不同的发展特点，地区扶持创新的政策也有异同，作为本研究的亮点之一，本章对中关村国家自主创新示范区、张江国家自主创新示范区与深圳高科技园区三大创新发展区域代表的政府政策进行了对比，进一步明晰了各自的发展特点，对于今后政策的制定具有指导意义。

第五章

我国企业研发投入现状分析

本研究涉及的宏观数据来自《中国统计年鉴》、《中国科技统计年鉴》、《中国知识产权年鉴》、世界经济论坛《全球竞争力报告》、国家统计局和央行等对外公开信息；上市公司数据来源于国泰安（CSMAR）数据库与台湾新经报（TEJ）数据库。政府政策数据来源于"政策通"数据库及政府相关部门以及科技园区官方网站对外公开信息。

第一节　我国经济体制与企业研发投入相关性分析

中国正处于经济转型发展的关键时期，中国独特的经济体制对转型期经济的影响是不言而喻的。中国的市场经济是同社会主义制度结合在一起的，因此，它必然是具有中国特色的社会主义市场经济。在所有制结构上，以公有制为主体，多种所有制经济共同发展。在社会主义条件下，公有制经济不仅包括国有经济和集体经济，还包括混合所有制经济中的国有成份和集体成份，而且公有制形式可以多样化，一切反映社会化大生产规律的经营方式都可以大胆利用。在分配制度上，实行以按劳分配为主体，多种分配方式并存的制度，把按劳分配和按生产要素分配结合起来，坚持效率优先，兼顾公平，有利于优化资源配置，促进经济发展，保持社会稳定。在宏观调控上，把人民的眼前利益与长远利益、局部利益和全局利益结合起来，更好地发挥计划和市场两种手段的长处。国有企业作为重要力量，在国民经济发展中一直起着举足轻重的作用。

一、国有企业的重要经济地位

从经济学的角度看，国有企业的建立理由大概分为三种：一是经济上需要动员储蓄、就业和资本聚集。二是社会政治上需要国家控制某些产业，实现收入再分配、对地区发展不平衡进行调整以及创造就业机会，以保证经济命脉履行其社会责任。三是还有削弱私人的权力集中和充当援助组织的偏好。

从整个世界的企业发展史看，建立和发展国有企业的重要因素也主要基于上述经济、政策及社会稳定的原因。如政府为了增强自身对国民经济和社会发展的调控能力，对某些战略性产业进行控制而由政府投资办企业；有些政府为了防止或打破垄断，创造竞争环境而创办企业，以推动私有企业的发展；有原有国有企业扩展经营，或扩大自身的规模，或投资兴办子公司，而使国有经济得以扩大的原因等。

建立国有企业作为我国国民经济的主体，既有历史原因也有现实原因，既受到意识形态的影响也受到当时经济状况的制约。一直以来，国有企业对整个中国经济发展起着主导作用，始终是国家财政收入的主要来源，为社会主义现代化建设做出了重要贡献，保证了国民经济持续、快速、健康发展。国有经济不断壮大，国有资产大幅度增加，整体水平和综合效益有很大提高，总体实力不断增强。因此，国有企业对巩固社会主义制度，建立社会主义市场经济体制，推进经济发展和社会进步，发挥了举足轻重的作用。国有企业的发展成果属于全民所有，发展为了全民，是推进国家现代化、保障人民共同利益的重要力量。

在不同的政治、经济制度背景下，各国对国有企业并没有一个标准界定。但是，与一般非国有企业相比，国有企业最突出的特点就是国家是国有企业的所有者，因而它往往具有双重标准，既要与一般企业一样获取经济利益，又有政府所要求的实现社会效益最大化的目标。

本研究根据我国2008年修订的《中华人民共和国企业国有资产法》第五条的规定，定义国有企业的概念为：国家出资的国有独资企业，以及国有资本控股公司、国有资本参股公司。不过，由于大多数国有上市公司均属于国有参股企业，本书研究的国有企业是指在社会主义市场经济条件下，将归属全国人民所有的资产，由国家主管部门负责投资所形成的国有独资和国有控股企业，涵盖公益性、垄断性和竞争性领域。

二、我国特色经济体制对企业研发投入影响分析

结合我国经济转型期企业核心竞争力和创新研发能力的关键作用，国有企业面临着与非国有企业相比更加严峻的竞争形势。一方面，我国经济模式是以公有制为主体，国有企业为核心的经济体制，国有企业的核心竞争力一定程度上反映了国家整体核心竞争力水平。从这个意义上讲，国有企业的研发活动事关国家兴

衰。另一方面，国有企业因其公司治理水平的影响，可能产生产权不明、投资低效率等问题，对于事关长期发展战略的研发战略，国有企业的管理者们究竟如何权衡和决策，这也是一个耐人寻味的问题：从积极的层面上讲，国有企业并非以追求利润最大化为经营的根本目标，而是会承担很大程度的社会责任，国企的管理者有义务和资本牺牲部分既得利益而将资源投资于长期发展的研发战略项目上，而国有企业受到政府的大力支持，整体上讲自身资源也较一般的私人企业雄厚，有能力进行较为大型的研发项目；从消极的层面上讲，相对较低的研发风险有可能导致国企管理者的过度自信，从而投资于质量较低的研发项目，产生过度投资情况，而国有企业产权不明，公司治理水平较低，也可能产生管理者消极怠工，研发投资不足的情况。

综上所述，国有企业的特殊情况代表了我国的特殊经济体制，这对于企业研发投入水平必然带来较大的影响。政府通过国有企业协调经济发展，而国有企业的研发战略则体现了政府研发政策的核心意志。国有企业在整个经济体企业研发活动中起到何种作用？企业研发投入还受到哪些因素的影响？这是本研究首先要探讨的问题。

第二节　企业研发投入的描述性统计

一、全国企业研发投入水平现状分析

根据《中国科技统计年鉴》的数据显示，近年来我国研究与开发经费的内部支出情况如图 5.1、图 5.2 所示。根据图中的变化趋势可知，从支出总量上看，企业研发支出从 2003 年的 925.4 亿元增长至 2015 年的 10588.6 亿元，增长了 11.44 倍；政府研发支出从 2003 年的 460.6 亿元增长至 2015 年的 3013.2 亿元，增长了 6.54 倍。可见，近 13 年来，无论是政府的研发支出还是企业的研发支出均呈现出逐年上涨的趋势，且企业支出的上涨速度明显高于政府支出上涨的速度。

从构成上看，企业资金占研发总支出的比重由 2003 年的 60.11% 上升至 2015 年的 74.73%，上涨了 14.62%；政府资金占研发总支出的比重由 2003 年的 29.92% 下降至 2015 年的 21.26%，下降了 8.65%。企业资金占研发总支出的比重不断上涨，结合图 5.1 可知，这是由于企业研发支出增幅更快导致的。由此可见，近年来企业研发投入的热情越来越高。

（亿元）

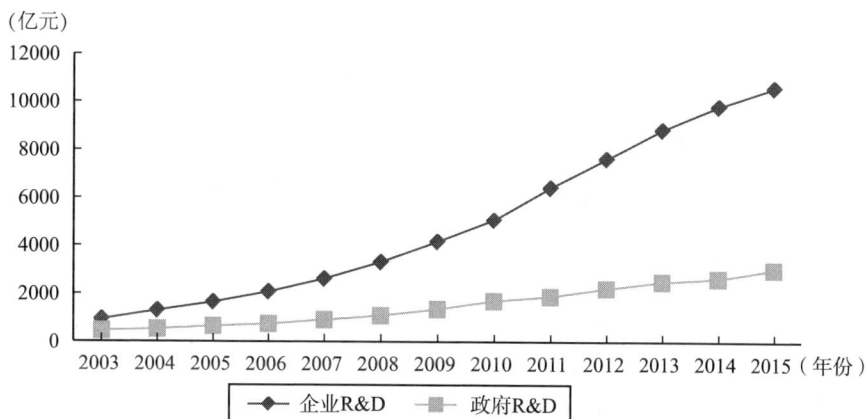

图 5.1　企业 R&D 与政府 R&D 支出对比

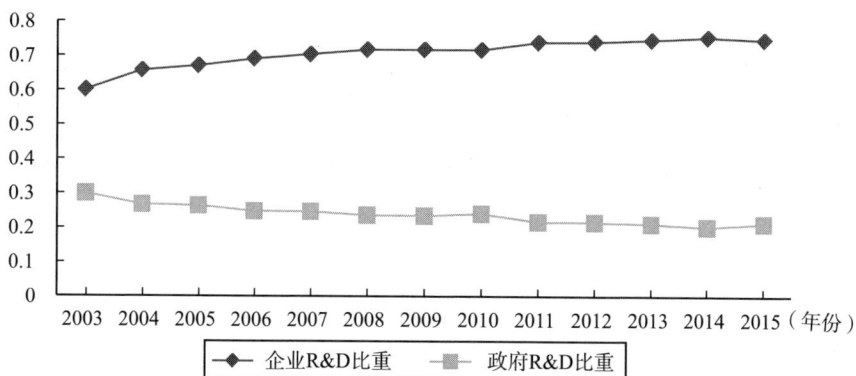

图 5.2　R&D 内部支出比重变动

2007～2015 年上市公司研发费用投入强度行业分布（行业研发费用总计/行业收入总计）如表 5.1 所示。根据数据可知，软件和信息技术服务业是平均研发强度最高的行业（8.11），之后为互联网和相关服务业（5.90）。研究和试验发展行业（5.09）与仪器仪表制造业（4.79）分列第三和第四，且研发强度与第一、二名的行业差距较大。由此可见，软件与互联网等"软资产"行业是企业研发创新领域的先锋军。

表 5.1　　　　　2007～2015 年度研发强度上市公司行业分布　　　　单位：%

行业	2007 年	2008 年	2009 年	2010 年	2011 年	2012 年	2013 年	2014 年	2015 年	平均
软件和信息技术服务业	1.83	2.57	4.37	4.90	5.48	7.97	10.81	11.67	10.10	8.11
互联网和相关服务	3.07	3.43	4.17	4.83	7.31	8.68	8.89	7.20	4.75	5.90

行业	2007 年	2008 年	2009 年	2010 年	2011 年	2012 年	2013 年	2014 年	2015 年	平均
研究和试验发展	0	0	5.43	4.25	0	6.13	13.98	6.39	5.94	5.09
仪器仪表制造业	0.73	2.37	3.51	5.03	4.26	4.18	5.95	6.4	5.74	4.79
专业技术服务业	3.03	2.91	3.01	3.63	3.65	3.75	4.49	4.32	3.76	3.85
文教、工美、体育和娱乐用品制造业	2.04	2.2	2.61	2.57	2.76	2.82	4.2	5.68	3.85	3.61
计算机、通信和其他电子设备制造业	1.39	1.92	2.94	1.82	2.52	3.39	5.05	5.75	5.39	3.88
印刷和记录媒介复制业	0.68	2.42	1.77	2.08	1.44	2.85	6.44	6.2	3.47	3.40
废弃资源综合利用业	2.63	4.3	3.11	2.48	5.71	2.46	2.7	3.31	3.08	3.13
铁路、船舶、航空航天和其他运输设备制造业	0.88	1.11	1.84	1.83	1.95	3.71	3.55	5.65	4.18	3.28
专用设备制造业	0.68	0.87	2.24	2	2.25	4.02	4.68	4.74	4.19	3.15
医药制造业	0.43	0.63	1.52	1.65	1.8	2.71	3.66	3.79	3.55	2.65
通用设备制造业	0.67	0.7	2.22	2.08	1.84	3.04	3.33	3.76	3.87	2.58
开采辅助活动	0.25	0.37	0.38	0.52	0.62	3.27	3.62	4.49	2.38	2.32
农、林、牧、渔服务业	0	0	0.64	0.95	3.17	2.55	3.87	4.37	3.45	2.34
汽车制造业	0.77	1.18	1.52	1.32	1.76	2.54	2.65	2.94	2.79	2.23
生态保护和环境治理业	0.82	1.47	1.46	1.66	1.69	1.81	2.69	2.3	2.88	2.19
卫生	0	0.45	1.48	1.5	1.54	1.6	2.04	3.14	1.28	1.75
建筑装饰和其他建筑业	0.33	0.66	0.91	1.51	1.41	2.54	2.56	2.71	2.61	2.12
橡胶和塑料制品业	0.33	0.59	1.6	1.63	1.81	2.2	2.83	3.1	3.45	2.17
电气机械及器材制造业	0.59	0.87	1.24	1.22	1.39	2.02	2.89	2.86	2.62	2.06
化学纤维制造业	0.18	0.42	0.66	0.54	0.68	0.85	2.52	2.93	1.06	1.50
家具制造业	0.16	0.57	1.08	1	1.14	1.11	2.57	2.7	2.18	1.65
皮革、毛皮、羽毛及其制品和制鞋业	0.31	0.35	0.85	1.08	1.8	1.85	2.07	1.75	1.63	1.48
文化艺术业	0	0	1	2.41	2.15	1.63	1.83	1.12	1.74	1.63
金属制品业	0.24	0.38	0.9	0.73	0.85	2.72	2.03	1.81	2.01	1.47
纺织业	0.12	0.2	0.96	1.01	1.2	1.95	1.97	2.07	2.34	1.46

续表

行业	2007 年	2008 年	2009 年	2010 年	2011 年	2012 年	2013 年	2014 年	2015 年	平均
造纸及纸制品业	0.06	0.13	0.56	0.89	1.46	1.76	2.21	2.35	2.67	1.51
教育	0	0	0.07	0.11	0.34	1.03	2.2	2.75	1.69	1.29
化学原料及化学制品制造业	0.3	0.45	0.84	0.85	0.89	1.29	1.64	1.63	1.77	1.25
木材加工及木、竹、藤、棕、草制品业	0.31	0.46	0.43	0.49	0.39	1.47	2.13	2.23	1.44	1.13
非金属矿物制品业	0.35	0.31	0.66	0.71	0.76	1.08	1.46	1.52	1.53	1.09
纺织服装、服饰业	0.5	0.42	0.77	0.83	0.96	1.15	1.17	1.15	1.44	1.03
黑色金属冶炼及压延加工业	0	0.06	0.36	0.35	0.71	1.63	1.9	2.07	2.02	1.04
广播、电视、电影和影视录音制作业	0	0.22	0	0.08	2.37	0.59	0.66	1.39	1.01	0.92
土木工程建筑业	0.26	0.41	0.66	0.73	0.59	0.86	1.19	1.23	1.50	0.97
食品制造业	0.08	0.27	0.54	0.71	0.69	0.97	0.99	0.98	1.12	0.84
煤炭开采和洗选业	0.05	0.08	0.25	0.39	0.31	0.7	1.83	0.76	0.63	0.68
有色金属冶炼及压延加工业	0.08	0.1	0.23	0.3	0.37	0.88	1.22	1.14	1.13	0.75
农业	0.13	0.24	0.29	0.28	0.4	0.55	1.44	1.33	1.48	0.75
酒、饮料和精制茶制造业	0.11	0.09	0.17	0.11	0.31	1.18	1.02	1.1	1.03	0.71
综合	0	0	0.29	0.42	0.48	0.94	1.25	1.2	1.49	0.73
黑色金属矿采选业	0	0	0	0.6	0.61	1.8	1.61	1.96	2.69	0.72
农副食品加工业	0.33	0.36	0.51	0.31	0.31	0.5	0.87	0.86	0.82	0.61
畜牧业	0.42	0.38	0.34	0.37	0.37	0.64	0.73	0.65	0.42	0.49
渔业	0.16	0.03	0.69	0.65	0.49	0.67	0.63	0.57	0.58	0.54
其他制造业	0.36	0.28	0.26	0.34	0.3	0.31	0.44	0.39	0.27	0.34
有色金属矿采选业	0.04	0.06	0.25	0.24	0.29	0.33	0.33	0.38	0.37	0.30
林业	0	0	0.07	0.11	0.2	0.66	0.18	0.26	0.10	0.20
新闻和出版业	0	0	0.02	0.05	0.05	0.07	0.29	0.53	1.28	0.42

行业	2007年	2008年	2009年	2010年	2011年	2012年	2013年	2014年	2015年	平均
石油加工、炼焦及核燃料加工业	0.01	0.05	0.27	0.2	0.17	0.23	0.2	0.26	0.31	0.20
仓储业	0	0.06	0.08	0.14	0.14	0.21	0.29	0.33	0.44	0.21
水的生产和供应业	0	0.19	0	0	0.05	0.25	0.2	0.25	0.26	0.16
电信、广播电视和卫星传输服务	0.01	0.02	0.05	0.03	0.04	0.16	0.26	0.21	0.32	0.15
道路运输业	0	0	0.1	0.08	0.08	0.16	0.16	0.15	0.11	0.10
零售业	0.01	0.01	0.04	0.05	0.05	0.12	0.16	0.15	0.23	0.11
餐饮业	0.06	0.06	0	0	0	0.12	0.07	0.38	0.01	0.08
商务服务业	0.01	0.06	0.07	0.08	0.1	0.11	0.07	0.05	0.17	0.07
批发业	0.02	0.02	0.05	0.06	0.05	0.09	0.09	0.11	0.10	0.07
房地产业	0.01	0	0.02	0.01	0.15	0.14	0.05	0.05	0.07	0.07
建筑安装业	0	0	0	0.26	0.15	0.01	0.07	0	0	0.07
装卸搬运和运输代理业	0	0	0.02	0.03	0.03	0.03	0.01	0.25	0.46	0.13
石油和天然气开采业	0.02	0	0	0	0	0.14	0.12	0.11	0.67	0.13
房屋建筑业	0	0	0.05	0.07	0.2	0.03	0	0	0.00	0.04
电力、热力生产和供应业	0	0	0.03	0.02	0.02	0.06	0.08	0.07	0.15	0.06
水上运输业	0	0	0	0	0	0.04	0.06	0.07	0.10	0.03
燃气生产和供应业	0	0	0	0	0	0.01	0.02	0.02	0.06	0.02
航空运输业	0	0	0	0	0	0.01	0.02	0.03	0.04	0.01
公共设施管理业	0	0	0.01	0	0.01	0	0.02	0.02	0.15	0.03
铁路运输业	0	0	0	0	0	0.01	0.01	0	0.00	0.00
租赁业	0	0	0.03	0	0	0	0	0	0.13	0.05
其他金融业	0	0	0	0	0	0	0	0	0.00	0.00
住宿业	0	0	0	0	0	0	0	0	0.00	0.00
资本市场服务	0	0	0	0	0	0	0	0	0.01	0.01

将表中行业按照研发强度进行分组，即：低研发强度行业（平均研发强度＜1.00%）；中研发强度行业（1.00%≤平均研发强度＜3.00%）；高研发强度行业

（平均研发强度≥3.00%）。上述三类行业研发强度的年度变化趋势如图 5.3 所示：

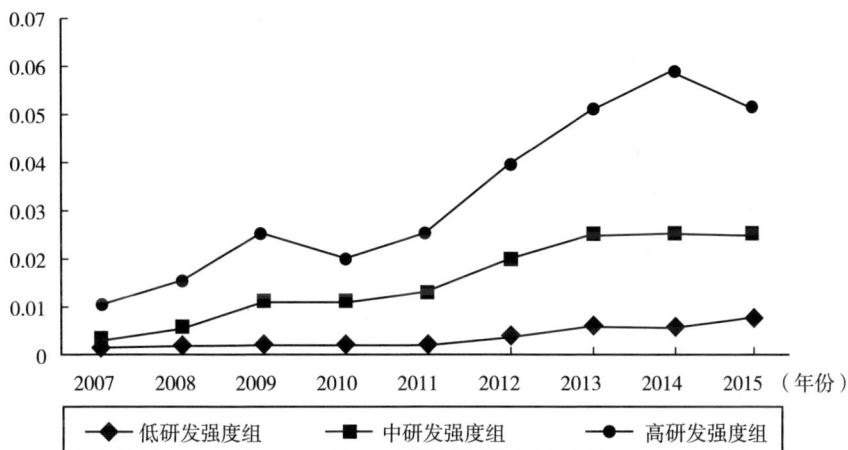

图 5.3　2007～2015 年度企业研发强度变动趋势

　　可见，企业研发活动水平整体呈上升趋势，其中高研发强度的行业增长速度最快。高研发强度行业的构成情况如图 5.4 所示：

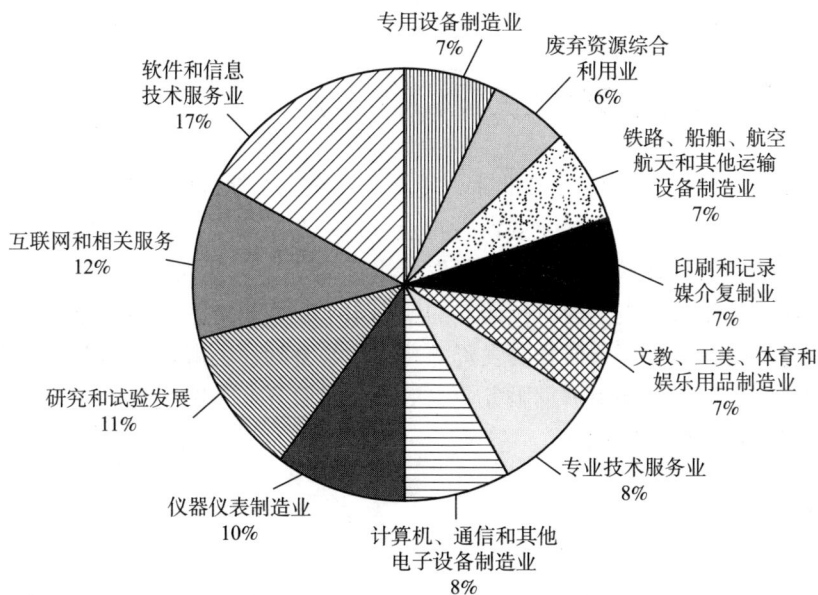

图 5.4　高研发强度行业排名

其中，软件和信息技术服务业、互联网和相关服务业、研究和试验发展以及仪器仪表制造业四个行业占据了高研发强度行业的半壁江山。

除了企业研发投入水平，研发过程中的专利产出数量近年也呈现增长态势。图 5.5 为 2009 ~ 2015 年全国有效专利数及发明类专利占比。在三类专利中，发明类专利相较于实用新型专利和外观设计专利，审核难度更大，科技含量更高，因此考察发明类专利所占比重，可以反映出每年专利申请的科技含量。图 5.5 显示出我国专利数增长较平稳，平均每年的专利增长速率为 26.73%。发明类专利占比在 2010 年出现了下滑，此后逐年提升，2015 年达到了 19.23%。

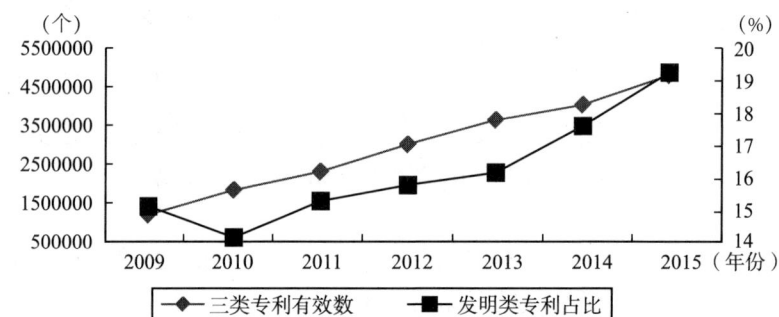

图 5.5　2009 ~ 2015 年度有效专利数及发明类专利占比

二、地区间企业研发投入水平现状分析

通过比较 2007 ~ 2015 年度北京、上海和广东三个地区的行业研发强度①（表 5.2），可以得到三个地区的主要研发特点，即：北京和广东在互联网和相关服务行业、软件和信息技术服务行业的研发水平远高于全国其他地区，在"软资产"领域的研发强度可代表全国科技研发的最高水平；广州地区的制造业研发水平较高，这与广州自然地理条件和研发资源特点是契合的；上海地区的企业研发水平较高的行业主要有软件和信息服务业、专业技术服务业、医药制造业等行业，整体行业研发水平略低于北京。

---

①　此处的行业或地区研发强度为加权平均研发强度，计算方法为：地区（行业）企业研发强度＝地区（行业）企业研发投入总额/地区（行业）企业收入总额。即以收入为权重加权平均了各个企业的研发强度。这样的计算方法更加稳健，使得收入规模大的企业影响力更大。

表5.2　　　　　　　2007～2015年度北京、上海、广州地区上市
公司行业平均研发强度对比　　　　单位：%

行业	北京	上海	广东	其他
互联网和相关服务业	10.83	4.03	45.96	2.79
软件和信息技术服务业	9.03	5.49	7.23	6.96
电气机械及器材制造业	6.09	3.72	1.02	2.43
铁路、船舶、航空航天和其他运输设备制造业	4.63	1.49	2.20	1.59
计算机、通信和其他电子设备制造业	4.58	2.15	3.29	3.82
橡胶和塑料制品业	4.13	1.06	2.78	2.31
生态保护和环境治理业	3.62	—	2.02	2.14
专用设备制造业	2.87	2.38	5.09	2.89
汽车制造业	2.79	1.32	3.75	2.54
农副食品加工业	2.69	2.61	0.54	0.42
金属制品业	2.29	—	1.12	1.62
建筑装饰和其他建筑业	2.07	—	1.68	2.37
通用设备制造业	1.91	2.38	3.19	2.67
纺织业	1.83	0.29	1.21	1.59
医药制造业	1.46	3.50	2.49	2.52
煤炭开采和洗选业	36.20	0.52	—	0.63
开采辅助活动	11.60	—	—	3.08
非金属矿物制品业	1.39	1.64	1.97	0.66
土木工程建筑业	0.97	0.85	2.03	0.88
广播、电视、电影和影视录音制作业	0.91	—	3.73	4.60
纺织服装、服饰业	0.69	1.05	1.21	1.46
电信、广播电视和卫星传输服务业	0.69	0.09	3.77	—
酒、饮料和精制茶制造业	0.67	0.89	2.46	0.60
农业	0.57	—	2.86	0.71
有色金属冶炼及压延加工业	0.46	0.58	0.99	0.85
化学原料及化学制品制造业	0.31	0.71	2.57	1.32
食品制造业	0.29	0.31	3.22	0.52

续表

行业	北京	上海	广东	其他
水的生产和供应业	0.15	—	0.61	0.09
石油和天然气开采业	0.13	—	—	0.01
有色金属矿采选业	0.10	—	0.42	0.29
商务服务业	0.10	0.01	0.18	0.10
黑色金属冶炼及压延加工业	0.09	0.86	1.27	1.09
综合	0.08	1.02	1.29	0.63
零售业	0.08	0.14	0.21	0.14
其他制造业	0.04	0.12	1.18	1.61
批发业	0.03	0.03	0.25	0.08
电力、热力生产和供应业	0.03	0.01	0.05	0.17
房地产业	0.02	0.14	0.02	0.20
仓储业	0.01	—	—	0.57
航空运输业	0.01	—	0.03	0.00
道路运输业	—	0.26	—	0.03
燃气生产和供应业	—	0.00	—	0.16
渔业	—	—	1.78	0.38

　　从图 5.6 的加权平均研发强度变动趋势来看，北京、上海和广东等地区企业平均研发强度大致呈逐年上升趋势，2009 年达到峰值，2010 年出现回落。经研究分析，2009 年峰值水平可能与我国政府在 2008 年金融危机后加大投资的"四万亿"计划的刺激作用有关，但也可发现这类投资政策刺激作用时效性不强，在研发投入逐年增加的大趋势中作用极其有限。从地区比较来看，广东地区平均研发强度明显高于北京和上海，而北京地区的平均研发强度则为最低。这一排序似乎与表 5.2、表 5.3 显示的北京市科技研发水平的领军地位不符。经分析，造成这一排序情况主要有两个原因：第一，平均研发强度以收入为权重加权，部分研发水平较低而收入规模较高的行业会拉低整体的研发强度水平；第二，即使是在高研发强度行业中，由于优质的研发投资项目有限，企业的研发投入总额会受到限制，而北京、上海等地区的高研发投入行业企业因其所在地理位置和资源的优势，可能获得更高的收入规模，从而使得研发强度水平下滑。

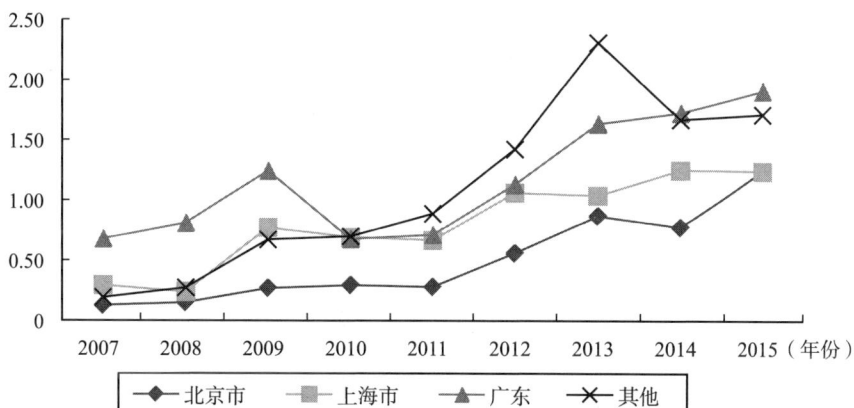

图 5.6　2007~2015 年度平均研发强度地区变动

为进一步分析原因，本研究将北京、上海、广东以及其他地区的企业依前面所述标准区分为低研发强度行业（平均研发强度 < 1.00%）、中研发强度行业（1.00% ≤ 平均研发强度 < 3.00%）和高研发强度行业（平均研发强度 ≥ 3.00%）。如表 5.3 和图 5.7 所示：

表 5.3　　　　　　　　　　2007~2015 年度平均研发强度地区比较　　　　　　　单位：%

年份	北京			上海			广东			其他		
	高	中	低	高	中	低	高	中	低	高	中	低
2007	5.39	1.76	0.07	5.03	2.00	0.05	7.34	1.88	0.01	4.82	1.89	0.02
2008	5.05	2.46	0.08	5.13	1.94	0.00	7.30	2.14	0.02	4.41	1.82	0.02
2009	4.52	1.42	0.05	3.85	1.98	0.04	7.24	1.36	0.09	4.66	1.88	0.13
2010	4.82	1.83	0.05	4.12	1.60	0.03	5.01	1.44	0.21	4.40	1.81	0.14
2011	5.82	1.81	0.02	4.21	1.63	0.03	5.29	1.46	0.16	4.54	2.04	0.14
2012	6.07	1.42	0.16	4.05	1.61	0.11	4.77	1.68	0.10	4.52	2.03	0.20
2013	6.11	1.59	0.20	4.37	1.99	0.36	7.09	1.78	0.10	5.22	1.91	0.20
2014	6.70	1.68	0.19	4.20	1.49	0.18	5.74	1.81	0.10	4.72	1.86	0.22
2015	5.89	1.42	0.38	4.52	1.45	0.12	5.98	1.64	0.08	4.78	1.88	0.21

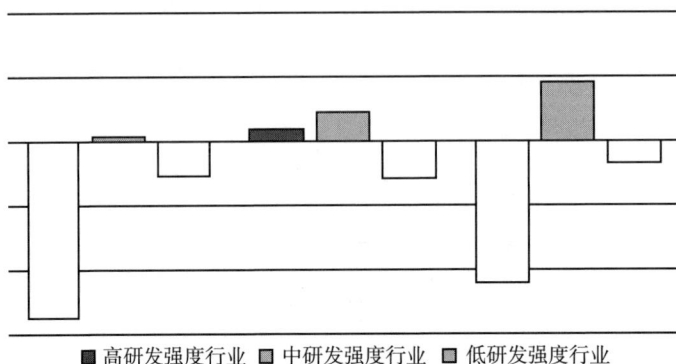

■ 高研发强度行业   ■ 中研发强度行业   ■ 低研发强度行业

图 5.7　2015 年度三类行业研发强度地区对比（以北京为标准）

　　根据表 5.3 和图 5.7，2015 年高研发强度行业的企业中，北京市研发强度平均水平（5.89）高于上海（4.52），略低于广东（5.98）。低等研发强度行业的平均研发强度北京最高，广东最低。中等研发行业企业中，北京地区研发强度最低，广东最高，上海位居两者之间。如进一步比较三组研发强度行业间的差距，则可发现广东三类行业的差距最明显，高研发强度行业的研发投入水平非常高，而低研发强度行业的投入水平则很低。北京地区特点与广东相类似，但程度差异上比广东略小。上海则表现为三类行业发展得较为均匀，高研发行业的强度不是很高，而低研发行业的强度也不是很低。

　　从北京、上海、广东三个地区发明专利情况（表 5.4）来看，北京各年份的发明类专利占总发明专利的比重高于上海和广东，也高于全国的整体水平。以2015 年为例，北京发明类专利占总发明专利数比重为 38.57%，是上海（27.86%）的 1.38 倍，是广东（17.31%）的 2.23 倍，是全国平均水平（19.23%）的 2.01 倍。这说明，北京有效专利的科技含量高于其他地区，这与北京所拥有的优秀科技资源和行政资源是相匹配的，也说明北京在科技创新水平方面位居全国前列。以上海为代表的长江三角洲地区和以广东为代表的珠江三角洲地区同样是我国科技创新的活跃区域，相比而言，长江三角洲地区科技资源相对更加集中，反映在发明专利占比这一指标上，上海仍然高于广东及全国平均水平，但与北京还有一定差距。

表 5.4　　　　　　　　　北京、上海、广东地区有效发明专利数及占比

年份	北京		上海		广东		其他	
	发明专利数（件）	占总发明数比重（%）	发明专利数（件）	占总发明数比重（%）	发明专利数（件）	占总发明数比重（%）	发明专利数（件）	占总发明数比重（%）
2009	28774	40.48	17352	20.85	27483	12.43	106433	13.02
2010	38996	38.75	23843	18.90	41891	12.87	153163	12.03
2011	52522	40.02	31117	20.86	58648	14.64	209001	12.89
2012	69554	40.79	40309	23.23	78902	16.10	284422	13.10
2013	85434	38.97	48370	24.87	95475	16.28	357214	13.55
2014	103638	37.73	56515	25.91	111878	16.69	436659	15.22
2015	133040	38.57	69982	27.86	138878	17.31	579857	280.91

三、企业研发投入水平的变动分析

本项研究选取了 2007～2015 年度我国上市公司作为样本，考察样本期间企业研发强度的变动情况，并将企业的研发强度分为高、中、低三等，分类标准为：当年样本按二级行业分类①后，依企业研发强度排序，并按研发强度高低分为高、中、低研发强度组。之后，比较 2007～2015 年间不同研发强度组间的样本变动情况。例如，根据表 5.5 所示，2007 年全国高研发项目组企业共 372 家，至 2015 年，这 372 家企业里，有 319 家企业仍然保持在高研发项目组中，41 家企业滑落至中研发项目组，更有 12 家企业滑落至低研发项目组。通过样本企业的变迁分析，可以看出企业在不同组间的流动性强弱。流动性更强的，说明不同企业面临的发展机会相近，社会整体发展更加公平（因为分组是在同行业中进行的，所以不存在科技含量较高的行业企业永远"霸占"高研发项目组的情况）；如果流动性不强，则说明不同企业面临的发展机会不均等，大企业的垄断情况较明显。

---

① 分类标准为 2012 年新发布的《国民经济行业分类标准》。

表5.5　　　　　　　　　2007～2015年全国上市企业研发强度变迁①　　　　　单位：家

年份		2015		
		低研发强度	中研发强度	高研发强度
2007	低研发强度	375	274	449
	中研发强度	12	47	94
	高研发强度	12	41	319

　　参照表5.5的全国企业变迁情况分析，将北京地区、上海地区和广东地区的变迁情况亦显示如表5.6、表5.7、表5.8，同时将三类地区与全国的整体情况做出对比，如表5.9所示：

表5.6　　　　　　　　　2007～2015年北京上市企业研发强度变迁　　　　　单位：家

年份		2015		
		低研发强度	中研发强度	高研发强度
2007	低研发强度	36	25	33
	中研发强度	0	3	5
	高研发强度	2	5	45

表5.7　　　　　　　　　2007～2015年上海上市企业研发强度变迁　　　　　单位：家

年份		2015		
		低研发强度	中研发强度	高研发强度
2007	低研发强度	34	33	42
	中研发强度	1	2	11
	高研发强度	1	3	16

---

① 此处选择了1623家上市公司作为样本分析，要求样本企业在2007～2015年度持续经营。

表 5.8　　　　　　　　2007～2015 年广东上市企业研发强度变迁　　　　　　　单位：家

年份		2015		
		低研发强度	中研发强度	高研发强度
2007	低研发强度	33	34	45
	中研发强度	2	7	15
	高研发强度	2	9	83

表 5.9　　　　　　　2007～2015 年度上市公司研发强度变迁的地区比较　　　　　单位：%

指标	全国	北京	上海	广东
低研发强度组企业升等率*	65.85	61.70	68.81	70.54
中研发强度组企业升等率	53.59	62.50	71.43	54.17
高研发强度组企业升等率	−14.25	−13.46	−20.00	−11.70
变迁指数**	12.57	9.00	17.2	7.23

注：* 升等率计算方法：升等率＝(升等企业数－降等企业数)/组内企业个数。因高研发强度组企业不能继续升等，因此计算出的升等率均为负数。

** 变迁指数＝总升等企业数/总降等企业数。

　　根据表 5.9 显示的情况，北京低研发项目组的企业升等比率是最低的，高研发项目组降等的比率是居中的。这种情况说明，相对于全国其他地区，北京的企业间研发投入水平变动不大，研发投入领先的企业更容易保证自己的领先地位，而研发投入水平较低的企业不容易赶超。因此，对于新兴企业来讲，要想在北京企业中研发领域谋求领先，其难度是大于全国其他地区的。相比较而言，上海企业由高研发强度组降等的概率高于北京和广东、由低研发项目组升等的概率居中于北京和广东，这说明上海为不同企业的竞争提供了相对更加公平的机会。

　　再考察变迁指数，该指数由升等企业总数与降等企业总数的比值计算得出。该指数趋近于 2.3 时，说明企业升等和降等的水平基本一致，表明企业拥有比较公平的竞争环境；如果该指数大于 2.3，则指数越高，说明企业晋级高等更加困难，但一旦回落则可能回落程度很大；反之，如果该指数小于 2.3，则指数越低，说明企业晋级高等更加容易，晋级后回落的概率则变小。

　　广东的变迁指数最低，也反映出高研发水平的企业相对比较稳定，落后企业如想"插足"难度很大，同时，一旦企业不能保持在高研发水平行列，则其在同业中的排序将面临较大程度的下滑。全国整体的变迁指数接近于 13，说明从全国整体来看，企业面临晋级高等更加困难的竞争环境。

第三节　我国特色经济体制与企业研发投入实证分析

一、理论分析及研究假设

(一)　宏观经济情况与企业研发强度

对于企业创新活动的周期特征,国外学者研究较早,熊彼特(Schumpeter,1939)认为企业的研发活动主要分布在经济下滑期,这是因为在经济下滑期的边际机会成本最低。在此以后,部分学者在熊彼特(Schumpeter)提出的假说基础上,从不同层面对研发活动是否集中于经济下滑期进行了进一步论证。瓦尔德(Walde,2002)假定企业资本累积和创新活动边际产出的相对值引起了企业资源在两者间的运动,基于这个假设推导出企业研发投入存在逆周期变动。弗朗索瓦(Francois)和劳埃德·埃利斯(Lloyd - Ellis,2003)在使用新技术的生命周期中将企业创新活动内生化,并发现公司在经济下滑期将资源更多地投入创新活动,在经济增长期应用创新产生的新产品和新技术。

国内的这方面研究尚少,程惠芳、文武(2015)使用1998年至2010年26个发达国家与16个发展中国家的面板数据,对经济周期各阶段对研发强度的影响进行研究,结果表明发达国家研发强度呈增长型周期特征,而发展中国家研发强度呈逆周期特征,且与其他发展中国家相同,我国研发强度逆周期变化。基于以上研究,本书认为,当经济形势较差时,企业缺少更好的投资机会,会倾向于进行研发活动,且此时成本较低。因此,提出本节的第一个假设:

H1:我国企业研发强度与宏观经济情况呈负相关关系。

(二)　企业性质与企业研发强度

在现有文献中,已有学者对国有企业的国有股权对研发投入的挤出效应情况进行了一定的研究。朱有为(2006)运用1996~2004年的面板数据,测算了高技术产业的研发效率,研究结果表明外商投资企业比国有企业对研发效率的贡献程度更高。俞立平(2007)运用DEA方法,从所有权性质的角度测算了我国大中型工业企业的研发创新效率,结果表明国有企业创新效率偏低。从国有企业的性质来看,国有控股上市公司需要承担政府的社会职能,使得公司管理者更多地关注公司的短期业绩,从而缺乏动力刺激从事研发活动以提升公司长期价值,同时，国有企业的目标往往还要兼顾地方政府转嫁过来的社会目标，这些社会目标和多任务也会影响企业对研发投入的动力（李丹蒙，2008；张保柱，2009）。本研究认为，在我国社会特色经济体制下，国有企业的多角色多目标容易造成其忽视研发活动能够带来的长期利益，且其在政府担保的作用下，国有企业更容易得到融资以及具有相对较低的破产风险，而研发的不确定性使其不容易受到重视。因此，提出本节的第二个假设：

H2：我国国有企业相较于非国有企业，企业研发强度相对较低。

二、模型建立和变量选取

（一）模型建立

为了检验我国宏观经济情况及国有企业在企业研发过程中的影响，本研究建立实证检验模型，如式（5.1）所示：

$$RD_t = \alpha_0 + \alpha_1 \times \tau gdp_{i,t-1} + \alpha_2 \times gov_{i,t-1} + \alpha_3 \times rgdp_{t-1} \times gov_{i,t-1}$$
$$+ \sum (\alpha_i \times cv_{i,t-1}) + \sum (\alpha_j \times cv_{j,t-1}) + \varepsilon \qquad (5.1)$$

其中，RD_t 代表企业研发强度；$rgdp_{t-1}$ 代表经济周期变量；$gov_{i,t-1}$ 代表政府控制变量；i 组控制变量代表公司治理特征变量，控制包括股权集中度、管理者自信程度等影响因素；j 组控制变量代表企业经营特征变量，控制包括企业科技水平、企业财务状况、现金流、财务风险、企业寿命等影响因素。

式（5.1）模型建立的基本思路为：企业研发活动受到企业内在与外在因素的共同影响，内在影响因素包括企业的财务状况、研发战略、业务特征、管理者特征、公司治理水平等方面；外在影响因素主要来源于市场和政府两个方面，这也是本项目关注的重点。考量政府政策对企业研发的影响，必须首先控制其他可能影响企业研发的因素，然后再对政策进行比较，这也是本项研究采用回归分析的理由之一。

本研究建立的国有企业治理模型，首先是在微观层面上，将国有企业视作政府参与经济调控的先锋军，国有企业可以将政府的意志表达在微观的经济实务操控上。因此，观察国有企业在经济运行与研发活动中的表现，即可得出政府对微观经济运行的治理思路。这表现在式（5.1）设立的交乘项，其系数 α_3 体现了政府微观治理的效果，如果该系数显著且方向与经济形势项回归系数 α_1 的方向相反，则说明政府在经济周期对企业研发活动带来波动的过程中起到了稳定的作用；如方向相同，则说明政府行为并未产生治理效应，反而加剧了经济周期波动对企业研发的影响。

通过设立交乘项，可以更加准确地考察政府研发支持政策的实行情况，为本项研究评价支持政策开辟新的维度，而不仅仅局限于对企业研发水平的促进这一点。

（二）变量选取

i 组控制变量主要用于控制企业公司治理特征。根据已有研究，公司治理作为一种企业内部制度对企业研发有着重大的影响。

1. 研发与公司治理

泰勒科特和科内斯（Tylecot and Conese，1999）的研究发现，经营者创新与否以及投入多少的决策深受公司治理变量（大股东、公司股权结构、董事会结构、资本结构等）的影响。贝辛格、科斯尼克和塔克（Baysinger，Kosnik and Tuck，1991）、弗朗西斯和史密斯（Francis and Smith，1995）、布希（Bushee，1998）、英格和夏克尔（Eng and Shackell，2001）、李和奥尼尔（Lee and O'Neill，2003）对 R&D 投入与公司治理变量的关系进行了深入研究，研究发现，公司 R&D 投入一般会伴随股权集中度的提高而增加；而对于机构投资者来说，R&D 投入量随股权集中度的变化关系未能确定。但后续研究却发现，关于大股东类型与 R&D 投入关系的研究中，最多的是机构投资者与 R&D 投入之间的关系，科赫哈尔和戴维（Kochhar and David，1996，2005）研究发现银行大股东与 R&D 强度呈负相关。贝隆等（Berronr et al.，2005）发现非财务公司大股东与 R&D 支出呈正相关，个人大股东与 R&D 强度关系不显著。詹森和梅克林（Jensen and Meckling，1998）的实证结果为，现代管理的两权分离制度下，所有者对于经营者的公司股权激励使得经营者更为重视企业研发活动，增大研发投入，从而促进公司更好地循环与发展。

以上述研究为基础，我国的冯根福、温军（2008）研究发现股权集中度与企业技术创新的关系呈现倒"U"型，股权结构只有维持在相适区间内才能更助于企业技术的创新，当45%上下的股权由前五大股东掌握时，企业的 R&D 支出最多，企业的技术创新能力最强；赵洪江等（2008）也认为公司股权集中度对公司创新投入具有正向作用。

同时，是否为国有控股亦对 R&D 投入有影响。赵洪江等（2008）的研究认为国有控股上市公司的 R&D 强度要远远低于非国有控股（主要为民营）上市公司。冯根福、温军（2008）认为国有持股比例（包括国有股和国有法人持股）与企业技术创新呈现负相关关系，国有占比越高，企业创新能力越低；任海云（2010）也认为国有控股不利于 R&D 投入。

除股权结构对 R&D 投入的影响外，部分学者就董事会对企业 R&D 投入的影响进行研究。法玛（Fama，1994）发现，基于任期及自利的考虑，企业高管倾向于投资回收期短、回报率可靠的项目，而不愿投资技术创新，因为研发资源投入具有投入大、周期长、不确定性高的特点。在委托代理理论框架下，管理者出于逃避责任及风险厌恶偏好等原因具有了如上特征，但这些倾向与股东利益发生了冲突，因为股东更重视企业的长远发展。叶（Yeh，2008）研究发现，董事会规模比较小且独立性比较强的企业的 R&D 支出具有更强的市场反应；冉茂盛（2008）研究发现给予管理层股权激励会提高管理层选择的 R&D 投资量。

在此基础上，何强（2009）开创性地提出 R&D 投入与董事会素质正相关，董事会的素质越高，企业的研发投入就会越大，当董事会中 1/10～1/3 为执行董事时，或当董事长与总经理两权分离时，执行董事之间在研发相关决策及监督管理层执行研发活动的知识协同效应将随公司独立董事比例的增加而降低，独立董事越多研发投入越少；若董事长或第二大董事从事过研发、设计或营销，他们就会立足长远，其越年轻越增加企业研发投入；而当董事长与总经理两权分离时，R&D 投入会降低。

继何强之后，赵琳（2013）综合性地提出不同的控股股东类型下，董事会规模、董事会持股比例、董事会开会次数等因素对企业研发投入的影响不同，但独立董事占比始终与研发投入呈正相关关系。

刘新民等（2014）对 2009～2011 年创业板上市公司样本数据进行研究，探讨了 IPO 上市后，创业企业的董事会结构对企业研发资源投入是否有影响。结果显示，两者呈正相关关系，创始高管团队持股比例及股权分散程度与企业研发资源投入的关系亦是如此。进一步发现创始高管团队持股比例与股权分散程度的交互作用对企业 R&D 投入有增益，而对创始高管团队对董事会的控制程度、持股比例与股权分散度三者的交互分析发现，对董事会的控制程度与股权分散度互补，与其持股比例之间存在替代作用。

根据以往研究，本研究选取了 Z 指数和第一大股东持股比例控制公司治理水平对研发投入的影响。

2. 研发与管理者自信

加拉索和辛科（Galasso and Simcoe，2011）利用面板数据研究发现，过度自信的管理者更可能投入更多的研发资金，进行创新活动，特别是在竞争性大的行业。赫代莱弗、罗和张（Hirshleifer、Low and Teoh，2012）的研究也表明，过度自信的经理与企业研发投资强度显著正相关。国内关于这方面的研究才刚刚开始，孔玉生等（2012）以我国中小企业上市公司为样本，实证分析了管理者过度自信与 R&D 支出的关系，认为总经理过度自信与研发支出显著正相关。王宗军等（2013）以 2002～2010 年我国沪深两市非金融行业上市公司为研究对象，发现管理者过度自信显著影响着企业技术创新投入，提高了企业研发强度，并且发现这种影响仅存在于高科技企业和国有企业中，而在非高科技和非国有企业里并不明显。

根据以往研究，本章选取了两权合一、企业前三名高管薪酬占比来控制管理者自信对于企业研发投入水平的影响。

3. 研发与融资约束

MM 的经典理论主张在完全资本市场中，投融资相互无关。但在现实社会中，信息不对称、交易成本等现象难以避免，因此受到融资行为、交易成本等相关影响，企业的投融资势必存在着一定联系。法札里、哈伯德和彼得森（Fazzari、Hubbard and Petersen，1988）最先得到研究结论：企业存在融资约束。奥普拉特等（Opler et al.，1999）发现公司现金持有水平随研发强度的增加而增加，而且在金融约束公司中更高。邦德（Bond，2003）指出企业一般不会投资风险较大的研发项目或是其他的无形资产。鲍德温（Baldwin，2002）认为企业研发投入强度与财务结构有着密不可分的关系，资产负债率越低，R&D 投入往往强度越高，它意味着企业的债务比例会约束研发投资活动。姜秀珍、全林、陈俊芳（2003），魏锋和孔煜、李延喜等（2007），王彦超（2009）实证证明了这一点。布朗和彼得森（Brown and Petersen，2011）为现金持有在融资约束公司中所起到的研发平滑作用提供了经验证据。杨兴全、曾义（2014）利用中国上市公司的数据发现了公司持有现金可以平滑研发投入，并且这一现象在融资约束公司中更显著。

由于研发行为不确定性高的特点，它很难明确融资双方的具体职责并通过契约明晰地体现，这一点使得研发所需资金更难获取。因此其融资约束问题表现得更加突出。斯彭斯（Spence，1979）指出，内部融资的多少决定了企业创新投资的比例。黄和许（Huang and Xu，1998）研究发现内部融资在会计软预算的约束框架下是最优筹资策略。霍尔（Hall，1992）、希梅尔伯格和彼得森（Himmelberg and Petersen，1994）、哈霍夫（Harhoff，1997）比较研究后得出，在德国和美国，高新技术企业 R&D 投入与内部融资正相关。希扬和迈尔斯（Shyam and Myers，1999）对企业从事研发活动的融资进行了优先次序排列，他们认为企业将遵从内部融资、单纯债务、优先股股票、混合证券及单纯权益证券的顺序进行融资。穆尔凯等（Mulkay et al.，2000）对法国的高新技术企业的研究也印证了这一点。唐清泉、徐欣（2010）指出，由于 R&D 投资具有特殊性，企业与外界存在严重的信息不对称，企业受到强烈的融资约束，只能放弃债务融资转而投向内部资金。所以，内部融资自然成为企业开展研发活动、进行创新融资的主要资金来源。

本章选取库存现金水平和资产负债率控制企业的融资约束对于研发投入水平的影响。

4. 研发与企业规模

熊彼特假说指出，规模较大的企业资金雄厚，可以支付更多的费用进行研发，同时分散创新的风险，因此规模较大的企业创新能力强，比规模较小的企业研发投入高。这一观点也经过了实证检验。卡曼和施瓦茨（Kamein and Schwarts，1978）发现虽然小规模公司在研发中处于规模劣势，但却拥有效率优势，相比于大公司它们更加具有投资意愿。苏特（Soete，1979）以 1975 ~ 1976 年 713 家公司的数据作为研究对象，证实了 R&D 投入与企业规模正相关。吴延兵（2006）对 1993 ~ 2002 年我国大型工业企业产业面板数据进行研究得出，R&D 支出与企业规模同向变化。科恩和莱文（Cohen and Levin，1996）研究发现 R&D 投入深受企业规模影响。熊彼特的假说因此得到了许多研究的证实。

当然，也有学者主张，企业规模扩大会阻碍企业的灵活性，规模越大适应力越低，创新能力越低，他们实证检验了这个判断。杰菲（Jaffe，1988）对美国537 个企业的研究分析发现，控制技术机会、需求因素和溢出效应后，小企业比大企业有更高的研发投入，因为 R&D 支出的企业规模的弹性小于 1。还有很多学者主张二者之间呈非线性关系，同时有些学者通过实证检验了这个观点。例如，卡曼和施瓦茨（Kamien and Schwartz，1982）认为，企业规模与 R&D 支出之间可能存在 U 型关系。在一个特定值内，R&D 强度随规模增大而增加，反之则情况相反。而包恩德等（Bound et al.，1984）对美国 1479 个企业研究的结论是，企业规模与研发支出之间不仅非 U 型关系，反而存在倒 U 型关系。西蒙迪斯（Symeondis，1996）和科恩（Cohen，1995）在 U 型关系的研究上，大量查阅资料、查找数据后认为 R&D 费用上升到某一特定值以后，企业研发投入与其公司规模成正比。

根据以往研究，本章采用资产的自然对数控制企业规模对于研发投入水平的影响。

综上所述，本章计划从两个层面建立研发的国企治理模型：宏观层面，考虑区分宏观经济环境（市场）、所属行业（行业）和国有企业（政府）分别对研发的作用并选择控制变量加以控制；微观层面，考虑企业经营状况、公司治理水平和管理者自身特征等三个方面对研发投入的影响，选取相应的控制变量加以控制。所有的控制变量均参照了以往研究所采用的典型变量，表 5.10 列示了模型中具体变量的符号、名称与计算方法：

表 5.10   模型变量含义及计算方法

变量符号	变量名称	计算方法
rd	企业研发强度	企业当期研发费用总额（包括资本化和费用化部分）除以当期收入总额
rgdp	GDP 残差	以 2010 年为基年，由 arma（1，1）模型计算的中国宏观经济 GDP 残差
gov	是否属于国有企业	企业实际控制人为中央或地方国资委的企业，变量值为 1，否则为 0
htech	是否高新技术企业	符合国家高新技术企业认定标准，采用 15% 税率计算所得税的企业，变量值为 1，否则为 0
captureas_w	软资产占比	企业当期无形资产（扣除土地使用权后）占总资产的比重
cash_w	企业库存现金	企业当期库存现金占总资产的比重
roe_w	企业权益报酬率	企业当期利润除以期末权益
lev_w	资产负债率	企业期末负债除以期末资产
size_w	企业资产规模	企业资产的自然对数
age	企业年龄	企业成立日至今的总年数
dual	两权合一	如企业董事长与总经理为同一人，变量值为 1，否则为 0
confident_w	管理者自信水平	企业前三名高管薪酬额占高管总薪酬额的比重
zindex_w	Z 指数	第一大股东持股数除以第二大股东持股数
firstsh_w	第一大股东持股	第一大股东持股比例

注：a "_w" 代表该变量进行了 1% 水平的 winsorize 处理。这样的处理方法可以降低极端值对回归结果的不利影响。

三、实证检验结果分析

在国有企业治理效应模型中，可以观察到回归结果如表 5.11 所示：

表 5.11   国有企业治理效应回归结果

项目	预计符号	国有企业治理效应模型	
		估计系数	t 值
截距项		0.0724	21.79 ***
rgdp	−	−0.3708	−19.36 ***

续表

项目	预计符号	国有企业治理效应模型	
		估计系数	t 值
gov	−	− 0.0043	− 8.55 ***
rgdp * gov	+	0.1640	7.37 ***
htech	+	0.0110	18.63 ***
captureas_w	+	0.0105	3.71 ***
cash_w	+	0.0287	15.19 ***
roe_w	+	− 0.0010	− 2.40 **
lev_w	+	− 0.0210	− 20.05 ***
size_w	?	− 0.0016	− 8.20 ***
age	−	− 0.0013	− 19.74 ***
dual	+	0.0050	6.32 ***
confident_w	+	− 0.0110	− 5.63 ***
zindex_w	+	0.0000	− 3.53 ***
firstsh_w	+	− 0.0002	− 7.27 ***
年度效应		已控制	
行业效应		已控制	
调整 R^2		0.3115	
F 值		328.64 ***	
样本量		12755	

注：***：1%水平显著；**：5%水平显著；*：10%水平显著。模型回归的被解释变量为企业的研发强度（企业研发强度 = 当期研发总支出/当期收入）。被解释变量的期间为超前一期，这样处理的好处是可以降低模型的内生性问题。

rgdp 的回归系数显著为负，表明我国企业研发活动存在"逆周期"特征。即当经济形势较好时，企业选择降低研发投入水平；当经济不景气时则增加研发投入。这一现象与熊彼特（Schumpeter，1939）、瓦尔德（Walde，2002）和程惠芳等（2015）的研究结果一致，假设1得到验证。这说明，当经济形势较好时，企业投资机会较多，通过规模性投资带来的收益更大；当经济形势不好时，企业研发活动的机会成本降低，企业更愿意增加研发活动，最终使得企业家在紧缩期投入研发，在扩张期应用新技术。

gov 的回归系数显著为负，说明相比较于非国有企业，国有企业的研发强度较低，研发活动较弱，与假设 2 结论一致；gov * rgdp 的回归系数显著为正，说明国有企业对经济周期有逆向治理的效果。形象地说，即是为经济周期带动企业研发活动上下波动"踩了一脚刹车"。具体表现在：在经济上升时期，企业会相应减少研发活动的投入，但国有企业相较于非国有企业，减少的幅度不大；在经济下行时期，企业因生产性投资收益降低，更多地开始投入研发活动，此时国有企业与非国有企业相比，研发活动投入的增长幅度也不大。根据回归结果，国有企业在经济周期中投入研发活动的波动幅度为非国有企业的 55.77%［（0.3708 - 0.1640）/0.3708］，约为非国有企业波动幅度的二分之一。

一般的经济理论认为，在市场经济周期性波动的过程中，价格信号所反映的信息可能是不完全的，人们的决策可能受到价格信号的扭曲，从而出现非效率决策。相对于非国有企业，国有企业能更稳健地应对经济周期，可以降低周期波动带来的非效率投资；与此同时，研发投资与一般的投资不同，大多表现为风险更高，投资周期更长，因此在投资行为上表现出一定的投资惯性，即当期投资研发活动，下一期间仍会继续投资。由于研发活动投资惯性的特征，因此更加稳定的研发投入显然更加有利于企业研发活动的进行。根据以上两个理由，可以认为国有企业在研发活动中表现得更加稳定，对于研发活动具有积极的治理意义。

除以上主要结论外，国有企业治理效应模型也反映出如下的问题：

第一，htech 的回归系数显著为正，说明高新技术企业相比较于一般企业，拥有显著更高的研发投入水平。根据样本计算得出，2007～2015 年我国上市高新技术企业的平均研发强度为 3.31%，非高新技术企业的平均研发强度为 1.31%，两者相差 2%。高新技术企业的平均研发强度是非高新技术企业的 2.53 倍。

第二，captureas_w 的回归系数显著为正，说明以无形资产为代表的"软资产"占企业资产的比重越大，企业的研发活动强度越高，两者具有紧密的相关性。随着"十二五"以来我国经济发展模式的不断演进，以软资产为代表特征的新兴企业必将逐渐成为可持续发展经济的中坚力量。回归结果显示出研发创新与企业软资产的积累密不可分，是企业可持续发展的必由之路。

第三，cash_w 的回归系数显著为正，roe_w 的回归系数显著为负。两者对比来看，可以看出企业管理者在进行研发投入决策的过程中，更倾向于以企业的现金流而非利润作为投资决策的参考因素。这一结果对于会计工作者而言可能会是"沮丧"的，因为企业会计人员提供的利润信息并不会用于企业研发决策。事实上，结果显示出在企业研发领域，"现金为王"的观念是领先于"利润至上"的观念的。造成这一现象的原因，可能与研发投资项目的高风险性有关。由于利润中包含着应计项目信息（即拥有收到或付出现金的权利，但尚未收到或支付现金），因此利润并不必然显示企业可以直接用于研发投入的资源，而是存在风险的资源（有可能收不到），对于本身投资风险就很高的研发项目，如果动用的资源风险较大，无疑会增加研发项目的风险。因此，企业更愿意用手中实实在在的现金作为研发投资的决策依据，这一结果是合乎逻辑的。

第四，lev_w、size_w 的回归系数显著为负。作为度量企业特征的两个常用变量，企业财务杠杆（lev）度量了企业财务风险高低，资产规模（size）度量了企业拥有的总资源大小。企业财务风险越高，越难以筹集足够的资金，同时，债务人为了保证自身资产的安全，也会限制企业投资风险更高的项目。因此，企业财务杠杆越高，研发活动强度越低是符合预期的。

关于企业资产规模对研发强度的影响，以往的研究也存在着矛盾的结论。本研究利用我国上市公司数据的回归结果表明，企业规模与研发强度负相关，这说明规模增长后企业的适应性和灵活性降低，或者利用规模优势通过降低成本盈利，而不再加大研发投入水平。

第五，age 的回归系数显著为负，总体说明，成长周期越长的企业，研发强度越低；成长周期越短的企业研发强度越高。这一回归结果符合预期，说明新企业在新形势下更加重视研发活动对企业未来发展的影响，更有动力求新求变，更加反映出我国近年来经济发展形势的变化特征。

第六，dual 的回归系数显著为正，confident_w、zindex_w 与 firstsh_w 的回归系数显著为负，这与预期的结果并不一致。dual 代表总经理与董事长为同一人，confident_w 代表企业前三名高管工资占高管总工资的比重，zindex_w 代表第一大股东与第二大股东的持股比值；firstsh_w 代表第一大股东持股比例。四类变量均从不同侧面表现了企业管理层的"权力"大小。理论上讲，企业管理者"权力"越大，越能够进行高风险投资的决策，更有可能投入资金用于创新活动。导致本研究回归结果与预期结论矛盾的原因可能是：之前有研究发现非高新技术企业的管理者"权力"与研发投入不相关，而本研究涵盖了全行业企业（除金融业外），有可能因为样本混杂了其他非高新技术企业而使得回归结果出现偏差。同时非高新技术企业的管理者"权力"越大，可能导致其投资于生产性或规模性项目，反而挤占了研发项目的投资。因此，回归结果出现了与预期截然相反的情况。

第四节　本章小结

本章主要探讨了我国特色经济体制下企业研发投入的主要特征，主要有以下特点：

第一，从宏观层面来看，社会总研发投入水平逐年升高，企业增速越来越大，体现了研发投入日益受到政府和社会各界的广泛关注与重视。从投入的内部结构来看，表现为"国退民进"的特征，即企业投入的研发水平占总投入的比重逐年增加。这说明企业的研发意愿逐渐变强，研发投入的增速高于政府的研发投入增速。这是我国目前研发投入水平表现出的主要变化趋势。

第二，从地区水平来看，我国研发最为活跃的三个地区：京津冀地区、长江三角洲地区、珠江三角洲地区分别表现出了不同的研发特征。北京地区因为聚集了中央科研机构和各类央企，整体投入水平远超其他地区，且表现出较强的研发垄断性和研发分布的不均匀特点，即高研发水平的企业研发投入远超低研发企业，且其地位很难被低研发水平的企业取代；上海张江高新技术园区采用创新要素组合的管理方式，各类研发水平的企业分布较为平均，这也为不同企业的竞争提供了相对公平的环境；广东高新技术园区因为缺少高校资源的支持，更多地进行应用型研究。市场竞争更加剧烈，机遇也更多，新兴企业更容易取代老企业的研发地位。

第三，从企业微观层面来看，研发投入受到经济形势和企业性质的双重影响。研发投入表现为"逆周期"特征，即经济形势好时，企业减少研发投入而投资于更能带来现实利益的项目；经济形势不好时，企业更多地投入研发以便在未来获得收益。这个过程会带来研发投入的不稳定波动，而研发项目需要长期持续的投资，在这一点上，国有企业具有治理效果：无论经济形势好坏，国有企业都表现出了更加稳定和持续的研发投入水平，从而有利于社会整体研发投入的稳定。此外，研发投入还受到了企业经营业绩和公司治理水平等的影响。总的来说，企业资金充裕，治理水平越高，所处的行业越重视研发投入的影响，则企业的研发投入水平越高。

第六章

我国政府研发支持政策实施现状分析

中国近年来由中央或地方出台的各类研发支持政策种类繁多，经过筛选，各类主要政策及其执行情况如下。

第一节　财政支持政策实施现状

一、财政支持政策方式

（一）科技支撑计划

支撑计划是面向国民经济和社会发展需求，重点解决经济社会发展中的重大科技问题的国家科技计划。该计划主要落实《国家创新驱动发展战略纲要》重点领域及其优先主题的任务，以重大公益技术及产业共性技术研究开发与应用示范为重点，结合重大工程建设和重大装备开发，加强集成创新和引进消化吸收再创新，重点解决涉及全局性、跨行业、跨地区的重大技术问题，着力攻克一批关键技术，突破"瓶颈"制约，提升产业竞争力，为我国经济社会协调发展提供支撑。[①]

（二）科技型中小企业技术创新基金

申请创新基金支持的项目需符合以下条件：（1）符合国家产业、技术政策；（2）技术含量较高，技术创新性较强；（3）项目产品有较大的市场容量、较强的市场竞争力；（4）无知识产权纠纷。承担项目的企业应具备以下条件：（1）在中

---

① 2006年7月科技部、财政部《国家科技支撑计划管理暂行办法》，第2、16、22条。

国境内注册，具有独立企业法人资格；（2）主要从事高新技术产品的研制、开发、生产和服务业务；（3）企业管理层有较高经营管理水平，有较强的市场开拓能力；（4）职工人数不超过500人，具有大专以上学历的科技人员占职工总数的比例不低于30%，直接从事研究开发的科技人员占职工总数的比例不低于10%；（5）有良好的经营业绩，资产负债率合理；每年用于高新技术产品研究开发的经费不低于销售额的5%；（6）有健全的财务管理机构，有严格的财务管理制度和合格的财务人员。

创新基金以贷款贴息、无偿资助和资本金投入的方式支持科技型中小企业的技术创新活动。①

（三）火炬计划

火炬计划项目分为国家级和地方（省、自治区、直辖市、计划单列市）级两种，实行国家和地方两级立项和管理。各地的国家级火炬计划项目评审权属当地省、自治区、直辖市、计划单列市科技行政管理部门（以下简称"省、市科技行政管理部门"）。②

（四）星火计划

申报国家级星火计划项目必须具备的基本条件：（1）符合国家产业和技术政策，适应本地区国民经济和社会发展战略和行业发展规划要求，有利于保护生态环境；（2）技术先进适用、成熟可靠，有利于农业和农村经济结构的战略性调整，具有良好的经济、社会、生态效益和发展前景；（3）有利于推动农村科技进步和提高农村劳动者素质，有利于增加农村就业机会，增加地方财政收入和农民收入；（4）项目申报单位必须是具有独立法人资格的企事业单位，以企业为主体，鼓励企业与大专院校、科研单位联合申报；（5）项目申报单位应具有良好的金融、商业和社会道德信誉，经营机制良好，没有知识产权纠纷。申请银行贷款的项目，必须符合银行信贷要求。

申请重点项目的单位除具备上述条件外，还必须具有较强的技术开发和应用能力、可靠的技术依托以及完成项目所需的其他相关条件。③

---

① 2014年4月财政部会同工业和信息化部、科技部、商务部制定的《中小企业发展专项资金管理暂行办法》（财企〔2014〕38号）第2、8、9、11条。

② 2001年科技部、财政部《国家级火炬计划项目管理办法（试行）》第2~5条。

③ 2002年1月科技部《国家星火计划管理办法》，第19条。

（五）创业投资引导基金

引导基金的资金来源为：中央财政科技型中小企业技术创新基金；从所支持的创业投资机构回收的资金和社会捐赠的资金。

引导基金的支持对象为：在中华人民共和国境内从事创业投资的创业投资企业、创业投资管理企业、具有投资功能的中小企业服务机构（以下统称创业投资机构），及初创期科技型中小企业。[①]

（六）创业风险投资

创业风险投资委托专业管理机构管理，财政部会同国家发展改革委通过招标的方式确定专业管理机构，并与专业管理机构签订委托协议。创业风险投资项目通过企业并购、股权回购、股票市场上市等方式实现退出。受托管理机构负责对投资项目退出时机进行考察，在退出时机成熟时运作退出，并及时将退出时机、退出方式等情况报告财政部和国家发展改革委员会。委托管理机构管理创业风险投资，需支付一定委托费用。委托费用分为两个部分：一部分是日常管理费，按不超过投资余额的3%确定；另一部分是效益奖励，按不超过总投资收益（弥补亏损后的净收益）的一定比例确定。委托经费的具体安排在委托协议中约定。[②]

（七）中小企业发展专项资金

中小企业发展专项资金（以下简称"专项资金"），是指中央财政预算安排，用于支持中小企业特别是小微企业科技创新、改善中小企业融资环境、完善中小企业服务体系、加强国际合作等方面的资金。专项资金安排专门支出支持中小企业围绕电子信息、光机电一体化、资源与环境、新能源与高效节能、新材料、生物医药、现代农业及高技术服务等领域开展科技创新活动（国际科研合作项目除外）。专项资金安排专门支出设立科技型中小企业创业投资引导基金，用于引导创业投资企业、创业投资管理企业、具有投资功能的中小企业服务机构等投资于初创期科技型中小企业。[③]

[①] 2007年7月财政部、科技部关于印发《科技型中小企业创业投资引导基金管理暂行办法》，第3、7、8、9、11、26条。

[②] 2007年1月31日财政部、发改委《关于产业技术研究开发资金试行创业风险投资的若干指导意见》，第2~6条。

[③] 2014年4月财政部、工业和信息化部、科技部、商务部制定的《中小企业发展专项资金管理暂行办法》，第2、8、9、11条。

（八）中央引导地方科技发展专项资金

本办法所称专项资金是指中央财政通过专项转移支付安排的，用于支持地方政府围绕国家科技发展战略和地方经济社会发展目标，改善地方科研基础条件，优化科技创新环境，支持基层科技工作，促进科技成果转移转化，提升区域科技创新能力的资金。专项资金由财政部、科技部共同负责管理。财政部会同科技部制定专项资金管理制度，适时对专项资金进行评估，调整分配因素权重和支持方向。科技部会同财政部审定省级科技部门、财政部门上报的三年滚动规划，对专项资金管理使用开展绩效评价。省级财政部门、科技部门应当结合本省实际制定专项资金管理细则，进一步明确资金使用重点方向和范围、支持方式和标准、三年滚动规划项目遴选标准和程序、资金支付方式、绩效管理及信息公开等。①

（九）科技惠民计划

惠民计划坚持面向基层，依靠科技进步与机制创新，加快社会发展领域科学技术成果的转化应用。通过在基层示范应用一批综合集成技术，推动一批先进适用技术成果的推广普及，提升科技促进社会管理创新和服务基层社会建设的能力。惠民计划资助范围主要包括人口健康、生态环境、公共安全等与社会管理和社会发展密切相关的科技领域，其重点任务是：支持基层开展具有导向作用先进技术成果的转化应用，提升技术的实用性和产业化水平；支持基层开展重点领域先进适用技术的综合集成和示范应用，推动先进适用技术在基层公共服务领域转化应用。科技部负责惠民计划的总体协调；会同财政部研究制订惠民计划及其经费管理办法，组织计划实施、监督管理、绩效评价等；负责编制惠民计划先进科技成果目录指南（简称"科技成果目录指南"），项目实施方案的咨询论证、立项批复、成果管理等。②

二、我国财政支持政策水平分析

（一）国家财政科技拨款变动情况

图6.1反映了国家财政科技拨款的变动情况。由图可知，国家财政科技拨款呈

---

① 2016年5月科技部、财政部关于印发《中央引导地方科技发展专项资金管理办法》，第2、3、4条。
② 2012年4月科技部、财政部关于印发《科技惠民计划管理办法（试行）》（国科发社127号），第2、3、5条。

逐年上涨趋势，且科技类拨款占公共财政支出的比重逐年增加，2010 年甚至出现峰值，随后比重有所降低。总体来看，政府对于科技发展的重视程度正在逐年上升。

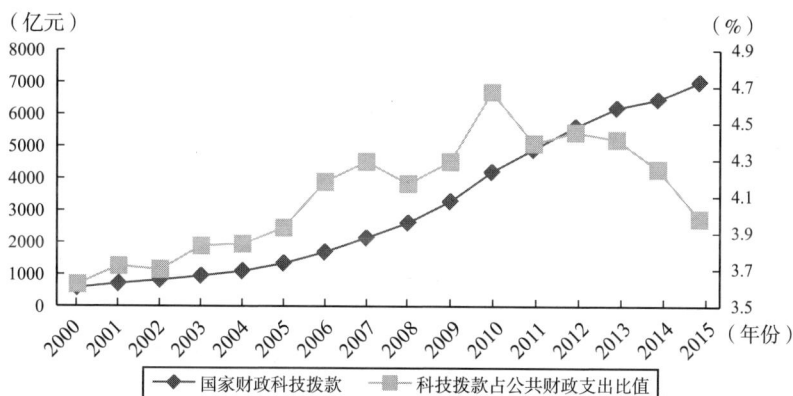

图 6.1　国家财政科技拨款变动情况

国家财政科技拨款中中央和地方财政的构成占比如图 6.2 所示，由图可知地方财政占比逐年上涨，中央财政占比逐年下滑。2007 年以后，地方政府财政支持已经高于中央政府财政支持水平。这说明，对于科技发展的支持，地方政府承担了越来越重要的角色。

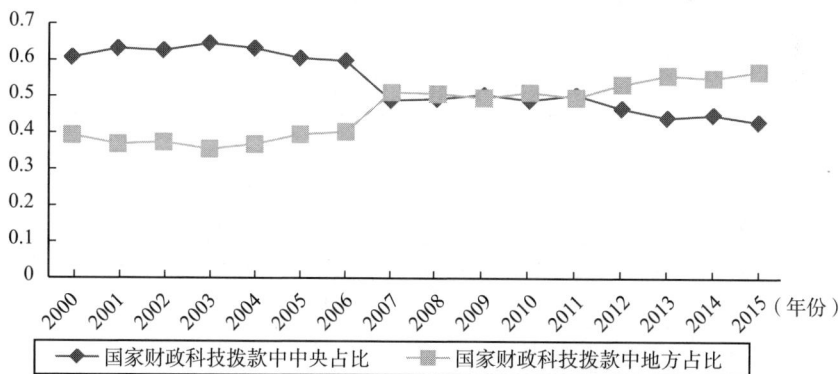

图 6.2　国家财政科技拨款构成情况

（二）R&D 支出占 GDP 比重的国际比较

虽然图 6.1、图 6.2 反映出我国政府对科技发展的重视程度正在逐年提升，但在图 6.3 的国际比较中，我们仍然可以看到，我国研发支出占 GDP 的比重明显低于美国、日本、韩国甚至我国台湾地区。美国作为发达国家最先进水平的代表，是我国需要追赶的目标，至于日本、韩国以及中国台湾等国家或地区，地理位置和文化与我国相近，更是我国重要的对照样本。通过国际比较，需要承认我国对研发的重视程度和投入力度与上述国家或地区还存在着较大差距，未来我们需要进一步对研发加大重视。

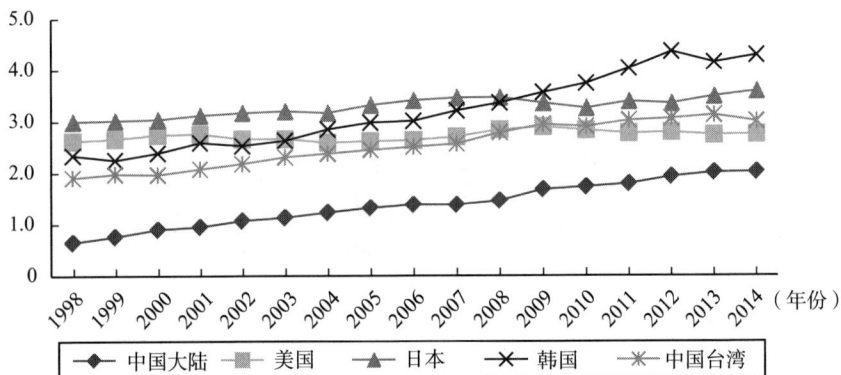

图 6.3　R&D 占 GDP 比重的国际（地区）比较

表 6.1 反映了我国和其他国家或地区研发支出占 GDP 比重的数值对比。我们可以更加清楚地看到我国研发支出占 GDP 比重水平仍处于较低的位置。

表 6.1　　　　　　　　R&D 占 GDP 比重的国际（地区）比较　　　　　　　单位：%

年份	中国大陆	美国	日本	英国	法国	德国	韩国	中国台湾
1998	0.65	2.62	3.00	1.79	2.14	2.27	2.34	1.91
1999	0.76	2.66	3.02	1.86	2.16	2.40	2.25	1.98
2000	0.90	2.74	3.04	1.85	2.15	2.45	2.39	1.97
2001	0.95	2.76	3.12	1.82	2.20	2.46	2.59	2.08
2002	1.07	2.66	3.17	1.82	2.23	2.49	2.53	2.18
2003	1.13	2.66	3.20	1.78	2.17	2.52	2.63	2.31
2004	1.23	2.59	3.17	1.71	2.15	2.49	2.85	2.38
2005	1.32	2.62	3.32	1.76	2.10	2.48	2.98	2.45
2006	1.39	2.64	3.41	1.75	2.11	2.54	3.01	2.51
2007	1.40	2.70	3.46	1.78	2.08	2.53	3.21	2.57

年份	中国大陆	美国	日本	英国	法国	德国	韩国	中国台湾
2008	1.47	2.84	3.47	1.79	2.12	2.69	3.36	2.78
2009	1.70	2.90	3.36	1.86	2.26	2.82	3.56	2.94
2010	1.76	2.83	3.26	1.76	2.25	2.82	3.74	2.90
2011	1.84	2.77	3.39	1.78	2.25	2.88	4.03	3.02
2012	1.98	2.79	3.35	1.73	2.29	2.98	4.36	3.06
2013	2.01	2.74	3.49	1.63	2.23	2.94	4.15	3.12
2014	2.02	2.75	3.59	1.70	2.26	2.90	4.29	3.00

（三）政府支持占研发经费比重的国际比较

研发经费总额占 GDP 比重较低，那研发经费中政府支出的部分与国际比较的情况如何呢？图6.4 做出了对比。根据图6.4，我国政府支出占研发经费的比重只比日本略高，低于其他比较的对象。俄罗斯政府支出占总研发支出的比重最高说明在社会创新中政府力量占据了主导地位。我国的现实情况表明，在社会创新活动中，企业仍然占据着绝对的主导地位，政府支持的水平相比较而言不算很高。这也为我们带来了反思：我国政府是否应当进一步加强支持企业研发的经费呢？

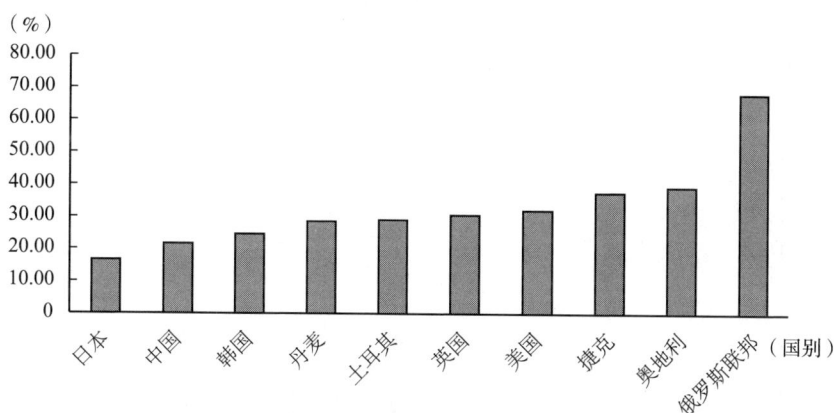

图6.4　政府支出占研发经费比重的国际比较

表6.2 进一步用数据表现了我国政府经费和企业经费占研发经费比重的国际比较。中国社会研发总经费中，政府占1/5 左右。

表 6.2   2011～2012 研发经费来源的国际比较

国别	年份	企业（%）	政府（%）	国别	年份	企业（%）	政府（%）
日本	2011	77.00	16.00	英国	2011	44.60	32.20
日本	2012	76.12	16.84	英国	2012	45.64	28.95
中国	2011	73.91	21.68	美国	2011	60.00	33.40
中国	2012	74.00	21.60	美国	2012	59.13	30.79
韩国	2011	74.00	25.00	捷克	2011	46.90	37.00
韩国	2012	74.73	23.85	捷克	2012	36.38	36.78
丹麦	2011	60.20	27.60	奥地利	2011	45.50	38.10
丹麦	2012	60.05	29.05	奥地利	2012	43.82	40.40
土耳其	2011	45.80	29.20	俄罗斯联邦	2011	27.70	67.10
土耳其	2012	46.77	28.19	俄罗斯联邦	2012	27.23	67.84

三、北京地区财政支持水平分析

（一）北京地区研发活动经费投入水平

图 6.5 反映了研发活动经费投入水平在北京与上海、广东等地区比较的情况。由图 6.5 可见，北京地区政府对研发的支持力度明显高于上海、广东等地。这也显示出北京地区在全国研发投入水平方面的领先地位。

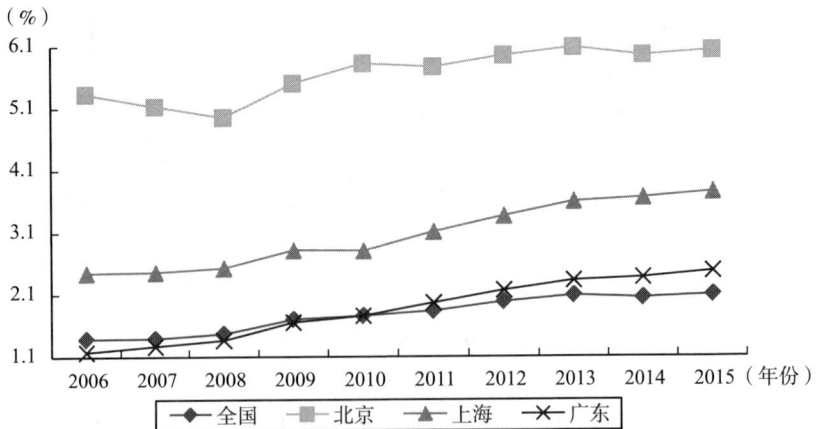

图 6.5　北京、上海、广东地区 R&D 占 GDP 比重

（二）研发活动经费的构成与政府支持力度

从研发投入的绝对金额水平来看，图 6.6 反映出北京在 2007～2015 年度各年份均高于上海的投入金额。广东作为省份，在绝对金额方面与直辖市的可比性不大，但可以看出直至 2010 年前，北京地区的研发投入金额仍高于广东全省的投入水平。

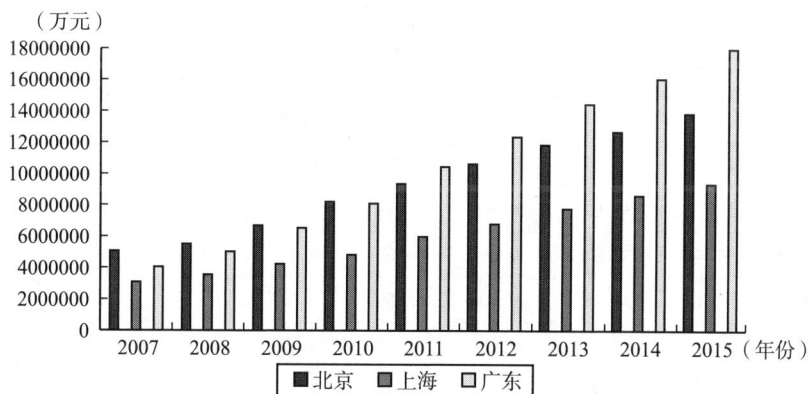

图 6.6　各年度地区研发经费情况

图 6.7 反映了研发活动经费中政府支出占比，北京远高于上海、广东等地区。这说明了北京地区研发投入水平较高，其中政府投入水平较高也是一个重要的原因。它表明政府对北京地区研发活动的支持力度是相当大的。

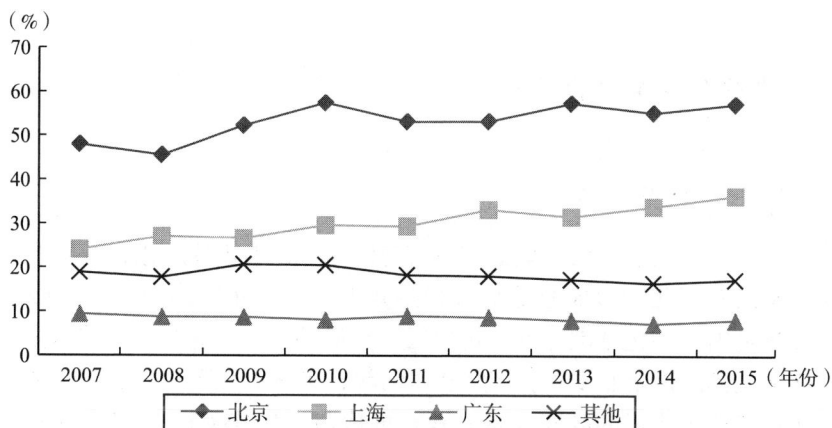

图 6.7　各年度研发活动经费中政府所占比重

表6.3进一步显示了各地区政府与企业在研发活动中投入的金额占比。可见，北京地区政府投入的金额甚至高于企业投入的金额。可以说，北京地区研发活动中，政府占据着主导地位，而广东等地区企业则占据着研发创新活动的主导地位。北京地区与全国其他地区的情况存在着较大的不同，受政策支持的影响更加剧烈。

表6.3 各年度研发活动经费构成情况 单位：%

年份	北京		上海		广东		其他	
	政府	企业	政府	企业	政府	企业	政府	企业
2007	47.97	37.81	24.04	68.76	9.45	81.44	18.89	70.87
2008	45.55	41.95	27.06	67.01	8.77	82.69	17.78	73.01
2009	52.27	36.07	26.67	66.84	8.77	88.49	20.67	75.44
2010	57.44	32.91	29.64	66.07	8.13	87.66	20.52	76.07
2011	53.15	34.48	29.43	65.59	9.01	87.30	18.26	78.48
2012	53.23	34.67	33.23	60.87	8.73	88.25	18.06	78.58
2013	57.34	33.85	31.61	61.94	8.05	89.42	17.29	78.95
2014	55.18	34.26	33.92	59.53	7.27	90.05	16.46	79.99
2015	57.20	34.12	36.41	57.78	8.11	89.32	17.26	79.28

第二节 税收支持政策实施现状

一、支持企业类型和方式

（一）高新技术企业

高新技术企业是指：在《国家重点支持的高新技术领域》内，持续进行研究开发与技术成果转化，形成企业核心自主知识产权，并以此为基础开展经营活动，在中国境内（不包括港、澳、台地区）注册的居民企业。高新技术企业认定管理工作应遵循突出企业主体、鼓励技术创新、实施动态管理、坚持公平公正的原则。依据本办法认定的高新技术企业，可依照《中华人民共和国企业所得税法》（以下简称《企业所得税法》）及其《实施条例》、《中华人民共和国税收征收管理法》（以下简称《税收征管法》）及《中华人民共和国税收征收管理法实施细则》（以下间称《实施细则》）等有关规定，申报享受税收优惠政策。国家需要重点扶持的高新技术企业，减按 15% 的税率征收企业所得税。[①]

（二）创业投资企业

《企业所得税法》第三十一条所称抵扣应纳税所得额，是指创业投资企业采取股权投资方式投资于未上市的中小高新技术企业 2 年以上的，可以按照其投资额的 70% 在股权持有满 2 年的当年抵扣该创业投资企业的应纳税所得额；当年不足抵扣的，可以在以后纳税年度结转抵扣。[②]

（三）技术先进型服务企业

自 2010 年 7 月 1 日起至 2013 年 12 月 31 日止，在北京、天津、上海、重庆、大连、深圳、广州、武汉、哈尔滨、成都、南京、西安、济南、杭州、合肥、南昌、长沙、大庆、苏州、无锡、厦门 21 个中国服务外包示范城市（以下简称"示范城市"）实行以下企业所得税优惠政策：第一，对经认定的技术先进型服务企业，减按 15% 的税率征收企业所得税；第二，经认定的技术先进型服务企业发生的职工教育经费支出，不超过工资薪金总额 8% 的部分，准予在计算应纳税所得额时扣除；超过部分，准予在以后纳税年度结转扣除。[③]

（四）小型微利企业

符合条件的小型微利企业，减按 20% 的税率征收企业所得税。[④]

（五）科技企业孵化器

自 2016 年 1 月 1 日至 2018 年 12 月 31 日，对符合条件的孵化器自用以及无偿或通过出租等方式提供给孵化企业使用的房产、土地，免征房产税和城镇土地使用税；自 2016 年 1 月 1 日至 2016 年 4 月 30 日，对其向孵化企业出租场地、房屋以及提供孵化服务的收入，免征营业税；在营业税改征增值税试点期间，对其

---

① 2016 年 1 月科技部、财政部、国家税务总局关于修订印发《高新技术企业认定管理办法》的通知（国科发火〔2016〕32 号）第 2、3、4 条；2007 年 3 月《中华人民共和国企业所得税法》第 28 条。

② 2007 年 12 月《中华人民共和国企业所得税法实施条例》第 97 条。

③ 2010 年 11 月财政部、国家税务总局、商务部、科技部、国家发展改革委《关于技术先进型服务企业有关企业所得税政策问题的通知》（财税〔2010〕65 号）第 2 条。

④ 2007 年 3 月《中华人民共和国企业所得税法》第 28 条。

向孵化企业出租场地、房屋以及提供孵化服务的收入，免征增值税。[①]

（六）研究开发费加计扣除

研究开发费用的加计扣除，是指企业为开发新技术、新产品、新工艺发生的研究开发费用，未形成无形资产计入当期损益的，在按照规定据实扣除的基础上，按照研究开发费用的 50% 加计扣除；形成无形资产的，按照无形资产成本的 150% 摊销。[②]

（七）技术转让所得税优惠

自 2015 年 10 月 1 日起，全国范围内的居民企业转让 5 年（含，下同）以上非独占许可使用权取得的技术转让所得，纳入享受企业所得税优惠的技术转让所得范围。居民企业的年度技术转让所得不超过 500 万元的部分，免征企业所得税；超过 500 万元的部分，减半征收企业所得税。[③]

二、国外促进企业研发投入政策的国家典范

在激励企业自主创新、促进高新技术产业发展的各种措施中，税收政策是世界许多国家和地区最常用的政策工具之一。运用税收手段可以有效激励企业加强创新投入，引导社会资源向创新集聚，从而降低企业创新成本和风险，增加创新收益。主要包括：

（一）研发税收抵免

研发税收抵免是指允许企业将符合要求的研发支出按抵免比率计算得到的抵免额从应纳税额中扣除。目前，包括美国、加拿大、法国、日本、韩国在内的多数发达国家采用此种方式。

美国是世界上较早实施此类税收优惠政策的国家。目前美国的研发税收抵免政策必须是符合资格的研发活动中的有效支出部分，而可供选择的抵免方法有常规抵免法和简易抵免法两种。合格的研发支出包括企业内部研发支出和企业委托第三方开展研发活动发生的外部研发支出，其中前者可以 100% 计入，后者按 65% 计入。常规抵免法的抵免额 = 20% ×（合格的研发支出 − 基数），其中，20%

---

① 2016 年 8 月财政部、国家税务总局《关于科技企业孵化器税收政策的通知》（财税〔2016〕89 号）

② 2007 年 12 月《中华人民共和国企业所得税法实施条例》第 95 条。

③ 2015 年 11 月国家税务总局《关于许可使用权技术转让所得企业所得税有关问题的公告》（国家税务总局公告 2015 年第 82 号）。

为抵免率，基数＝前4年总收入平均值×固定基数百分比，并且不能低于合格研发支出的50%。简易抵免法的抵免额＝（当年合格研发支出－前3年合格研发支出平均值的50%）×17%，其中，17%是从2012年开始实施的抵免率。

法国于1983年开始实施研发税收优惠政策，《2004年财政法案》将其修订为一项永久性政策，之后又对其进行过多次修订。目前法国研发税收抵免政策的主要内容为：企业在欧盟经济区内发生的合格研发支出，可以按照一定比率抵免企业当年应纳企业所得税额，当年未使用的抵免额，企业可在未来3年内继续抵免应纳企业所得税，3年内仍未使用的以现金形式返还。从2011年开始，抵免额是根据企业年度研发支出的大小来确定，若当年研发支出小于1亿欧元，按照30%抵免，若大于1亿欧元，不超过1亿欧元的部分按照30%抵免，超过部分按照5%抵免。

澳大利亚从1985年开始对企业研发费用实施加计扣除政策，2009年颁布了《新的研发税收激励》的征求意见法案和解释说明，并于2011年开始执行，新政策的优惠方式由原来的"加计扣除"改变为"所得税抵免"。主要内容为：一是对于年营业额小于2000万澳元的符合条件的内外资企业，其合格研发支出可按45%的比率从企业当期应纳所得税额中抵免，不足抵免部分以现金形式给予税收返还。二是对于年营业额大于2000万澳元的符合条件的内外资企业，其合格研发支出可按40%的比率从企业当期应纳所得税额中抵免，不足抵免部分可以无限期向后结转。

加拿大联邦政府从1986年起实施研发税收优惠政策。目前，相关的税收政策主要依据《所得税法》，规定企业合格的研发支出在发生当年允许税前一次性扣除，同时还给予投资税收抵免。其税收抵免政策的主要内容为：一是，加拿大控股的私营公司在境内开展研发活动的合格支出，不超过300万加元的部分按35%比率抵免应纳所得税额，超过部分按20%比率抵免，不足抵免部分可以获得现金税收返还。二是，独资企业、合伙企业和信托在境内开展研发活动的合格支出，仅能按20%比率抵免，未使用完的抵免额可以获得40%的现金税收返还。三是，其他企业在境内开展研发活动的合格支出，仅能按20%比率抵免，未使用完的抵免额不能获得税收返还。

日本现行的企业研发税收政策采用"总量优惠"与"增量优惠"相结合的税收抵免方式，其政策主要依据《租税特别措置法》。日本的企业研发税收优惠由增量税收抵免制、总量税收抵免制、中小企业强化税收抵免制、抵免结转制等多项税收制度构成。其中，增量税收抵免和抵免结转制适用大、中小的合格企业，总量税收抵免仅适用于大企业，中小企业强化税收抵免仅适用于中小企业。总量税收抵免制的主要内容为：若研发强度大于或等于10%，按企业当年合格研发支出的10%抵免；若研发强度小于10%，按企业当年合格研发支出的8%抵免；研发强度是企业当年研发支出占前4年年度平均销售额的比例；但抵免额不能超过企业当年应纳所得税额的20%。抵免结转制的主要内容为：企业当年未用完的抵免额，可以向后结转1年，但可结转的抵免额不能超过次年应纳企业所得税额20%与次年税收抵免额的差额。中小企业强化税收抵免制的主要内容为：中小企业可以按当年合格研发支出的12%抵免，但同样抵免额不能超过企业当年应纳所得税额的20%。

（二）研发支出加计扣除

研发支出加计扣除是指允许企业将符合要求的研发支出从应纳税所得额中按加计比例扣除。目前，英国、新加坡等少数发达国家及中国、巴西、印度等发展中国家采用此种方式。

英国政府对研发费用中的经营性支出和资本性支出实施不同的扣除政策。对于经营性研发支出则从2000年开始，除了可以从应纳税所得额中100%扣除外，还可以按照一定比率增加扣除额度，也就是经营性研发支出的加计扣除计划。目前，经营性研发支出的加计扣除计划包括"中小企业计划"和"大企业计划"。符合标准的中小企业的合格研发经营性支出，可从应纳税所得额中225%加计扣除（2012年起），不足抵扣部分可以选择向后无限期结转或者申请可返还税收抵免。大企业的合格经营性研发支出可从应纳税所得额中130%加计扣除（2008年起）。对于资本性研发支出则是根据2001年修订的《资本折旧法案》，研发用资本支出适用"研发折旧计划"，也就是允许研发用资本性支出在发生费用当年一次性摊销，即100%抵扣应纳税所得额。

新加坡采用以研发费用一次性扣除为基础、多种加计扣除政策相互交叉的研发税收优惠政策。企业符合要求的研发活动支出可以在当期一次性扣除，不足扣除部分可以无限向前结转，也可以选择在满足一定限制条件下向后结转。2009~2013纳税年度中，企业符合要求的研发支出，除了可以在当期一次性扣除外，还可以再加计扣除50%。2011~2015纳税年度中，企业符合要求的研发支出，还可以享受"增强加计扣除"，即每年第一个符合条件的30万新元研发支出再加计100%扣除。

巴西对于资本性研发支出和经营性研发支出采用不同的税收优惠。资本性研发支出是一次性税前扣除；经营性研发支出是按160%的比率税前加计扣除，当年不足扣除部分不能向前或向后结转。

印度对企业发生在境内的研发支出实行差别化的加计扣除政策。从事生物技术或制造业的产品生产企业，其合格研发支出可以按200%加计扣除，不足扣除部分可以向后结转 8 年，但规定生产酒精、烟草、化妆品等产品的企业不能享受该项优惠。

（三）研发设备加速折旧

研发设备加速折旧是世界上众多国家为鼓励技术进步而广泛采取的税收优惠措施，采取加速折旧的优惠方式，会使投资者在最初的几年内的成本增大而净所得减少，从而相应地减轻了投资者的税收负担。

美国税法规定，对企业购置用于研发用的设备，允许企业在购置后的 1～2 年内以较高比例提取折旧，并允许对一些特殊的机器设备一次性提取折旧；对高技术产业研发用设备进行加速折旧，折旧期限为 3 年。

英国规定对于高新技术企业所拥有的研发用建筑物，对第一年实行的加速折旧率为 50%。

韩国的企业购置用于技术研发的试验设备，可按投资金额的 5%（国产设备则为 10%）享受税金扣除或按照购置价款的 50%（国产设备则为 70%）实行加速折旧。为促进技术研发的产业化，韩国对国内研发的新技术实现产业化所需的设备投资，给予投资金额 3%（国产设备则为 10%）的税金扣除或按照购置价款 30%（国产器材则为 50%）实行特别折旧。

日本为促进技术引进与创新，先后制定了"试验研究开发用机械特别折旧制度"、"科学技术振兴折旧制度"、"新技术投产用机械设备特别折旧制度"以及有效利用能源和开发本国资源等多项特别折旧制度。日本对高技术产业中用于研究开发的设备实行短期特别折旧制度。该制度规定，总资产超过 10 亿日元的高科技公司，用于研究开发活动所购买的固定资产，除进行正常折旧外，在第一年可根据购置成本按规定的特别折旧率实行特别折旧，加提的特别折旧率最高可达到 55%。属于国家规定的重点产业部门或行业引进和购买的技术设备，第一年可折旧其价值的一半，从利润总额中予以扣除。

（四）提取技术研发准备金

提取技术研发准备金是税式支出的一种形式，即从企业所得中提取适当部分作为准备金处理而不纳税。为鼓励企业增加研发投入，加大研发力度，韩国、日本等允许企业从应纳税所得额中提取用于技术研发的准备金。韩国规定，为解决研发和创新的资金需求，依据企业类型的不同，允许按总收入的 3%（技术密集型企业按 4%，生产资料型企业按 5%）提取技术开发准备金，并规定要在 3 年内用于技术开发、技术培训、技术革新等方面。日本制定了《电子计算机购置损失准备制度》，生产电子计算机的厂商可从其销售收入中提取 10% 作为准备金，以弥补发生的损失。

三、我国研发投入企业所得税优惠政策执行情况

我国企业研发费用加计扣除情况如图 6.8 所示。根据图 6.8，我国企业研发费用加计扣除额呈逐年上涨趋势，2010 年和 2012 年上涨速度出现峰值。平均来看，我国企业研发费用加计扣除额按每年 25% 左右的速率逐年上涨。

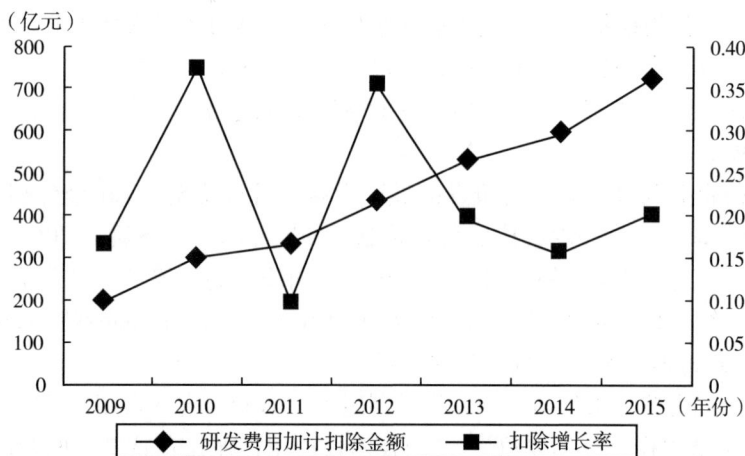

图 6.8　我国企业研发费用加计扣除金额（增长率）

以上市公司为研究样本，发现上市高新技术企业所得税优惠金额如图 6.9 所示：

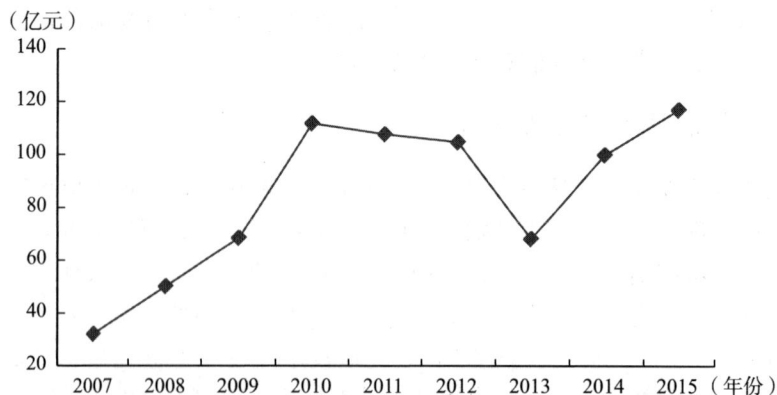

图 6.9　2007～2015 年度上市高新技术企业所得税优惠金额

图 6.9 显示出 2010~2012 年上市高新技术企业所得税优惠金额的水平最高。这与 2010 年 7 月开始实施的"技术先进性服务企业"减按 15% 计征所得税的政策相关，该项政策 2013 年到期，因此图 6.9 在 2013 年出现了下滑。

高新技术企业 2008 年以来的变动情况如表 6.4 所示。根据表 6.4 的信息，高新技术企业数量在 2011 年出现显著提升，这可能与高新技术企业三年一周期复审的政策相关。2014 年高新技术企业上市公司数出现下滑，说明 2011 年评审的高新技术企业上市公司约 110 家未能在 2014 年通过复审，该数值占 2011 年新增高新技术企业上市公司的 26.89%［110/（1245－836）］，说明 2011 年增加的高新技术企业有约 1/4 未能挺过复审。这可能反映了我国高新技术企业上市公司缺乏持续性的问题。图 6.10 形象地反映出 2014 年高新技术企业数额下滑以及三年评审周期。

表 6.4　　　　　　　　　　**高新技术企业上市公司占比**　　　　　　　　单位：家

年份	评定为高新技术企业的上市公司数	上市公司总数	占比（%）
2008	555	1539	36.06
2009	669	1681	39.80
2010	836	2032	41.14
2011	1245	2292	54.32
2012	1323	2411	54.87
2013	1355	2461	55.06
2014	1135	2547	44.56
2015	1311	2698	48.59

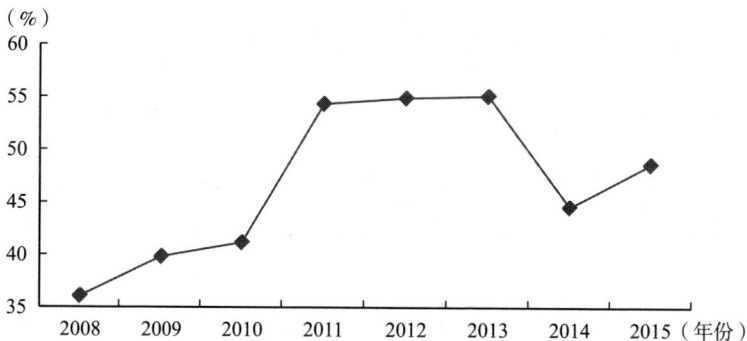

图 6.10　高新技术企业占上市公司比重

四、北京地区企业所得税优惠政策执行情况

图 6.11 反映了北京地区企业研发费用加计扣除的变动情况。由图可知，北京地区企业研发费用加计扣除额近年来基本处于稳定增长状态，但 2013 年出现下滑，这也与"技术先进性服务企业"政策 2013 年底到期有关。

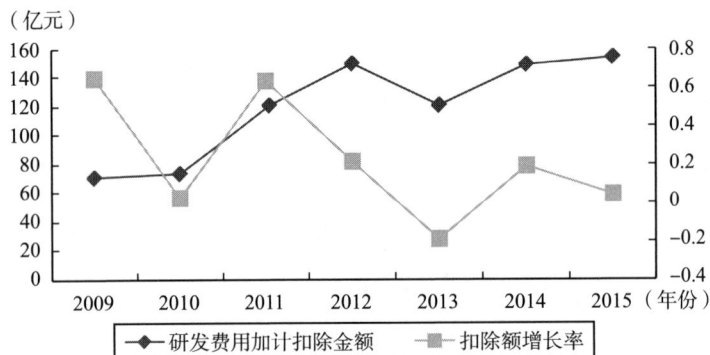

图 6.11 北京地区企业研发费用加计扣除金额（增长率）

表 6.5 反映了北京地区与其他地区高新技术企业上市公司减免所得税的情况。根据表中信息可知，北京地区上市高新技术企业减免的所得税金额最大，比全国其他地区所占金额合计还高。这也表现出北京地区优质资源的集中情况（上市高新技术企业大多在此）。不出意外，上海和广东分别是除北京以外所得税减免较多的地区排名前两名，但其金额无法与北京相比。

表 6.5 　　　　2008 ~ 2015 年度地区高新技术上市公司减免所得税金额明细 　　单位：亿元

地区	2008 年	2009 年	2010 年	2011 年	2012 年	2013 年	2014 年	2015 年	总计	占总计比重（%）
北京	36.75	47.26	75.81	48.62	49.65	12.12	48.38	49.82	368.41	50.7
上海	2.41	2.55	6.1	8.97	8.78	8.86	9.31	16.11	63.09	8.7
广东	0.73	1.84	4.35	6.04	6.63	8.28	8.57	11.26	47.70	6.6
山东	1.41	2.27	3.95	5.27	5.3	6.13	5.6	5.65	35.58	4.9
浙江	1.76	1.36	3.04	5.97	4.3	5.1	4.85	7.13	33.51	4.6

续表

地区	2008 年	2009 年	2010 年	2011 年	2012 年	2013 年	2014 年	2015 年	总计	占总计比重（%）
四川	0.29	1.79	2.62	4.94	6.04	2.70	1.90	1.72	22.00	3.0
江苏	0.79	1.38	1.92	3.73	3.89	4.96	2.87	5.07	24.61	3.4
内蒙古	0.62	0.64	1.55	4.20	3.00	1.61	1.57	1.06	14.25	2.0
湖北	0.68	0.75	1.01	1.58	1.68	0.92	2.31	1.14	10.07	1.4
江西	0.36	0.64	1.83	1.96	1.63	0.47	1.01	0.74	8.64	1.2
湖南	0.33	0.60	1.25	2.00	1.84	1.07	0.69	2.24	10.02	1.4
河南	0.25	0.37	1.25	0.99	1.41	1.61	1.35	1.39	8.62	1.2
安徽	0.26	0.39	0.66	1.49	1.36	1.42	1.04	1.42	8.04	1.1
河北	0.25	0.93	0.53	1.03	0.83	2.27	0.73	2.70	9.27	1.3
福建	0.15	0.62	0.70	1.47	0.90	1.25	0.86	0.44	6.39	0.9
陕西	0.71	0.39	0.36	0.67	0.47	1.88	1.09	1.14	6.71	0.9
新疆	0.31	0.73	0.52	0.92	0.71	0.81	0.33	0.72	5.05	0.7
云南	0.18	0.15	0.60	0.99	0.93	0.56	0.82	0.99	5.22	0.7
重庆	0.24	0.34	0.42	0.68	0.70	0.97	0.87	1.01	5.23	0.7
山西	0.10	0.13	0.05	1.17	1.02	1.04	0.26	0.45	4.22	0.6
天津	0.24	0.38	0.39	0.38	0.46	1.08	0.74	1.03	4.70	0.6
广西	0.23	0.39	0.60	0.63	0.52	0.57	0.45	0.24	3.63	0.5
贵州	0.17	0.37	0.41	0.67	0.55	0.51	0.28	0.60	3.56	0.5
黑龙江	0.40	0.44	0.34	0.49	0.56	0.32	0.37	0.73	3.65	0.5
青海	0	0.23	0.10	0.97	0.51	0.62	0.39	0.26	3.08	0.4
辽宁	0.28	0.14	0.44	0.49	0.45	0.38	0.61	1.07	3.86	0.5
吉林	0.08	0.65	0.32	0.21	-0.11	0.39	0.28	0.38	2.20	0.3
甘肃	0.02	0.22	0.28	0.69	0.43	-0.19	0.32	0.21	1.98	0.3
海南	0.06	0.14	0.09	0.01	0.03	0.05	0.70	0.06	1.14	0.2
宁夏	0.06	0.20	0.17	0.17	0.15	0.17	0.11	-0.07	0.96	0.1
西藏	0.04	0.05	0.08	0.25	0.10	0.15	0.15	0.13	0.95	0.1

第三节　知识产权保护政策实施现状

一、知识产权保护政策类型

(一) 专利

我国对专利保护的主要规定包括：未经专利权人许可，实施其专利，即侵犯其专利权，引起纠纷的，由当事人协商解决；不愿协商或者协商不成的，专利权人或者利害关系人可以向人民法院起诉，也可以请求管理专利工作的部门处理。管理专利工作的部门处理时，认定侵权行为成立的，可以责令侵权人立即停止侵权行为，当事人不服的，可以自收到处理通知之日起十五日内依照《中华人民共和国行政诉讼法》向人民法院起诉；侵权人期满不起诉又不停止侵权行为的，管理专利工作的部门可以申请人民法院强制执行。进行处理的管理专利工作的部门应当事人的请求，可以就侵犯专利权的赔偿数额进行调解；调解不成的，当事人可以依照《中华人民共和国民事诉讼法》向人民法院起诉。[1]

(二) 著作权

我国著作权法详细规定了若干著作权侵权行为的处理办法。侵权人应当根据情况，承担停止侵害、消除影响、赔礼道歉、赔偿损失等民事责任。同时损害公共利益的，可以由著作权行政管理部门责令停止侵权行为，没收违法所得，没收、销毁侵权复制品，并可处以罚款；情节严重的，著作权行政管理部门还可以没收主要用于制作侵权复制品的材料、工具、设备等；构成犯罪的，依法追究刑事责任。[2]

(三) 软件著作权

专利法规定了软件著作权人享有的各项权利。包括发表权、署名权、修改权、复制权、发行权、出租权、信息网络传播权、翻译权及其他应当由软件著作权人享有的其他权利。软件著作权人可以许可他人行使其软件著作权，并有权获得报酬。软件著作权人可以全部或者部分转让其软件著作权，并有权获得报酬。[3]

---

　① 2008 年 12 月 27 日第十一届全国人民代表大会常务委员会第六次会议《关于修改〈中华人民共和国专利法〉的决定》（第三次修正）第 60～68 条。

　② 2001 年 10 月《中华人民共和国著作权法》（修正）第 46、47 条。

　③ 2001 年 12 月《计算机软件保护条例》第 8 条。

同时，专利法也规定了相应软件著作权侵权行为的处理办法。[①]

二、我国政府知识产权保护水平分析

（一）政府立法水平分析

最早对知识产权保护水平进行量化分析的当属 Rapp 和 Rozek，他们把知识产权保护水平划分为 5 个不同的等级，并分别用 0 到 5 之间的整数来定量地表示。Ginarte 和 Park 在分析 Rapp – Rozek 方法的基础上，提出了一个更为深入的度量方法。他们把度量知识产权保护水平的指标划分为 5 个类别，即：（1）保护的覆盖范围；（2）是否为国际条约的成员；（3）权利丧失的保护；（4）执法措施；（5）保护期限。每个类别又包含若干个度量指标。根据 G – P 模型计算的我国 1984～2015 年度知识产权立法保护水平指数如表 6.6 所示：

表 6.6　　　　　中国知识产权保护水平统计（Ginarte – Park 方法）

项目		1985年	1986年	1987年	1988年	1989年	1990年	1991年	1992年	1993年	1994年
1	覆盖范围										
1.1	药品专利	0	0	0	0	0	0	0	1	1	1
1.2	化学品专利	0	0	0	0	0	0	0	1	1	1
1.3	食品专利	0	0	0	0	0	0	0	1	1	1
1.4	动植物品种专利	0	0	0	0	0	0	0	0	0	0
1.5	医用器械专利	1	1	1	1	1	1	1	1	1	1
1.6	微生物沉淀物专利	1	1	1	1	1	1	1	1	1	1
1.7	实用新型专利	1	1	1	1	1	1	1	1	1	1
	小计：	3	3	3	3	3	3	3	6	6	6
2	国际条约成员[②]										
2.1	巴黎公约	1	1	1	1	1	1	1	1	1	1

[①]　2001 年 12 月《计算机软件保护条例》第 24 条。

[②]　目前已通过的世界性的知识产权国际公约有 31 个，我国已经加入的 15 个有关知识产权保护的国际公约是：1980 年加入《建立世界知识产权组织公约》、1985 年加入《巴黎公约》、1989 年加入《集成电路知识产权条约》、1989 年加入《商标国际注册马德里协定》、1995 年加入《商标国际注册马德里协定有关议定书》；1992 年加入《巴尔尼公约》、1992 年加入《世界版权公约》、1993 年加入《保护录音制品制作者防止未经许可复制其录音制品公约》、1994 年加入《专利合作条约》、1994 年加入《尼斯协定》、1995 年加入《布达佩斯条约》、1996 年加入《洛迦诺协定》、1997 年加入《专利国际分类协定》、1999 年加入《保护植物新品种国际公约》、2001 年加入《与贸易有关的知识产权协议》。

项目		1985年	1986年	1987年	1988年	1989年	1990年	1991年	1992年	1993年	1994年
2.2	专利合作条约	0	0	0	0	0	0	0	0	1	1
2.3	植物新品种保护公约	0	0	0	0	0	0	0	0	0	0
	小计:	1	1	1	1	1	1	1	1	2	2
3	权力丧失的保护										
3.1	专利的计划许可	0	0	0	0	0	0	0	0	0	0
3.2	专利的强制许可	0	0	0	0	0	0	0	1	1	1
3.3	专利撤销	0	0	0	0	0	0	0	0	0	0
	小计:	0	0	0	0	0	0	0	1	1	1
4	执法措施										
4.1	专利侵权的诉前禁令	0	0	0	0	0	0	0	0	0	0
4.2	专利侵权的连带责任	0	0	0	0	0	0	0	1	1	1
4.3	专利侵权人举证责任	0	0	0	0	0	0	0	0	0	0
4.4	诉前证据保全	0	0	0	0	0	0	0	0	0	0
	小计:	0	0	0	0	0	0	0	1	1	1
5	保护期限										
5.1	发明专利（X/20）	0.75	0.75	0.75	0.75	0.75	0.75	0.75	1	1	1
	G-P指数	1.512	1.512	1.512	1.512	1.512	1.512	1.512	2.774	3.107	3.107

项目		1995年	1996年	1997年	1998年	1999年	2000年	2001年	2002年	2003年	2004年
1	覆盖范围										
1.1	药品专利	1	1	1	1	1	1	1	1	1	1
1.2	化学品专利	1	1	1	1	1	1	1	1	1	1
1.3	食品专利	1	1	1	1	1	1	1	1	1	1
1.4	动植物品种专利	0	0	0	0	0	0	0	0	0	0
1.5	医用器械专利	1	1	1	1	1	1	1	1	1	1
1.6	微生物沉淀物专利	1	1	1	1	1	1	1	1	1	1
1.7	实用新型专利	1	1	1	1	1	1	1	1	1	1
	小计:	6	6	6	6	6	6	6	6	6	6

续表

项目		1995年	1996年	1997年	1998年	1999年	2000年	2001年	2002年	2003年	2004年
2	国际条约成员										
2.1	巴黎公约	1	1	1	1	1	1	1	1	1	1
2.2	专利合作条约	1	1	1	1	1	1	1	1	1	1
2.3	植物新品种保护公约	0	0	0	0	1	1	1	1	1	1
	小计：	2	2	2	2	3	3	3	3	3	3
3	权力丧失的保护										
3.1	专利的计划许可	0	0	0	0	0	0	0	0	0	0
3.2	专利的强制许可	1	1	1	1	1	1	1	1	1	1
3.3	专利撤销	0	0	0	0	0	0	0	0	0	0
	小计：	1	1	1	1	1	1	1	1	1	1
4	执法措施										
4.1	专利侵权的诉前禁令	0	0	0	0	0	0	1	1	1	1
4.2	专利侵权的连带责任	1	1	1	1	1	1	1	1	1	1
4.3	专利侵权人举证责任	0	0	0	0	0	0	1	1	1	1
4.4	诉前证据保全	0	0	0	0	0	0	0	0	0	0
	小计：	1	1	1	1	1	1	3	3	3	3
5	保护期限										
5.1	发明专利（X/20）	1	1	1	1	1	1	1	1	1	1
	G－P指数	3.107	3.107	3.107	3.107	3.440	3.440	3.940	3.940	3.940	3.940

项目		2005年	2006年	2007年	2008年	2009年	2010年	2011年	2012年	2013年	2014年	2015年
1	覆盖范围											
1.1	药品专利	1	1	1	1	1	1	1	1	1	1	1
1.2	化学品专利	1	1	1	1	1	1	1	1	1	1	1
1.3	食品专利	1	1	1	1	1	1	1	1	1	1	1
1.4	动植物品种专利	0	0	0	0	0	0	0	0	0	0	0
1.5	医用器械专利	1	1	1	1	1	1	1	1	1	1	1
1.6	微生物沉淀物专利	1	1	1	1	1	1	1	1	1	1	1
1.7	实用新型专利	1	1	1	1	1	1	1	1	1	1	1
	小计：	6	6	6	6	6	6	6	6	6	6	6

	项目	2005年	2006年	2007年	2008年	2009年	2010年	2011年	2012年	2013年	2014年	2015年
2	国际条约成员											
2.1	巴黎公约	1	1	1	1	1	1	1	1	1	1	1
2.2	专利合作条约	1	1	1	1	1	1	1	1	1	1	1
2.3	植物新品种保护公约	1	1	1	1	1	1	1	1	1	1	1
	小计：	3	3	3	3	3	3	3	3	3	3	3
3	权力丧失的保护											
3.1	专利的计划许可	0	0	0	0	0	0	0	0	0	0	0
3.2	专利的强制许可	1	1	1	1	1	1	1	1	1	1	1
3.3	专利撤销	0	0	0	0	0	0	0	0	0	0	0
	小计：	1	1	1	1	1	1	1	1	1	1	1
4	执法措施											
4.1	专利侵权的诉前禁令	1	1	1	1	1	1	1	1	1	1	1
4.2	专利侵权的连带责任	1	1	1	1	1	1	1	1	1	1	1
4.3	专利侵权人举证责任	1	1	1	1	1	1	1	1	1	1	1
4.4	诉前证据保全	0	0	0	1	1	1	1	1	1	1	1
	小计：	3	3	3	4	4	4	4	4	4	4	4
5	保护期限											
5.1	发明专利（X/20）	1	1	1	1	1	1	1	1	1	1	1
	G-P指数	3.940	3.940	3.940	4.190	4.190	4.190	4.190	4.190	4.190	4.190	4.190

我国各年度 G-P 指数变动趋势如图 6.12 所示。与国际相比较，以 1990 年水平为例，各国 G-P 指数如下：美国（4.52）；意大利（4.05）；日本、韩国（3.94）；法国（3.90）；德国（3.71）；新加坡（2.57）。[①] 我国目前的知识产权保护水平近似于意大利 1990 年的水平，尚达不到美国 1990 年的水平，略高于日本、韩国的水平，而这一比较还是在相差 24 年的基础上。由此可见，我国知识产权保护立法水平与发达国家相比差距仍然较大。

---

① 数据来源：Ginarte J C，Park W G. Determ in ants of patent rights：Across national study. Research Policy，1997，26：283-301.

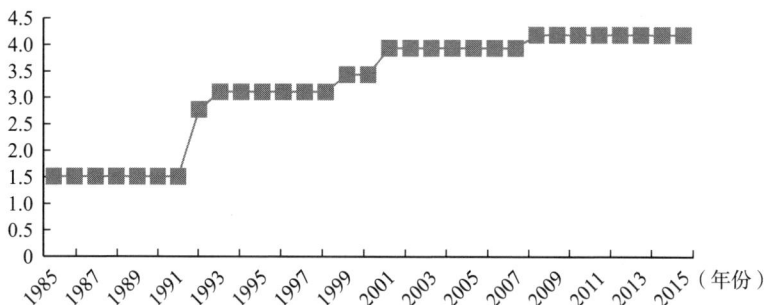

图 6.12　中国 1985～2015 年度 G－P 指数变动

（二）政府执法水平分析

本项研究借鉴詹映（2013）的研究成果，选取《全球竞争力报告》中的各国知识产权保护实施指数作为测定政府执法水平的度量变量。世界经济论坛（World Economic Forum，WEF）每年发布的《全球竞争力报告》（The global competitiveness report）是目前国际上竞争力评价领域最有影响力的年度研究报告之一。WEF《全球竞争力报告》在其一级指标——"制度"下设有 1.02 项二级指标——"知识产权保护"，反映的是"一国知识产权保护和反假冒措施"。此项指标的得分系通过调查相关企业领导人，由被调查者根据一国知识产权保护的强弱和实施效果，在 1～7 分之间打分，得分 1 表示保护实施很弱，得分 7 表示保护实施很强。由此得出的中国近年知识产权保护执法力度如图 6.13 所示。

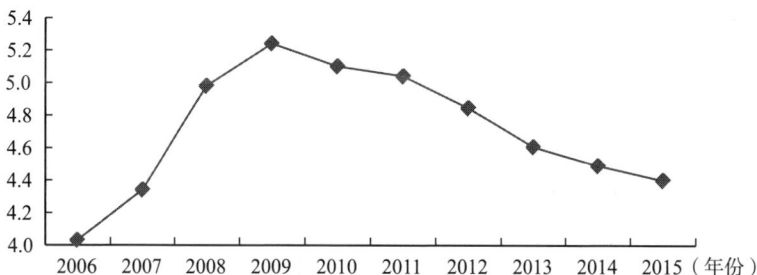

图 6.13　2006～2015 年度中国知识产权保护执法力度

将立法强度与执法力度结合，计算得到我国 2006～2015 年度知识产权保护指数如图 6.14 所示。

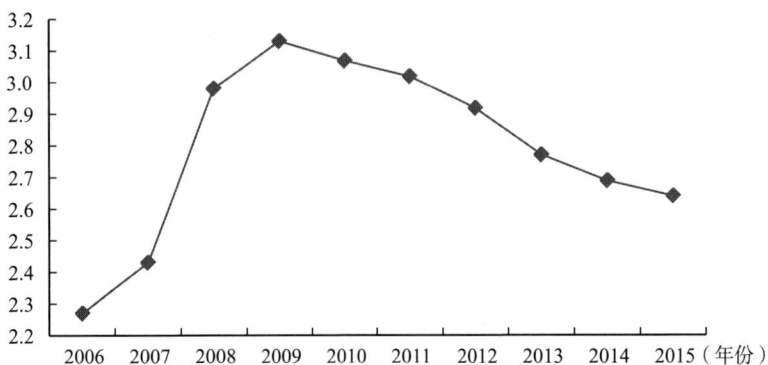

图 6.14　2006～2015 年度中国知识产权保护指数

根据图 6.13，我国知识产权保护执法水平在 2009 年以前呈逐年上涨趋势，至 2009 年达到顶峰，2010～2015 年出现大幅下滑。下滑的原因可能为：2010 年以来企业研发创新活动呈大幅上涨趋势，全国范围内知识产权专利纠纷数量逐年大幅上涨，专利侵权方式不断更新，相关部门在应对这一新形势新变化的过程中略显"措手不及"，导致了最终的执法水平出现下滑。这一下滑是经济发展变化带来的被动下滑，而非政府主观愿望（因知识产权保护立法强度增强，表达了政府主观希望加强知识产权保护的愿望）。这也说明政府相关部门应深刻认识经济发展形势的变化，不断加强自身工作水平，为我国创新经济转型提供必要的保障。

第四节　本 章 小 结

本章重点探讨了我国政府主要的研发支持政策执行情况，总结来看主要有以下特点：

第一，财政支持政策投入水平逐年增长，地区政策投入增速高于中央政府投入，且总比例已经超过了中央政府的投入水平。但我国的财政支持研发投入的水平与国际相比还存在着一定的差距。由于中央研究机构多集中于北京地区，因此北京地区的总投入占比约为全国投入水平的一半，说明我国的研发资源具有较为集中的特点。

第二，税收优惠政策的执行力度逐年增加，高新技术企业税收优惠呈周期性波动，说明我国高新技术企业发展缺乏稳定性。

第三，知识产权保护水平呈倒"U"型变动，其中知识产权立法水平不断提升，但执法水平 2009 年后出现滑落，说明我国知识产权执法水平有待提高。从知识产权保护指数的横向对比来看，我国知识产权保护环境与发达国家相比尚存在较大差距。

第七章

政府政策对企业研发投入
支持效果基础性分析

第一节　模型构建与变量选取

本研究在对各种类型政策进行评价的过程中，采用回归分析的方法，评价各类研发政策的执行效果。具体情况如下。

一、模型构建

高新技术企业属于知识和技术密集型企业，企业持续发展的重要源泉之一就是保持强大的技术创新能力、塑造独特的核心竞争力，而加强研发投入，重视研发活动，则是企业技术领先的前提条件。高新技术企业需长期投入到研发项目中，才能将研发投入转化为研究成果。企业研发成果形成企业核心竞争力以服务于企业的日常生产经营活动。基于以上分析，我们提出以下假设：

H3：高新技术企业有高研发投入。

政府财税政策对于企业研发活动的开展具有重要的推动效应与导向意义。研发投入具有高风险性，同时由于研发成果和技术转化过程中存在诸多不确定性，因此需要政府政策的激励。财政政策主要有政府补贴、专项技术投资基金、低息贷款等相关激励措施，通过财政政策的激励，企业有了更多的研发资金保障。税收政策通过税额式优惠、税收减免和税率优惠等方式大大降低了高新技术企业的研发投入成本。此外，知识产权保护政策将研发活动产生的收益较为有效地锁定于研发投资者从而促进企业重视研发活动。综上所述，提出以下假设：

H4：政府研发政策将对企业研发投入有显著的促进作用。

本节将从政府财政政策、税收政策、知识产权保护政策三个方面进行政策检验，检验假设分别如下：

H41：政府财政政策对企业研发投入存在显著的促进作用。

H42：政府税收政策对企业研发投入存在显著的促进作用。

H43：政府知识产权保护政策对企业研发投入存在显著的促进作用。

高新技术企业保持强大的技术创新能力需要研发投入，研发投入需要相关政策保障，政府政策对于高新技术产业发展有至关重要的意义。由于高新技术产品具有正的外部性，并且存在一定程度的溢出效应，因而社会收益大于企业收益。另外，高新技术产业投资具有高风险性和收益不确定性，因此需要政府政策的激励。财政政策主要有政府补贴、专项技术投资基金、低息贷款等相关激励措施，通过财政政策的激励，高新技术企业有了更多的研发资金保障。税收政策方面，目前我国高新技术产业中的税收优惠主要为固定资产加速折旧和研发费用加计扣除，税收政策通过税额式优惠、税收减免和税率优惠等方式大大降低了高新技术企业研发投入成本。在知识产权保护政策（如专利权的保护）激励下，企业可以将研发投入形成的研发成果带来的收益较为有效地锁定于研发投资者，从而促进企业重视研发活动。综上所述，提出以下假设：

H5：政府政策对研发投入的支持效果更加侧重于高新技术企业。

本节将从政府财政政策、税收政策、知识产权保护政策三个方面进行政策检验，检验假设分别如下：

H51：政府财政政策对研发投入的支持效果更加侧重于高新技术企业。

H52：政府税收政策对研发投入的支持效果更加侧重于高新技术企业。

H53：政府知识产权政策对研发投入的支持效果更加侧重于高新技术企业。

根据以上假设，引入高新技术企业检验对象分类变量及政府研发政策变量，在国有企业治理效应模型的基础上，建立政策检验模型如式7.1所示：

$$RD_t = \alpha_0 + \alpha_1 \times rgdp_{t-1} + \alpha_2 \times gov_{i,t-1} + \alpha_3 \times rgdp_{t-1} \times gov_{i,t-1} + \alpha_4 \times htech_{t-1}$$

$$+ \alpha_5 \times policy_{t-1} + \alpha_6 \times htech_{t-1} \times policy_{t-1} + \sum (\alpha_i \times cv_{i,t-1})$$

$$+ \sum (\alpha_j \times cv_{j,t-1}) + \varepsilon \qquad\qquad (式7.1)$$

其中，RD_t 代表企业研发强度；$rgdp_{t-1}$ 代表经济周期变量；gov_{t-1} 代表政府控制变量；$policy_{t-1}$ 代表政府研发政策变量；$htech_{t-1}$ 代表政策检验对象分类变量，在本研究中为"是否为高新技术企业"；i组控制变量代表企业公司治理特征变量，控制包括股权集中度、管理者自信程度等影响因素；j组控制变量代表企业经营特征变量，控制包括企业科技水平、企业财务状况、现金流、财务风险、企业寿命等影响因素。

政策检验模型与国有企业治理模型不同，在探讨政府政策影响的过程中，将分别从宏观和微观两个层面考察政策对企业的影响。宏观层面上，主要通过将三类宏观政策变量加入模型，考察统计和经济意义上的显著性；微观层面上，进一步观测国有企业的调节作用是否显著。

式（7.1）中的系数 α_2 体现了政府微观治理的效果，检验方式与国有企业治理模型相同。系数 α_5 反映了相对应的政策对于一般企业（非高新技术企业）是否起到了促进企业研发的效果，该项回归系数检测的是政策的普适性问题。系数 α_6 体现了政府相关政策在执行过程中是否明显地偏向了高新技术企业。当该系数显著为正时，说明相关支持政策更加侧重于高新技术企业；如该系数显著为负时，说明相关支持政策执行效果有偏，高新技术企业反而较少享受到政府的研发支持；如该系数不显著，则说明相关政策对于所有企业是一视同仁的，该项回归系数检测的是政策的公平性问题。此外，通过设立这个交乘项也可以更加准确地考察政府研发支持政策的实行情况。

二、变量选取

本部分的控制变量与国有企业治理模型一致，在此基础上，加入了三类政策变量，变量的选取方法如表7.1所示：

表7.1　　　　　　　　　　　模型变量含义及计算方法

变量符号	变量名称	计算方法
rdforgdp	地区研发强度	国家（或省市）当期用于科技项目的支出除以当期 GDP
sdsforgdp	所得税减免强度	国家（或省市）当期研发费用加计扣除所得税金额除以当期 GDP
investforgdp	创业投资强度	国家当期创业风险投资额除以当期 GDP

其中，政府财政和税收支持政策作为最主要的两项研发支持政策，均用地区GDP作为分母处理，这样设计的好处是使得两类指标具有相同的比较基础，从而能够对两类政策的实际执行效果进行对比评价。

第二节　财政政策对高新技术企业研发投入的支持效果

表7.2反映了财政政策对高新技术企业研发投入支持效果，其回归结果如表

7.2 所示：

表 7.2　　　　　　财政政策对高新技术企业研发投入支持效果

项目	预计符号	财政政策模型	
		估计系数	t 值
截距项		0.0103	1.46
rgdp	−	− 0.0858	− 1.79
gov	−	− 0.0034	− 2.85 **
rgdp * gov	+	0.0335	0.55
htech	+	0.0646	7.53 ***
rdforgdp	+	2.2901	6.74 ***
htech * rdforgdp	+	3.9943	8.86 ***
captureas_w	+	0.2079	15.07 ***
cash_w	+	0.0564	17.20 ***
roe_w	+	0.0003	− 0.35
lev_w	−	− 0.0301	− 12.74 ***
size_w	?	0.0004	− 2.25 *
age	−	− 0.0016	− 12.08 ***
dual	+	0.0048	3.52 ***
confident_w	+	− 0.0003	− 0.23
zindex_w	+	− 0.0001	− 1.84
firstsh_w	+	0.0000	− 5.85 ***
年度效应		已控制	
行业效应		已控制	
调整 R^2		0.1995	
F 值		204.97 ***	
样本量		15807	

注：***：1% 水平显著；**：5% 水平显著；*：10% 水平显著。模型回归的被解释变量为企业的研发强度（企业研发强度＝当期研发总支出/当期收入）。被解释变量的期间为超前一期，这样处理的好处是可以降低模型的内生性问题。

　　根据表 7.2 的回归结果，财政政策模型在国有企业治理效应模型的基础之上，加入了财政政策变量 rdforgdp 与财政政策和高新技术行业交乘变量 rdforgdp × htech。

通过全样本回归发现，rdforgdp 和 rdforgdp × htech 的回归系数均显著为正。回归结果支持了政府的财政政策可以促进企业研发活动的假说，并且这种促进作用在高新技术企业中更加明显。

进一步地讲，通过 rdforgdp 的回归系数 2.2901 和 rdforgdp × htech 的回归系数 3.9943 可以计算出，在其他条件不变的情况下，政府财政用于企业科技创新的支出占 gdp 的比重每增加 1%，如果用于非高新技术行业的企业，企业研发强度就会增加 2.29%；如果用于高新技术行业的企业，企业研发强度会增加 6.28%（2.2901% + 3.9943%）。在支持资金相同的情况下，高新技术行业促进企业研发强度增长的效果是非高新技术行业的 2.74 倍。总的来讲，政府的财政支持政策有效地促进了企业的研发强度，这种促进效果在高新技术行业企业中更为明显。

第三节 税收政策对高新技术企业研发投入的支持效果

税收政策模型在国有企业治理效应模型的基础之上，加入了税收政策变量 sdsforgdp 与税收政策和高新技术行业交乘变量 sdsforgdp × htech。模型的回归结果如表 7.3 所示：

表 7.3　　　　　　　　税收政策对高新技术企业研发投入支持效果

项目	预计符号	税收政策模型	
		估计系数	t 值
截距项		0.0524	10.61 ***
rgdp	−	− 0.4327	− 9.98 ***
gov	−	− 0.0046	− 4.51 ***
rgdp * gov	+	0.1804	3.26 **
htech	+	0.0053	4.13 ***
sdsforgdp	+	6.2883	6.40 ***
htech * sdsforgdp	+	5.9291	11.69 ***
captureas_w	+	0.1521	14.30 ***
cash_w	+	0.0683	24.37 ***
roe_w	+	0.0164	5.10 *
lev_w	−	− 0.0325	− 5.36 ***

项目	预计符号	税收政策模型	
		估计系数	t 值
size_w	?	− 0.0025	− 5.87 ***
age	−	− 0.0013	− 15.34 ***
dual	+	0.0052	5.08 ***
confident_w	+	0.0000	− 0.32
zindex_w	+	0.0001	− 2.89 *
firstsh_w	+	0.0000	− 3.99 ***
年度效应		已控制	
行业效应		已控制	
调整 R^2		0.1795	
F 值		216.07 ***	
样本量		15807	

注：***：1%水平显著；**：5%水平显著；*：10%水平显著。模型回归的被解释变量为企业的研发强度（企业研发强度＝当期研发总支出/当期收入）。被解释变量的期间为超前一期，这样处理的好处是可以降低模型的内生性问题。

通过回归结果发现，sdsforgdp 和 sdsforgdp × htech 的回归系数均显著为正。这一回归结果与财政政策模型相似，也支持了政府税收政策是可以促进企业的研发强度，同时该促进效果对高新技术行业的企业更为明显。

与财政政策不同的是，税收政策对企业研发强度的提升效果更大。sdsforgdp 的回归系数为 6.2883，sdsforgdp × htech 的回归系数为 5.9291。回归系数的经济意义显示出，当其他条件不变的情况下，政府税收优惠占 GDP 的比重每增加 1%，非高新技术行业的企业研发投入强度会增长 6.29%，而高新技术行业的企业研发投入强度会增长 12.22%。当然，政府税收优惠占 GDP 比重增长 1% 是不现实的。以 2015 年为例，该年全国所得税税收优惠金额占 GDP 比重仅为 0.42%，可见其增长空间有限，但是政府税收政策在促进企业研发强度方面表现出的高效率是值得肯定的。同时，我们可以根据回归结果计算出政府税收政策对高新技术行业企业研发强度的促进作用是非高新技术行业的 1.94 倍，低于财政政策的 2.74 倍。这说明，税收政策与财政政策相比，财政政策的目的性更强，在执行过程中更倾向于高新技术行业；税收政策则相对更"公平"，对高新技术行业的企业倾向性略低。

第四节 知识产权政策对高新技术企业 研发投入的支持效果

根据图 6.14 "2006~2015 年度中国知识产权保护指数的变动趋势",并结合近年来我国研发投入水平逐年上涨的情况,可以得出我国知识产权保护政策水平与企业研发强度之间并不是简单的线性关系,而可能存在非线性关系。以往的研究也曾提到知识产权保护与研发可能存在倒 "U" 型关系,即存在一个最优的知识产权保护水平,过高或过低的知识产权保护力度均可能削弱企业的研发强度。因此,在构建模型的过程中,对知识产权保护指数 adipp 设立二次项,并考察二次项系数的显著性。回归的结果如表 7.4 所示:

表 7.4　　　　知识产权保护政策对高新技术企业研发投入支持效果

项目	预计符号	知识产权保护政策模型	
		估计系数	t 值
截距项		1.001	7.45 ***
rgdp	−	− 0.1136	− 2.42
gov	−	− 0.0072	− 7.48 ***
rgdp * gov	+	0.0113	0.19
htech	+	0.0164	19.46 ***
adipp	+	− 0.6424	− 6.70 ***
adipp * adipp	+	0.1080	6.28 ***
captureas_w	+	0.1436	13.56 ***
cash_w	+	0.0715	25.85 ***
roe_w	+	0.0042	5.08
lev_w	−	0.0000	− 5.34 ***
size_w	?	0.0000	0.21
age	−	− 0.0013	− 14.95 ***
dual	+	0.0059	5.15 ***
confident_w	+	− 0.0002	− 0.16
zindex_w	+	− 0.0001	− 2.07

项目	预计符号	知识产权保护政策模型	
		估计系数	t 值
firstsh_w	+	0.0000	−7.97***
年度效应		已控制	
行业效应		已控制	
调整 R^2		0.1799	
F 值		217.04***	
样本量		15807	

注：***：1% 水平显著；**：5% 水平显著；*：10% 水平显著。模型回归的被解释变量为企业的研发强度（企业研发强度＝当期研发总支出/当期收入）。被解释变量的期间为超前一期，这样处理的好处是可以降低模型的内生性问题。

从回归结果发现，adipp 二次项系数为 0.1080，adipp 的回归系数为−0.6424，且均在统计意义上显著。这一结果显示知识产权保护水平与企业研发之间存在一种正"U"型关系。这与以往的研究结果均不一致。考察这一"U"型曲线的端点，发现当知识产权保护指数的水平在 2.97 时，企业研发水平最低，当高于 2.97 时，企业研发水平随知识产权保护水平的增长而增长；当低于 2.97 时，企业研发强度随知识产权保护水平增长反而出现下滑。这一结果显然是与直觉不符的。进一步的考察发现，2013 年至 2015 年的 adipp 均低于 2.97 这一"分水岭"。也就是说，造成回归结果异常的原因在于 2013 年以后 adipp 的突然下滑。本研究构建的知识产权保护指数 adipp 包含两个层面：立法强度和执法力度。在 2012 年以前，我国专利法规的执法力度随着立法强度逐年提升，而在 2012 年之后出现逐年下滑状况。不巧的是，2012 年以来正是企业研发强度大幅提升的时间，因此才造成了知识产权保护正"U"型的异常结果。这一结果带给我们的反思主要有以下两点。

第一，2012 年以来，随着企业研发投入水平的提升，知识产权保护执法力度下降，很有可能是因为企业研发活动增多，伴随而至的是知识产权纠纷与侵权案件数量的增加，而相关管理部门工作水平并未紧跟这一变化趋势，导致执法水平下降。以 2013 年为例，2013 年 7 月，中国专利保护协会、中华商标协会、中国版权协会、北京美兰德信息公司对全国 31 个省、自治区和直辖市知识产权保护水平的联合调查结果显示，社会各界对知识产权纠纷处理的及时性、便捷性和侵权赔偿足额性等几个问题最为关注且最不满意。对执法工作不满意，主要是对执法效果、行政执法和司法保护 3 项二级指标不满意，三者均在及格线以下。此外，执法满意度下降主要集中在工作人员专业性、执法活动持续性、执法资源情况、诉讼周期、赔偿金合理性、侵权现象严重程度和侵权损害赔偿的及时性、足额性等7个三级指标上，其满意度均比上年低2分以上。这也佐证了2012年随着知识产权纠纷与侵权案件数量的增加，而相关管理部门工作水平并未跟紧这一变化，从而导致了2013~2015年执法水平下降这一状况。

第二，我国的知识产权保护政策并不是决定企业研发投入强度的关键因素。从理论上讲，随着知识产权保护水平的提升，企业研发形成的独占资源才能够更好地得到保护，从而增加企业进行研发活动的热情。但从我国经验数据的结果上看，企业进行研发活动时"仿佛"不是很看重政府的研发保护水平。否则也就不会在政府知识产权保护水平明显下滑的情况下进一步增大企业的研发投入，而且这种增加的趋势不是个别行业而是市场整体的趋势。当然，政府知识产权保护相关部门并不一定因此而感到沮丧，因为这种情况毕竟只是短期内的市场反应。从长期来看，企业会越来越多地考虑自身研发成果的保护问题。这也为相关部门的工作提出了新的期望：在研发创新成为企业日益重视的经济活动的大趋势下，势必进一步提升执法水平，保障创新者的合法权益，从而为我国创新经济模式的转变保驾护航。

第五节　财政政策与税收政策的支持效果比较

由于财政与税收政策是政府最重要且适用范围最广泛的两项企业研发支持政策，本研究将两类政策结合构造财税政策比较模型，探寻两类政策的施行效果。财税政策比较模型在国有企业治理效应模型的基础之上，加入了财政政策变量 rdforgdp 与税收政策变量 sdsforgdp。回归结果如表7.5所示：

表7.5　　　　　　**财税政策对高新技术企业研发投入支持效果比较**

项目	预计符号	财税政策比较模型	
		估计系数	t值
截距项		− 0.0194	− 2.72 **
rgdp	−	− 0.1145	− 2.34
gov	−	− 0.0042	− 3.05 *
rgdp * gov	+	0.0539	0.90
htech	+	0.0114	11.99 ***

续表

项目	预计符号	财税政策比较模型	
		估计系数	t 值
rdforgdp	+	2.3190	13.76***
sdsforgdp	+	3.4180	19.37***
captureas_w	+	0.2033	14.75***
cash_w	+	0.0547	16.76***
roe_w	+	0.0008	−0.37
lev_w	−	−0.0301	−12.42***
size_w	?	−0.0013	−1.55
age	−	−0.0017	−12.37***
dual	+	0.0049	3.56***
confident_w	+	0.0000	−0.15
zindex_w	+	−0.0002	−2.01
firstsh_w	+	0.0000	−4.97***
年度效应		已控制	
行业效应		已控制	
调整 R^2		0.1947	
F 值		198.83***	
样本量		15807	

注：***：1%水平显著；**：5%水平显著；*：10%水平显著。模型回归的被解释变量为企业的研发强度（企业研发强度＝当期研发总支出/当期收入）。被解释变量的期间为超前一期，这样处理的好处是可以降低模型的内生性问题。

通过回归发现，rdforgdp 和 sdsforgdp 的回归系数均显著为正。其中 rdforgdp 的回归系数为 2.3190，sdsforgdp 的回归系数为 3.4180。

回归结果的经济意义表明：从全行业平均角度来看，政府支持资金占 GDP 的比重每增加 1%，如果该项资金是以财政支持政策的形式支出的，则其会促进企业研发强度增长 2.32%；如果该项资金是以税收支持政策的形式支出的，则其会促进企业研发强度增长 3.42%。从全行业整体上看，税收政策的执行效率是财政政策的 1.47 倍。

虽然税收政策的效率比财政政策高，但正如前面所提到的，税收政策受到税收规模的限制，可以增长的空间有限。根据 2008~2015 年实体经济数据，2015

年较 2008 年，sdsforgdp 从 0.058% 上升到 0.428%，上升了 0.370%；rdforgdp 从 1.470% 上升到 2.056%，上升了 0.586%。同期企业研发强度从 0.505% 上升到 3.607%，上升了 3.102%。考虑其他条件不变的情况下，2008~2015 年间税收政策和财政政策对企业研发强度提升的贡献分别为 1.265%（0.370%×3.42）和 1.360%（0.586%×2.32）。从执行效果上看，政府通过财政政策促进企业提升研发强度的效果更强，但同时所支付的资金金额是税收政策的 4.79 倍。

第六节　本 章 小 结

本章主要对政府的三类研发支持政策：财政政策、税收政策和知识产权保护政策的执行效果进行了实证检验，检验结果显示：

第一，财政政策和税收政策均显著地促进了企业的研发投入，且对高新技术企业的促进效果更加明显，说明两类政策在促进企业研发活动中均起到了一定效果。但相比而言，税收政策的促进效果更显著，且对于不同类型的企业，税收政策的支持更加公平；但税收政策受到企业纳税额总量的限制，使用的程度是有限的，而财政政策的投入规模则相对限制较小。因此，两类政策的特点可以总结为：税收政策"质量好"，财政政策"数量足"。

第二，知识产权保护政策与企业研发投入存在非线性关系，造成这一情况的主要原因在于我国知识产权保护执法水平近年来出现下滑。企业对知识产权保护力度并不敏感，可能通过其他方式对自身的研发成果进行保护（后面的案例分析中有说明）。因此，鉴于我国知识产权保护环境较为薄弱的现状，政府应当考虑提升我国知识产权保护的执法水平。

第八章

地区性政府研发投入支持政策效果分析

第一节　北京、上海、深圳高新技术园区
政府政策支持效果对比

科技创新园区是知识、技术、人才高度集中和融开发、设计、制造于一体的科技资源开发区域。为了更好地鼓励科技企业创新，很多国家都开发出一些集中管理的科技创新园区，并通过优惠政策和改革措施的实施，最大限度地把科技成果转化为现实生产力。国家自主创新示范区是在国家知识最密集、技术最密集、政策最优惠的区域，通过体制创新和技术创新，以优化的软硬环境为依托，最大限度地把科技成果转化为现实生产力的聚集示范区域。截至2015年11月，国务院已批复成立11个国家自主创新示范区。我国的三大创新发展区域的代表分别为中关村国家自主创新示范区、张江国家自主创新示范区和深圳国家自主创新示范区。

北京地区、长江三角洲地区与珠江三角洲地区是我国创新发展的代表区域，但由于其地理位置与资源的不同，三大创新发展区又有其各自不同的发展特点，地区扶持创新的政策也有异同（曾国屏，2012）。在研究北京创新发展扶持政策的过程中，需要对三大创新经济区进行对比分析，从而得出各自不同的发展特点。

一、发展空间基础比较

（一）区位条件

北京是全国的政治中心、文化中心、科技中心，同时也具有博大精深的文化

底蕴和别具特色的人文景观，更是世界关注中国的第一站，中关村正是坐落在地理位置优越的首都北京。上海是全国的经济中心、贸易中心、金融和航运中心，同时中国最大的工业基地和外贸港口也位于上海，因此，世界上众多的跨国企业的研发中心和本部位于上海，张江正是位于宝地上海。深圳高新区位于深圳，由于深圳以南紧临香港，因此可以高效、快捷地发挥香港的技术优势、资金优势、管理经验和国际金融中心辐射效应，同时，深圳又站在改革的前沿，本身就具有体制方面的优势。

（二）空间布局

高新技术区高速发展，入园企业呈直线上升趋势，那么原有的旧园区的设施严重地制约了园区的发展，尤其是土地利用的空间体量不足首当其冲。

2009 年 3 月 13 日，国务院《关于同意支持中关村科技园区建设国家自主创新示范区的批复》发布，明确中关村科技园区的新定位是国家自主创新示范区，目标是成为具有全球影响力的科技创新中心。2010 年 12 月 23 日，北京市十三届人大常委会第二十二次会议表决通过《中关村国家自主创新示范区条例》，明确中关村国家自主创新示范区扩大到一区十园；2012 年 10 月 13 日，国务院批复同意调整中关村国家自主创新示范区空间规模和布局，由原来的一区十园增加为一区十六园。中关村科技园区从最初的由"技工贸"相结合以制造和出口技术产品为主，向以自主研发和科技创新为主的创造技术和生产高科技产品为主转变，其目的是要建设成为具有全球影响力的科技创新中心、创新型国家建设重要载体。

上海张江国家自主创新示范区是 2011 年国务院批准建设的第三个国家自主创新示范区。2011 年，上海张江规划面积从"一区八园"的 63 平方公里扩大到"一区十三园"的 296 平方公里，聚集高新技术企业 2 万余家，研发机构 800 余个，就业人口约 120 万人。

深圳国家自主创新示范区是我国首个以城市为基本单元的国家级自主创新示范区，总体面积约 397 平方公里，涵盖了深圳市 10 个行政区和新区产业用地，相当于近 35 个深圳高新区，超过原深圳特区面积。

二、产业发展基础比较

一般来讲，工业总产值、从业人员和企业数量是衡量园区产业发展的基础的重要指标。为了系统统计上一年的国家高新技术园区的重要指标数据，从 2008 年起，科技部编写发布《中国火炬统计年鉴》。为了更好地确保本研究比较分析的真实、客观性，采用 2007 年以后的统计数据进行对比分析。在此之前，国家高新技术园区缺少统一的统计对象和具体统计指标。

（一）工业总产值

工业总产值是反映各个园区总水平与生产规模的重要指标，中关村、张江和深圳高新区在该指标上的区别排位非常清晰，近年来各园区的工业总产值也逐渐增加。园区面积作为一个有效的指标表明深圳高新区的工业总产值排名第一，反映了深圳高新区土地资源利用效率较高，张江排名第二，中关村排名第三，处于落后态势。

（二）企业数

中关村园区企业数量较多，由于企业间竞争较为激烈，总数上处于逐渐下降的趋势。张江园区企业主要是外向型，易受外部环境的影响，受 2008 年金融危机的影响，张江企业数量大幅波动。深圳高新区企业的数量相对最少，但近年来中小企业大幅增加，增速明显，呈现出高速发展的态势。

（三）从业人员

在从业人员数量方面，中关村园区位于第一位，每年均有较高幅度增加，意味着中关村园区仍是大量人员就业的首选之地。张江和深圳高新区从业人员数量基本保持一致，也处于逐年上升的趋势，相对中关村而言，人才流动性更强。

就单位指标而言，张江 2009 年有较大的提升，其他年份均与深圳高新区基本一致，中关村则遥遥领先。从单位面积人数方面来看，三个地区排名分别为深圳高新区、张江园区和中关村园区。对于单位面积企业数量少而从业人员多的情况，则表明中小企业的成长系统还没有完成，高新区的知识密集型趋势不明显。对此，三个区域均呈现逐渐下降的趋势。

三、产业发展战略比较

（一）园区定位

中关村园区定位是成为具有全球影响力的科技创新中心，在高端聚合、开放创新、深化改革、创新创业和战略产业方面引导全国，同时也将为北京建设成为全国科技创新中心的功能定位起到特殊作用。张江园区定位是成为培育战略性新兴产业的核心载体和实现创新驱动、科学发展的示范区域，要向具有世界竞争力的科学城发展，不断融合科学研究，吸取高新技术产业，力图形成国际化、现代化的高科技功能城区。深圳园区定位是构建完善的综合创新生态体系，打造成具有世界影响力的国际创新中心，作为深圳创新型城市的核心区，在体制上面依然承担着带头的角色。综上所述，中关村园区则是产业与科技并重，张江园区更为强调战略新兴产业发展作用，深圳园区更为重视产业间的驱动性。

（二）产业规划

中关村园区通过搭建产业的发展平台，推进开放创新、聚集核心创新要素，向具有战略性的新兴产业发展，大力发展地区的优势和低碳经济。张江园区则面向全球，推动上海经济转型，发展创新型高科技具有自主知识产权的产业，努力向全球创新要素集成运营中心发展。深圳园区继续深化其通信产业集群的优势，不断推进新兴产业发展和提高生产性服务业水平，从而形成高技术产业集群式发展模式。

（三）科技发展战略

中关村园区主要是以国家的战略和首都的发展为指引，探索完善产学研和强化企业创新，更好地提升创新能力。张江园区以引进龙头企业，创新商业模式，推进产学研结合为路径，培育创新产业集群，逐渐发展为具有全球竞争力的科技城区。深圳园区高新区注重原始创新和拿来主义，在支持企业吸收人才，引进技术和设备的同时加强科研院所和高水准大学的建设，不断推进集成创新战略。

在 2010 年火炬中心统计中，科技活动经费被进一步分为外部支出和内部支出。中关村、张江和深圳园区外部经费和内部经费支出比例分别为 1∶17、1∶8、1∶143，反映了不同园区的创新主体之间的交流合作程度有很大不同，这与各园区的科技存量相关性较大。由于北京的高校资源和科研院所聚集的独有优势，中关村园区产学研合作较为突出。张江园区与高校和科研院所合作较多，并依托于上海丰富的科技资源。深圳园区资源相比之下主要是在企业内部进行流动。

四、创新环境比较

（一）创新主体企业比较

中关村园区发展周期较长，拥有新浪、方正、百度、联想等近 20000 家的科技型企业，很多企业都拥有自身独立的技术研发机构。张江园区吸附能力较强，在"聚焦张江"战略后，已有辉瑞、中芯国际、AMD和罗氏等以跨国企业为代表的多家科技型企业聚集。深圳园区主要靠本土培养，华为、中兴和腾讯等民族企业都位于深圳高新区，是深圳自主创新的主力军，形成了"六个90%"深圳特色。

（二）高校与科研院所比较

中关村园区拥有200多家高校和科研院所，包括北大、清华和中科院等名校和研究所，是中国科教研究资源最密集的区域，为中关村园区发展提供有力支持。张江园区依托上海丰富的科技和教育资源，对张江具有一定的辐射效应，同时张江自身也引进了很多国内外知名的研究机构和院所。深圳园区的科学教育资源相对较为匮乏，但深圳园区通过虚拟大学园引进50多所国内外知名院校，同时和优秀的国内外院校联合办学开办研究所，搭建了创新要素集聚的新平台。

（三）创新公共平台比较

中关村园区致力于整合其丰富多元的科技资源，实现企业资源供给和研发需求对接，成立了"科技租赁公共技术服务平台"和"中关村开放实验室联盟"。身处上海资源优势辐射的张江围绕主导产业，聚集了一批国家级和省市级的研发机构。深圳园区通过"虚拟大学园"逐渐提高其科技创新基础服务能力薄弱的现状，目前已有109个国家级科研机构支撑深圳高新产业园。

对比分析可知，中关村的综合服务能力最强，张江和深圳高新区则因为资源和规模的原因难以给予区外企业，仅仅能为园区内的企业服务。

（四）创新孵化器比较

高新区的重要作用之一就是孵化作用，孵化企业最常用的载体就是孵化器。中关村园区拥有以北大、清华科技园为首共37家大型的孵化器，其规模在全国排名第一。张江相对中关村的规模较小，但也已经建立了企业成长的全过程孵化体系，并进一步推出了国际企业孵化器，使得创新资源整合优势逐渐发挥出来。深圳园区主要是通过企业自办、官民合办、政府主办和政校合办四种方式建立了9个国家级的企业孵化器。

（五）风险投资机会比较

中关村通过设立引导基金以及政府引导和财政杠杆放大作用大力支持科技型企业，中关村园区还成立了企业改制上市服务中心，服务企业贷款担保、海外融资等。张江园区在 2006 年 5 月建成了"张江创业投资广场",凯雷投资、美商联讯、IDG、红杉基金、软银等 50 多家投资机构纷纷入驻,同时张江政府通过设立引导基金大力支持科技型企业创业。需要注意的是,张江的风险投资主要来源于政策支持,市场化的进程有待进一步提高。深圳园区在 2007 年 10 月成立了"创业投资服务市场",40 多家银行、风投、券商等金融机构入驻园区,集聚的企业大部分为中小型企业。

(六) 科技中介服务机构比较

中关村园区集聚以法律、咨询、会计等服务机构为主体的 35 个行业协会,由于特殊的地理位置和政治优势,财政部、发改委、科技部、证监会等都对中关村颁布过专门政策,因此中关村法律法规最完善,政策体系也最完善,这也使得中关村的政策更具超前性和可操作性。如在人才政策上,中关村鼓励体制内技术人员"越过围墙"进行创新创业,同时,鼓励和支持技术人员以团队形式进行创业,重在集聚高端人才和领军人才,这种人才政策,应对面更广,风险性更小,且更有操作性。

张江园区目前有 56 个科技中介服务机构,主要依靠政府倡导成立。在"聚焦张江"战略实施后,上海的中介机构、科研院所、要素市场和地铁等交通资源迅速向张江聚集。据不完全统计,推进张江园区发展相关政策约 70 余条,张江园区通过"产业链招商"和引进世界级企业的模式吸引大量跨国企业入驻园区内。同时,张江园区提出了有针对性的促进自身发展和建设的政策,即鼓励核心园二次开发,促进土地集约节约利用和鼓励园区企业参与园区管理,积极营造市场化环境。在人才政策上,张江园区鼓励个人创业,积极推动股权激励政策。

深圳园区有 20 多家中介服务机构,相对中关村和张江较为薄弱。由于深圳园区位于特区内,既受惠于特区政策和体制的优势,也难以在特区中凸显政策方面的优势。比如,深圳很少有专门针对园区的政策,大多都已经纳入深圳市政策体系内。这也在申请国家自主创新示范区的过程中受到影响。

第二节　地区性财政支持政策的实证检验

将前面中全国高新技术企业政策检验模型用于北京、上海和广东地区,并进行对比分析,实证结果如表 8.1、表 8.2 所示。其中表 8.1 比较了北京、上海和广东地区财政政策执行情况。

表 8.1　　　　　　　　北京、上海、广东财政政策执行情况对比

项目	预计符号	北京财政政策模型		上海财政政策模型		广东财政政策模型	
		估计系数	t 值	估计系数	t 值	估计系数	t 值
截距项		− 0.0451	− 1.53	0.0107	0.71	0.0351	2.21
rgdp	—	0.0042	0.02	− 0.1920	− 1.99 **	− 0.1820	− 2.45 **
gov	—	− 0.0125	− 3.60 ***	0.0003	0.15	0.0062	2.26 **
rgdp * gov	+	− 0.0533	− 0.28	0.3000	2.62 ***	0.2000	1.98 **
htech	+	− 0.0558	− 1.45 **	− 0.0370	− 1.96 **	− 0.0324	− 2.85 ***
rdforgdp	+	1.5490	3.96 ***	1.2100	4.02 ***	1.3120	3.82 ***
htech * rdforgdp	+	1.0240	1.48	1.4200	2.09 **	2.0640	3.39 ***
captureas_w	+	0.6210	6.50 ***	0.0434	0.90	0.4340	6.19 ***
cash_w	+	0.0100	1.75	0.0271	4.08 ***	0.0170	3.32 ***
roe_w	+	0.0023	0.19	0.0088	1.19	0.0032	0.40
lev_w	—	− 0.0423	− 4.94 ***	− 0.0256	− 4.57 ***	− 0.0410	− 7.42 ***
size_w	?	0.0002	0.18	− 0.0021	− 2.04 **	− 0.0012	− 1.32
age	—	− 0.0015	− 3.83 ***	− 0.0003	− 1.13	− 0.0010	− 4.72 ***
dual	+	0.0113	2.72 **	− 0.0049	− 1.16	0.0031	1.24
confident_w	+	− 0.0124	− 1.18	− 0.0165	− 2.69 **	− 0.0066	− 0.94
zindex_w	+	− 0.0001	− 2.25 **	− 0.0001	− 2.34 **	0.0001	2.45 **
firstsh_w	+	0.0001	0.40	− 0.0000	− 0.22	− 0.0002	− 3.34 ***
年度效应		已控制		已控制		已控制	
行业效应		已控制		已控制		已控制	
调整 R^2		0.558		0.547		0.565	
样本量		790		752		1161	

注：***：1% 水平显著；**：5% 水平显著；*：10% 水平显著。模型回归的被解释变量为企业的研发强度（企业研发强度＝当期研发总支出/当期收入）。被解释变量的期间为超前一期，这样处理的好处是可以降低模型的内生性问题。

从实证检验结果来看，财政支持政策对北京地区企业研发强度促进具有显著作用，这与上海、广东地区回归结果中的结论是一致的，但北京地区的财政政策在高新技术企业和非高新技术企业之间的区分度不显著（rdforgdp × htech 回归系数不显著）。上海和广东的财政支持政策在高新技术企业和非高新技术企业之间还是存在着差异的，高新技术企业比非高新技术企业研发强度增长的比重分别为

2. 17 倍〔（1. 210 + 1. 420)/1. 210)〕、〔（1. 312 + 2. 064)/1. 312)〕2. 57 倍。造成这一情况可能的原因为：北京地区拥有着丰富的科技资源与行政资源，未获取高新技术企业资质的企业同样有能力进行一定水平的研发，并获得相应的财政支持。考虑到北京地区政府投入了大量资金用于支持企业研发活动，正是由于充足的政府财政支持资金供给，非高新技术企业与高新技术企业同样获得了充足的资源进行研发活动。这一结果，也是由于北京地区独一无二的行政和科技条件所决定的。

第三节　北京地区税收支持政策的实证检验

表 8.2 是北京市税收政策执行情况的实证检验结果。

表 8. 2　　　　　　　　　　　北京市税收政策执行情况

项目	预计符号	北京税收政策模型	
		估计系数	t 值
截距项		0.0152	0.71
rgdp	—	0.1290	0.77
gov	—	−0.0114	−3.29 ***
rgdp * gov	+	−0.0096	−0.05
htech	+	−0.0158	−1.62
sdsforgdp	+	4.8280	4.94 ***
htech * sdsforgdp	+	2.5680	1.58 **
captureas_w	+	0.6220	6.51 ***
cash_w	+	0.0107	1.89 *
roe_w	+	0.0035	0.30
lev_w	—	−0.0405	−4.81 ***
size_w	?	−0.0002	−0.14
age	—	−0.0014	−3.70 ***
dual	+	0.0114	2.81 ***
confident_w	+	−0.0114	−1.11
zindex_w	+	−0.0001	−2.27 *

续表

项目	预计符号	北京税收政策模型	
		估计系数	t 值
firstsh_w	+	0.0001	0.54
年度效应		已控制	
行业效应		已控制	
调整 R^2		0.570	
样本量		790	

表 8.2 显示，所得税政策起到了促进企业增进研发强度的作用，但与全国水平相比，这一促进作用有所降低。造成这一结果的可能原因为北京市企业自身资源丰富，对于政府提供的研发支持资金需求并不强烈（走访过程中对此进行了验证），反而对于政府提供的非经济类支持政策更加敏感，比如北京市户口等政策的提供。这一回归结果进一步反映了单纯的经济类型政策对北京市企业研发的促进作用已经减弱，政府应考虑为企业更多地提供非经济类支持政策。

第四节　北京市高新技术企业案例分析

为了进一步了解本章测试结果的合理性以及微观企业对宏观政策的现实反应，本节对北京市典型的高新技术企业进行了走访和座谈，选取用友软件公司和北京市环卫集团研发中心进行案例分析。前者作为中关村民营高新技术企业的代表，正处于研发活动密集的软件及互联网行业；后者是典型的国有企业，且自身通过研发活动为集团直接创造收益，这与其他企业的研发部门均有所不同。通过对两类企业进行对比分析，可以了解到国有与非国有企业两方面对政府研发政策的反馈，从而避免结论出现偏颇。

一、用友软件公司

用友软件公司 1988 年成立，2001 年上市成功。该公司是亚洲本土第二大ERP 软件产品供应商，是中国最大的管理软件、ERP 软件、财务软件供应商，是中国最大的独立软件供应商。本节采取走访企业的方式开展对企业研发活动和对政府研发政策的评价分析。

党的十八大以来，以用友软件公司为代表的民营科技型企业在研发领域表现优异，以软件行业而言，素有"北用友，南金蝶"之称，说明了用友软件公司在长江以北的财务软件领域拥有较强的影响力。从研发的优势上讲，用友软件公司规模大，且处于中关村高新技术园区，依托高校和科研机构资源，存在着天然的区位优势，但与其竞争对手金蝶相比，用友软件公司的研发投入水平较弱。在京津冀一体化的大背景下，用友软件公司对于现有政府支持政策对于自身研发投入的影响以及结合未来的研发战略需要政府提供的政策需求支持是本次访谈的关键。

（一）研发部门基本情况

用友软件公司非常重视研发部门的设置和研发功能的实现，三年前从集团层面开始设置研发部门，目前集团的研发人员共300多人。在集团不同研发项目下设立公共平台，以交流各研发部门的最新进展，基础平台的设立有利于不同研发产品间的共享和对接。集团领导对于研发绝对支持，在各个生产线还有自己的研发团队。

用友软件公司在设立研发项目的过程中，要综合市场需求（这部分需求主要来自一线市场的用户反馈遇到的问题和行业领域的热点需求），并综合考虑研发部门的技术水平、国家整体战略、行业发展趋势、集团发展方向等，由集团统一做出产品规划。在这个过程中，企业研发投入重点考虑的是客户需求。

（二）研发活动主要过程和特征

用友软件公司进行新产品研发的规划周期一般为三年，每过三年集团层面会组织一次大的研发战略规划。此外，集团内部设有年度规划，并分解至部门。

为了适应软件互联网产品更新换代速度日益加快，用户需求趋于个性化的市场变化趋势，近年来用友软件公司一直在探索新的产品研发机制和流程。互联网业务是一个适应化的业务，是衍生于客户对于产品的个性化需求的，需要与传统业务机制去支撑。例如，客户企业的财务信息需求是需要满足每个客户的需求，部分客户需要得到企业个性化财务产品。由于传统的技术和产品相对来说更加标准化，个性化需求不适用于用友软件公司传统的技术支撑，而互联网业务具有随机应变的特性，对互联网业务的研发需要有强有力的科研研发团队。为了适应这种变化趋势，用友软件公司努力进行互联网业务的转型。目前企业的开发团队属于垂直结构，从客户的需求到开发设计是一体的。在现有软件的使用过程中，用户需求较多，对此研发人员会有针对性地提出技术方案，经过立项研究开发后，新产品才可以形成推出。由于这种垂直化的研发模式，新产品的研发速度有较大提升，平均提高了40%。

为了有效管理产品研发过程，公司内部会设立创新平台，员工通过这一平台进行开放性讨论研究。企业定期会对平台上的方案、意见等内容进行审查筛选。研发价值高的产品规划或者好的发展战略，将会被收到企业整体发展战略中，将员工个人的想法上升为企业战略做法。用友软件公司通过对创新平台上好的想法或方案进行全面评估，形成项目规划。如果该规划在公司内部实现成果转化不可行但又是有价值的方案，公司会将该项目规划出租或者出售给其他企业，或者公司与其他企业采用合股或参股的方式去做这个项目。

用友软件公司还通过设立项目和奖金鼓励员工自主研发项目，由企业提供资源和技术支持，形成了开放的研发氛围，通过在企业中自由组合技术小组，进行项目的孵化，实现企业员工个人研发意愿。

（三）研发活动的激励政策

用友软件公司在鼓励员工进行研发的过程中，采用创新激励奖与项目基金奖相结合的方式，对新项目采用孵化型开发模式。首先，企业会根据集团研发创新规划设立重点难点项目供技术人员攻关，技术人员在开发过程中产生新的想法，则企业为员工提供相应的资源和物质保证，如开发场所、硬件支持等；对于开发出的产品可以直接提供客户的试用体验，以对新产品功能进行测评。

在实际工作中，企业发现研发人员主要是以兴趣为导向，薪资和奖金起到了较大的辅助作用。当一个项目完成之后，研发团队的成就感本身就是一个很大的激励，当然在这个过程中，作为集团、公司层面，也会给予开发团队大力的支持，积极给予开发人员自由的平台、足够的资源以及资金上的奖励。首先企业会对员工积极创新开发的工作态度给予认可，其次会有一个工作任务级次的设定，有具体的完成指标，这样研发人员在完成一项工作之后，马上就会看到成果的效果。同时，用友软件公司积极授权研发人员，给予其充足的自由度，辅以资金的支持。很多项目集团都是采用招募的方式，研发人员根据自己的兴趣进行选择，在项目完成之后，集团会进行一个评测，选出一等奖二等奖等，对不同级次的项目进行鼓励。

对于创新项目的考核，产品规划委员会对创新项目会设定考核总体目标，在下一级管理部门将总目标进行拆分，制定更为详细的四个级别的工作目标，并依次为依据制定目标、拟订研发计划。具体的研发项目考核指标不同的层面也有所不同，从公司整体层面，集团会让各个部门去完成既定任务，比如市场的占有率、产品的收入水平、财务收入总额、预算执行情况等，根据这些指标来考核；从项目层面，考核项目的工作任务、工作计划的完成度；从个人层面，考核具体到做什么工作，完成什么任务，开发什么产品。

对于公开的非限制性创新项目，用友软件公司评审周期一般为两个月。这类项目由员工自主提出，一般来讲开发周期较短，如两个月仍未能取得显著进展则该项目不宜继续进行，这也是企业控制研发风险的一种方法。具体评审方法是首先进行网络评审，再进行会议评审，最后在创新基地大会终审。根据评审结果，授予不同等级的奖励。一般来讲，每年设立的特大奖励 1 到 2 个，最高奖励金额 100 万元，同时设有 50 万元、10 万元等不等级别的奖励。可见，用友软件公司的创新奖励力度较大，大致相当于一些小型公司一年的营业利润。

对于创新项目风险控制，除了前面叙述的逐级考核、设立指标等方式外，在项目立项时，用友软件公司会重点考虑项目的设立风险，并在实际生产产品过程中不断进行新产品风险评估。为了确认新产品能够满足市场的需求，一般集中性的市场沟通频率为每两个月至少一次，在日常产品开发过程中，研发人员会始终保持与客户沟通。

（四）对政府政策评价和需求

1. 对于产品专利的重视程度

用友软件公司在软件开发中采用开源的态度，对专利申请不够重视，导致了公司会计核算中无形资产存量较低。举例说明，一家企业做某个软件项目要十年，但是开源之后，用户和企业都可以对产品根据使用需要不断创新，这样可能两年或更快的时间内，新产品就可以应运而生。互联网发展速度极快，同时也与开源的做法息息相关。同时，行业内部对于开源后各方对软件的贡献程度均有统计，贡献程度越高，相对话语权则越强。

由于用友软件公司所处的行业背景特征，之所以对申请软件专利兴趣不高，主要是由于软件行业真正的价值创造部分是在为客户提供增值服务，与硬件不同。同时，软件专利申请成本较高。现在，随着整体市场环境对专利保护的重视程度不断加大，用友软件也在逐渐增加专利申请的关注度，在开发产品的基础上进行专利的附加。

2. 对于政府研发政策引导态度

用友软件积极顺应行业发展潮流，也会考虑政策的引导和支持方向，但企业发展方向并不会单一地根据政策引导方向而做出对新产品的开发决策。同时，政府鼓励企业与科研机构、高校合作，建立产学研联合开发基地，如果研发方向和企业发展需求不相符合，企业也不会盲从。这也是基于民营企业自身现实发展的考虑。

3. 对政府支持政策的需求

用友软件公司结合自身企业发展和员工实际需求，对于政府支持政策的需求较为集中在税收政策上。对于企业科技创新，研发人才是企业最宝贵的资源。因此，企业认为在个人所得税政策引导上可以加大力度。在以前的政策环境中，个人所得税纳税额达到一定数额标准，政策可以按照一定比例采取财政补贴方式返还给员工个人。

此外，企业对政府出台的非经济类支持政策也逐渐关注。例如北京市高新技术人才引进标准、户口准入政策、子女就学政策、住房政策等问题的相关扶持措施。对于这些问题，政府出台的相应政策解决力度大，可操作性强，而对于公司来说能够采取的解决办法十分有限，且将逐渐成为制约企业发展的重要因素。

总体来讲，用友软件公司客观反映的需求与前面研究得到的主要结论一致。用友软件公司对于税收优惠政策的需求要强于财政政策，企业更加看重自身发展战略。政府财政支持政策需要与企业发展相契合，否则并不能引起企业的兴趣。这就体现出税收政策具有事后补偿的优势，将研发发展权交予企业，从而有助于调动企业积极性。此外，政府制定的非经济类政策对高新技术企业创新发展产生了较大的制约。

二、北京环卫集团研发公司

（一）公司基本情况

北京环卫集团研发公司（以下简称"研发公司"）是北京环卫集团下设的二级子公司，专门为集团提供技术服务，属于北京市属国有企业。研发公司提供的技术服务主要包括咨询设计（设计部）、系统集成和检测。研发活动主要以这三类基础部门为支撑。研发公司自有专利18项，在专利申请中注重精品和实用新型专利。结合市场对环卫技术需求，研发公司成立了6个研究设计室（以研究工作为主），4个设计研究室（以设计工作为主），设计咨询部和系统设计集成部。研发公司2007年成立，共计承接国家科技部、北京市科委等部门的一系列科技项目，其中重大项目12项，包括科技部4项、环保部2项和发改委1项。研发公司现有员工200人，其中总部80人。员工中包括博士6人，硕士22人，海归8人。

研发公司具有独立的研发和销售权，基于这种独特的管理结构，使得研发流程和销售实现快速接轨。研发部门能够更加快捷地了解到市场需求并做出调整，使得研发公司成为国内为数不多的能够独立为企业创造利润的研发机构。研发公司开发出来的产品销售，可以产生产品绩效。同时，研发公司的销售体系比较复杂，日常业务既包含研发又包含技术销售，财务部有税收筹划绩效，各类业务均设计了标准化处理流程。

（二）研发流程和员工激励政策

党的十八大以后，政府对环保重视程度日益增加，市场需求也在不断更新。研发公司对产品适用性的市场需求需要进行预测，主要是按照集团战略投资方向推广产品，或根据市场的调研需求（例如结合国外同行业的发展经验）。对于每个项目，培育期一般为三年左右。研发公司在立项时会进行大量调研、实验、研究，研发方向会关注高校研究的新进展，并会随着市场的变化及时调整。

研发公司对于研发绩效评价主要分为培育期绩效和技术成熟之后的销售绩效。培育期间，科研项目按月投入，按月投入人力、物力、财力的基本保障预算，保障科研人员的日常支出。科研成果产出投入销售后，销售绩效再按特定比例反馈于科研项目团队，使得科研团队参与销售业绩的分成。

研发公司设立了专门的制度激励科研人员进行研究。包括专门的科研奖励、专利奖励、课题等，奖励额度是 50 万元，属于国企奖励研发力度较大的代表。研发公司还将科研人员的岗位提升机制、国外学习培训机会、考察调研机会等作为非经济利益性的奖励。

（三）对政府政策评价和需求

1. 财政支持与产学研合作

研发公司积极参与政府的产学研联合发展平台建设，目前公司的研发活动有高校支持。高校做基础研究，研发公司做工程化研究。目前比较热门的研究方向主要是：国际政策的研究、环卫集团如何在投融资过程中实现盈利以及当地生态环境的建设问题等。

研发公司受政府财政支持的力度较大，每年接受政府课题费 5000 多万元，国资委资金 4000 多万元。近年来，集团日益发现研发的重要性，即使政府不进行投资，企业也会自己进行研发活动。当然，一般的大型研发项目仍然需要政府立项资金的支持。企业开发产品，政府提供平台。一般来讲研发资金内部提供 90%，外部支持大概占 10% 的比重。由于政府战略重点逐渐向环境保护方向转移，今后的资金提供比例将倾向于二八开，即政府提供的资金支持力度会逐渐增加。每一个研发项目的设立，都有政府、企业和高校三方的参与。在这个过程中，沟通需要足够充分，各方目标要趋于一致，而企业应当占据主导地位。目前的合作方式为政府和企业提出建议，由专门的规划公司提出未来项目的规划。由于规划公司的专业程度低于企业，为了突出业绩，规划公司的规划方向和业绩考核有可能并不适合企业的实际发展。2014 年公司对此进行了改革。十三五规划中已要求研发公司自身来做发展规划，自主把握研发方向。前期研究由研发公司定位，不靠其他规划公司调研来编辑指南和未来发展方向，而是由研发人员进行主导。

研发公司与校际联系合作的效果较好。例如，与清华大学有相关项目的合作，在开发过程中给清华大学技术使用费，作为项目专利的分成。清华大学有专门的实验室为研发公司做基础性的研究，以清华大学课题的形式由学生完成。后期的应用设计则由研发公司完成。

2. 户口政策和税收

研发公司的研发人员流动性不大。公司内部实施开放管理，研发人员不会感到受到局限。研发人员的平均年龄为 33 岁。京卫集团整体有通过相关政策落实北京户口的进京指标，户口问题并非制约企业人才流动的主要问题。税收方面，研发公司所得税有优惠政策，但公司为员工缴纳的住房公积金、社保、养老等保险的金额均采用上限，因此研发人员的个人缴税幅度还是比较大的。科研人员通过提高产品性能，获得的返利收入才能更多，这也激励了科研人员更新技术。

3. 利权与研发风险

研发公司控制风险的第一步是保证研发项目的主导权在研发团队本身。研发团队的立项、选题、过程不受限制，只是最后会有集团内和行业内专项评审，由专家对项目把关。第二步就是研发环境非常开放，研发公司在通州有实验基地可供研发人员进行试验。技术人员想要出去调研，申请流程也较为方便。第三步是在试验中预留接口，每个月对项目的进度进行技术评审与把关，防止过度浪费以及实验人员权力膨胀。不同项目的总工进行分级管控。针对市场风险，研发公司每年进行研究调控。对于新设立的项目，在技术成型前就进行市场宣传，保证销售顺畅进行。

对于国内的知识产权保护环境，研发公司反应不积极。对于公司而言，企业专利获取很方便，查重也不严。维护、起诉费用一般没有。企业自身还是采用研发新产品来保护老产品，而不是通过对已有知识产权保护的方式保证利润。京卫集团对于专利数量也并不追求。京卫集团环保投入很大，除了申请专利，还有和高校的合作协议等。真正核心的技术是企业的服务，企业并不寻求知识产权保护，别的企业也难模仿。

总体来讲，与用友软件集团代表的民营企业不同，北京环卫集团研发公司作为国有企业的代表，与政府的连接更加紧密，受政府政策影响也更大。这与之前的实证研究中发现的国有企业特点相吻合。但研发公司与用友软件公司均强调了研发项目企业主导的重要作用，并且认为税收政策对于研发人员和公司运营成本有比较大的影响。这也与前面实证检验的结果相吻合，即税收政策较财政政策更加受到研发企业的重视。此外，研发公司对于国内知识产权保护的大环境也不满意，企业更多地通过自身服务的提高形成对于研发成果的保护，这也与用友的方式一致。符合实证研究中发现的我国知识产权保护环境不佳的特征。研发公司的人员流动性较低，员工户口问题不如用友软件集团突出，这也表现出国有企业相较于非国有企业可能存在着一定的政策优势。综上所述，两类案例的验证结果均证明了实证检验结论的可靠性，这也再次说明实证检验结论具有一定的说服力。同时，在案例分析中，本章也发现了实际企业对于非经济类政策的需求较大，政府在鼓励企业研发投入的过程中，也应对非经济类政策加以重视。

第五节 本 章 小 结

根据第七章的研究结论，本章主要在不同地区和企业间进行了进一步验证，以判断地区、企业间对政策的反应与全国范围内的验证结果是否一致。验证结果显示：

第一，北京、上海和广东地区对于财政政策反应与全国基本一致，均证明了地方财政支持政策也产生了效果。但北京地区高新技术企业与一般企业在享受财政支持资金方面没有表现出明显的差异。说明北京地区财政支持的对象并没有明显地偏向高新技术企业。这可能是因为北京财政资源过度集中，导致了进一步地过度分配，使得研发能力较低的企业也可以享受与高新技术企业同等的研发财政支持，因此可能造成过度投资和资源的浪费。

第二，从案例分析的结果来看，两类企业均受到了政府研发财政政策和税收政策的支持，且更加重视税收政策的影响，这与第五章研究结论一致。国有企业相较于非国有企业得到了更多的政府保障，这与第四章研究结论一致。两类企业均不看好目前的国内知识产权保护环境，而是通过企业自身独一无二的服务来保障企业研发成果的价值，这与第四、五章知识产权保护的研究结论一致。同时，案例研究还显示出企业对于非经济类支持政策的重视。

第九章

政策建议与展望

第一节　研究主要结论

一、政府行为可降低经济波动对研发的影响

当经济形势较好时，我国企业选择降低研发投入水平；当经济不景气时则增加研发投入。这一现象与熊彼特（Schumpeter，1939）、瓦尔德（Walde，2002）和程惠芳等（2015）的研究结果一致。这说明，当经济形势较好时，企业投资机会较多，通过规模性投资带来的收益更大；当经济形势不好时，企业研发活动的机会成本降低，企业更愿意增加研发活动，最终使得企业家在紧缩期投入研发，在扩张期应用新技术。

相比较于非国有企业，国有企业的研发强度较低，研发活动较弱；同时，国有企业对经济周期有逆向治理的效果。形象地说，即是为经济周期带动企业研发活动上下波动"踩了一脚刹车"。根据回归结果，国有企业在经济周期中投入研发活动的波动幅度为非国有企业的 55.77%。国有企业相对稳健的表现，有助于降低周期波动带来的非效率投资；与此同时，研发投资与一般的投资不同，大多表现为风险更高，投资周期更长，因此在投资行为上表现出一定的投资惯性，因此更加稳定的研发投入显然更加有利于企业研发活动的进行。根据以上两个理由，可以认为国有企业在研发活动中表现得更加稳定，对于研发活动具有积极的治理意义。

二、税收政策比财政政策对研发投入促进更高效且公平

政府的财政、税收支持政策均可以有效地促进企业的研发强度，且在高新技术行业的企业中效果比非高新技术行业的企业更强。税收政策与财政政策相比，财政政策的目的性更强，在执行过程中更倾向于高新技术行业；税收政策则相对更"公平"，对高新技术行业的企业倾向性略低。在政府支持水平相同的情况下，以税收优惠政策方式对企业研发的促进作用高于财政政策。

三、知识产权保护力度对企业研发决策短期影响较小

我国的知识产权保护政策并不是决定企业研发投入强度的关键因素。从理论上讲，随着知识产权保护水平的提升，企业研发形成的独占资源才能够更好地得到保护，从而增加企业进行研发活动的热情。但从我国的经验数据结果上看，企业进行研发活动时"仿佛"不是很看重政府的研发保护水平。但是，从长期来看，企业会越来越多地考虑自身研发成果的保护问题。这也为相关部门的工作提出了新的期望：在研发创新成为企业日益重视的经济活动的大趋势下，势必需要进一步提升执法水平，保障创新者的合法权益，从而为我国创新经济模式的转变保驾护航。

四、北京高新技术企业研发投入受政策影响较大

北京地区政府对研发的支持力度明显高于上海、广东等地区，在全国三大创新集中地中，北京地区社会研发总投入占 GDP 比重最高。这显示出北京地区在全国研发投入水平方面的领导地位。同时，北京地区政府投入的科技支持金额占社会投入总金额的比重甚至高于企业投入的金额（其他地区则是企业投入占比更大）。可以说，北京地区研发活动中，政府占据着主导地位。北京地区因其中央资源集中于此，与全国其他地区的情况存在着较大的不同，数据显示出北京地区企业研发水平受政府政策支持的影响更加剧烈，而政府的财政投入可能存在"过度投资"的情况。

除以上主要研究结论外，本项研究还发现如下现象：企业研发投资存在显著的惯性，当企业开启一项研发项目后，更倾向于持续研究而非中途停止；企业研发投资存在显著的行业分布特征，高新技术行业企业研发投资水平往往更高；企业研发投资对融资约束的反应敏感，对企业会计利润的高低不敏感；企业研发投

资受到企业管理者特征与公司治理水平的影响。

第二节　政 策 建 议

本项研究结合政府治理理论、政策分析、企业研发的实证分析，得出若干结论。为增强结论的针对性，并根据结论提出更有针对性的政策建议，项目组走访了北京环卫集团技术研发公司和北京用友软件公司等企业，与企业相关部门领导进行座谈交流，总结对政策建议的意见。

一、重视利用税收优惠政策

本书研究重要结论之一是政府税收政策对于企业研发水平提升的促进效率是最高的，具体体现在三方面：第一，政策支持结果更加公平。税收政策可以避免财政政策在选择资助对象方面可能产生的不公平现象，有利于提升资助效率和企业间的公平竞争与和谐发展；第二，税收政策有助于更多地调动企业的自主能动性，将研发决策的主导权交还企业；第三，税收政策可以节省行政资源，免除了财政与金融政策在立项、审核等环节所花费的精力，加快企业研发周期，更加适应于不断变化发展的新经济形势。因此，重视利用税收优惠政策激励企业自主创新，可以更有效地放大政策资助的执行效果。

（一）完善制定研发投入税收支持政策的系统化

国外多数国家制定的促进科技创新的税收政策，通常是通过颁布法律，以法律的形式来对其进行规范和保障的，并且随着时间的推移，以法律形式存在的税收激励政策也不断更新，以适应新的发展需求。如美国出台的一系列促进科技创新的税收优惠政策都融于《经济复兴税收法案》《研发减税修正法案》《投资收益税降低法案》《小企业技术创新研究法》等法案当中，韩国制定了《技术开发促进法》、《税收减免控制法》、《新技术产业化投资税金扣除制度》、《科研设备投资税金扣除制度》等一系列促进自主创新的法案。据此也可以看出，多数国家对促进企业自主创新税收政策是以法律形式对其进行保障，这在引导着企业向创新型企业转变的同时，也增强了企业进行自主创新的信心和底气。相比之下，我国虽然也非常重视科技创新，但是制定的促进企业创新的税收激励政策多以临时性的政策文件存在，弱化了法律的形式，一旦政策过期失效，又没有新的政策跟进，这种间歇性的税收激励政策的存在，势必会影响到激励的效果。

从国外的情况来看，大多国家将税收激励政策作为促进自主创新的重要手段，通过给予企业及其他特定纳税人或其特定类型活动以多样化的税收优惠待遇，在企业创新发展的自主研发、创业、技术转移、人才激励等各个环节起到引导、扶持和激励的目的，从而形成相对完善的促进科技创新的税收政策体系。

从政策协调的角度看，鼓励企业科技创新的税收优惠应形成各税种有机结合、相互协调、相互补充、具有合力的激励机制，应在税收制度的设计中从整体上考虑税种之间的内在联系及各税种优惠形式的特点，各有侧重，从各个层面、各个环节共同发挥作用。在科技创新税收政策制定方面，要基于科技创新的相关理论、我国企业自主创新中存在的问题，统筹考虑自主创新各领域、各环节的税收优惠措施，对鼓励创新的税收优惠制度进行整体评估，对我国面向自主创新税收法律法规及政策体系进行全面系统设计，对现有税制从指导原则到具体设置进行认真梳理，形成周密、兼容的自主创新税收制度体系。

从加强政策统一性和完整性的角度考虑，待条件成熟时由国务院制定一项专门的税收方面优惠法规，将分散在各个科技方面的税收优惠政策有机地整合起来，使科技创新税收支持政策"目标明确、方向一致、结构合理、精简高效"，不仅对于税收优惠政策内部的衔接和作用分配意义重大，而且极大方便广泛的创新企业纳税人和相关税务机关遵照统一的高位阶税收政策开展研发经营和税收执法，从而更好地激励中小企业进一步加大技术研发投入，开展技术创新，建立规范的税收优惠体系，形成完整的"一条龙"激励政策。

(二) 注重税收优惠政策与财政支出政策之间的协调

不同的财税政策传导机制不同，对自主创新的作用机理不同。财政支出政策是指政府通过财政投入总量、投入结构、投入重点的变化，实现自主创新的政策目标。税收优惠政策是通过减轻税负或延迟纳税时间的措施激励企业或个人从事政府所鼓励的自主创新行为，以此实现自主创新的政策目标。从理论角度看，税收手段在促进科技成果产业化方面的功能远大于支出手段，特别是在我国这样一个经济发展的科技支撑力薄弱、科技成果转化率低的国家里，更应采用税收手段刺激科技成果产业化和企业科技投入。因此，当我们确定科技税收优惠政策时，有必要把着力点放在利用税收优惠手段刺激科技成果加快转化为产业、逐步使科技成果成为支撑经济增长方式转换的主导力量上。至于基础研究和科技普及以及技术推广可更多地依赖财政支出手段来解决。

(三) 注重研发活动环节间政策优惠的协调

自主创新活动可以分为四个基本环节：研发、研发成果工程化、工程化成果工业化和市场营销。税收优惠政策的主要作用是降低自主创新活动的投资成本和投资风险，增强自主创新主体的动力。因而，税收优惠政策的作用点应该涉及自主创新活动的各个环节。从目前我国激励自主创新的税收优惠政策在各个环节的分布可以看出，我国税收优惠的重点依然在研发成果工业化和市场营销方面，而对自主创新活动风险较高的研发和研发成果工程化两个上游环节的税收优惠政策力度较小。这虽然对于科技成果的推广和应用起到重要的推动作用，但却抑制了自主创新开发的积极性。但研发的规律证明，其在实验室和中试阶段风险较高，而收益较少，因而应该是政府支持的重点。为此，必须注重税收优惠在上游、下游各个环节之间的协调，增强税收优惠政策促进自主创新的一体化效应。

（四）注重提高税收间接优惠方式的使用率

直接税收优惠主要是指税收在一定时期减征、免征或实行低税率。间接税收优惠主要注重对影响税基的不同要素规定以不同的政策，如投资抵免、研发费用的加计扣除或税收抵免、加速折旧等，从而达到激励自主创新的目的。直接税收优惠的特点是方式简单，侧重于事后优惠，如果自主创新活动失败，则无法享受优惠。间接税收优惠的特点是优惠政策是在税前给予的，可以使创新主体在自主创新活动的初期就享受到税收收益。在我国目前激励自主创新的税收优惠政策中，既有直接税收优惠，如减征、免征、优惠税率，也有间接税收优惠，如费用扣除、投资抵免、先征后退、加速折旧等。从我国激励自主创新的各种税收优惠政策分析得出，直接优惠政策约占60%，间接优惠政策约占40%，间接优惠方式的政策数量依然少于直接优惠方式。而直接优惠方式过多，如优惠税率、直接减免税等优惠方式的使用，容易造成企业行为的扭曲，也降低了间接优惠的作用效果。因而完善税收优惠方式，注重直接优惠方式与间接优惠方式之间的协调，适当增强间接式税收优惠，更有助于增强税收优惠政策在促进自主创新中的作用。

多数国家都采用直接激励和间接激励相结合，并以间接激励为主的方式。直接税收激励政策的特点是操作方式简单，侧重于事后优惠。虽然可以通过规定一定的条件和标准选定税收优惠的范围、对象和程度，体现税收优惠政策意图，但由于优惠是在税基已经确定的基础上进行的，与企业投资活动的相关性较小，在政策导向和政策效应上存在着较大的局限性，如果企业研发活动失败，就享受不到这种税收优惠政策。间接税收激励政策更加注重对影响税基的不同要素规定不同的政策，如投资抵免、研发费用扣除、加速折旧等。间接的税收激励政策具有税前优惠、方式多样、实施灵活、针对性强等一系列的突出优点，使企业在创新之初就享受到了税收激励政策所带来的好处。

我国目前的税收激励政策主要以直接激励为主，影响了我国企业自主创新的步伐，为此，应合理借鉴国外激励方式，逐步调整，尽快同国际接轨。针对高新技术企业初创阶段和研发环节税收优惠力度薄弱的现实，应当在税收优惠政策体系的健全过程中高度重视间接税收优惠的使用。特别是在企业所得税领域推进税基式的税收激励政策，重视对加速折旧、加计扣除、税收抵免等优惠方式的应用，调动企业从事科技创新的积极性，充分体现政府扶持科技创新的政策意向。

（五）注重知识产权税收政策的完善

我国并没有专门冠以"专利盒"的税收政策，但我国的企业所得税法律法规中包含适用于专利等知识产权的税收优惠内容，因此国际上一般认为我国实施了专利盒政策。

相比欧洲国家较为成熟的专利盒政策，我国专利税收政策的一大不足是政策缺乏系统性。我国专利税收政策相关规定散见于多个法律法规和政府部门规范性文件中，内在联系松散，不利于企业和专业人员了解掌握；且各种文书效力层次参差不齐，时间跨度大。建议将目前专利等知识产权方面的税收政策进行整合，补充完善后统一制定一部促进知识产权研发和推广应用的税收法规。鉴于知识产权税收政策的业务交叉特征明显，该项工作应由国家财税部门、科技部门、发展改革部门、工业与信息化管理部门、商务部门、教育部门、知识产权管理部门协同工作，最后以国务院令的形式推出。

综观各国专利税收政策，一条鲜明的主导方向是利用税收工具激励企业进行开发和创新。专利税收优惠政策的最终落脚点绝不应该只是单纯地提高企业的盈利、增厚企业的资本，而应该是通过提升专利等创新成果的税后利润，吸引企业加大对科技研发的投入，推动企业以技术革新带动产业升级。欧洲各国对专利技术研发所在地、外购专利申请条件的一些限制，无不体现这一导向。反观我国相关政策，对技术来源、技术研发的发生地无任何规定，享受税收优惠后企业的收益确实提高了，但企业是将增加的收入投入科技研发中还是以"收购、持有、出售"为模式进行商业运作，是一个值得关注的问题。实际上，在本国境内进行技术研发对于提升本国的科技水平是至关重要的。因此，建议我国专利税收政策中加入技术来源、技术研发地等相应资格条件，强化政策导向，使税收优惠真正在促进科技研发方面发挥作用。

二、建立健全知识产权治理体系

根据研究结果，我国整体知识产权保护执法水平较低，从长期来看不利于企业创新研发的发展。尤其是近年来执法水平的下滑，进一步凸显出我国知识产权保护能力不足，保护水平的发展速度落后于知识经济发展速度的问题。我国应加快形成高效的知识产权治理体系。对于科技成果和知识产权的所有权、处置权和收益权要继续推进改革，处理好国家与单位、单位与发明人、权利主体与广大社会公众之间的平衡关系，使创新人才创新有所得，甚至"一夜致富"。建立更加严格的知识产权保护制度。要发挥司法保护的主导作用，完善知识产权保护相关法律，完善权利人维权机制，合理划分权利人举证责任，提高损害赔偿标准；要完善快速确权、维权的方式手段，着力解决确权时间跨度长、维权成本高、侵权赔偿低、惩处执行难等问题，从根本上解决人才创新成果得不到保护，创新积极性不高的问题。要推动科技成果的产权化，探索知识、技术、管理、技术等要素可产权化的实现途径。

对于知识产权管理体制方面存在的多头分散、效率不高的问题，可以在有条件的地方设立知识产权运用与保护综合改革试验区，开展知识产权统一管理和保护试点，探索建立知识产权综合管理体制。探索建立国家知识产权战略委员会，统筹协调国际国内知识产权重大事项，研究和制定重大战略政策。

要运用和发展知识产权质押融资、证券化等知识产权金融市场平台，加强知识产权运营和交易平台建设。加快发展知识产权服务业，建立企业、高校院所、知识产权服务机构协同创新模式，畅通创新成果转化孵化渠道，提高人才创新收益，推进知识产权市场化建设。

此外，建立知识产权信息共享机制，加强知识产权公共服务建设，便利人才和广大社会公众知晓和使用知识产权信息。建立重大经济科技活动知识产权分析评议制度，实施产业规划类、企业运营类等专利导航项目，促进知识产权信息与科技、经济、产业信息互联互通，节省人才创新成本。

三、重视非经济类政策对企业研发投入的引导作用

根据本项研究的结论，北京市政府支持企业研发的经济政策投入水平已位于全国首位，政府投入资金占研发总投资额的比重甚至高于企业自身的投资水平。这些均说明在北京市采用经济类政策支持企业研发投入的力度相当大，远高于全国其他地区。同时政府各类政策对北京市企业研发的促进效率则低于上海等地区。这说明，在大量的经济类支持政策供给下，政策的执行效率已出现下滑。这就要求北京在加强经济类政策的同时，重视政策的执行效率，尤其是对各类非经济类政策的使用。事实上，在走访座谈中我们也了解到，由于北京的行政资源集中，高新技术企业在京的行政限制更大，部分非经济类的政策因素反而会成为企

业研发活动的主要制约因素。如产学研合作的平台、校企合作专利所有权问题如何分配、相关业务的资质等。在政策制定中更多地重视非经济类政策，一方面可以节省财政开支，另一方面也能契合企业的实际需要，达到事半功倍的作用。

以产学研合作平台为例，可以成立相应的政府职能机构，积极构建有利于产学研合作的组织体系。设立专项资金并开展相关政策的先行先试，引导、推动产业主导的产学研合作的开展。组织龙头企业、产业联盟、科研院所等机构，共同参与编制重点技术创新链与产业价值链相结合的路线图。创新政府采购政策，对产学研合作和技术转移形成的产品，予以优先采购。

而针对科技成果所有权问题，可以利用北京地区的天然优势，在市属高校层面探索科技成果所有权、收益权和科研人员激励的最优实践。围绕知识产权价值评估开展政策创新，如开展高校技术成果创新性入股方式试点。对高等院校技术转移政策试点进行进一步的探索与完善。对技术转让所得税政策进行进一步的范围拓宽，可以在适当的条件下将专利技术使用权等纳入所得税优惠政策中去。提供众多优惠政策，鼓励众多的高校科研人员加入创业的大军。对于研发团队所取得的研发收益，不应按其职务大小分配收益，应按团队贡献分配其收益。对于转化职务科技成果以股份或出资比例等股权形式给予科技人员个人奖励，暂不征收个人所得税。进一步明确与完善技术交易奖酬金实施细则，将技术交易奖酬金列为所得税税前扣除项目，从而避免将其计入工资总额，使创新人员得到实实在在的收益。

创新的核心资源是拥有创新精神与创新技能的人才。北京作为首都，也是全国创新活动的核心区域，拥有着优秀的教育资源和人才资源，集中了来自全国乃至世界各地的高精尖人才，他们为北京的创新建设做出了卓越的贡献。如何合理地利用人才，留住人才，调动人才的创新热情，关系到创新活动的水平与质量。然而北京外来人才面临的最为现实的问题即是户籍问题，此亦关系到外来人才的住房、子女教育等问题。北京市现有的人才引进计划对学历做出了较为严格的限制，但在企业实务中更加看重的是相关行业的高级技能资质，项目组认为今后的人才引进计划可以考虑加入高级技能资质的考评，而并非以学历为标准的单一考评标准。此外，目前的人才引进计划在制度上看似简单，但实际的执行和操作手续繁琐，评审周期长，执行效果并不足以满足实际需求。建议增加人才引进评审的透明度，减少评审手续和评审时间，在关键人才的引进方面起到更大的作用。

针对上述主要问题，通过相关政策的制定，进一步破除户籍制度对人才流动的阻碍作用，为高素质、高创新能力的人才引进开辟绿色通道。完善高校科研院所人员考核评价制度，将科研人员与企业之间开展的合作，如技术联合研发、到企业挂职、开展培训交流等纳入科研人员考核评价体系内，鼓励高校科研人员到企业的流动。完善优化高校科研人员从业标准，鼓励具有实际生产经验的人员到高校任教，推动企业人员向高校的流动，促进企业生产实践与高校知识体系的结合。鼓励在校师生走出学校，开展技术创业，并支持创业成功的师生为新创业者提供相关辅导，扩大创业者队伍。

第三节　研究展望

本书所进行的研究重视理论与应用相结合，研究的结论从理论和实践层面均可提供借鉴。从未来发展角度考虑，今后的研究可以集中于如下三点：

第一，在理论方面进一步探讨政策评价和企业研发的评价问题。本研究主要是基于政策促进企业研发意愿（即企业研发投入量）的角度评价政策效果，今后可以进一步探讨政策与企业研发产出价值间的相关关系，并探索其他政策评价方法，以达到相互印证的作用。

第二，本书的实证研究方法主要对经济类政府支持政策进行了实证检验，而对于非经济类支持政策，由于种类、名目繁多，不能很好地确定政策的执行成效，今后还要进一步探讨非经济类政策的实证检验问题。

第三，本书根据党的十八大对于科技创新的相关决议，立足于服务北京市相关政策制定，以中关村高新技术企业园区为研究样本，相关的研究成果将更加科学地反映北京市研发水平和政策支持强度现状，提供的政策建议可以为北京市政府相关部门（北京市政府、北京市财政局、北京市税务局、北京市科协、中关村高新技术园区）对研发支持政策进行评价和修正提供客观证据，并对未来制定研发投入支持政策提供借鉴。政策建议部分还可以在未来的研究中进行进一步的细化和深入研究。

附录 1

《国家创新驱动发展战略纲要》

党的十八大提出实施创新驱动发展战略，强调科技创新是提高社会生产力和综合国力的战略支撑，必须摆在国家发展全局的核心位置。这是中央在新的发展阶段确立的立足全局、面向全球、聚焦关键、带动整体的国家重大发展战略。为加快实施这一战略，特制定本纲要。

一、战略背景

创新驱动就是创新成为引领发展的第一动力，科技创新与制度创新、管理创新、商业模式创新、业态创新和文化创新相结合，推动发展方式向依靠持续的知识积累、技术进步和劳动力素质提升转变，促进经济向形态更高级、分工更精细、结构更合理的阶段演进。

创新驱动是国家命运所系。国家力量的核心支撑是科技创新能力。创新强则国运昌，创新弱则国运殆。我国近代落后挨打的重要原因是与历次科技革命失之交臂，导致科技弱、国力弱。实现中华民族伟大复兴的中国梦，必须真正用好科学技术这个最高意义上的革命力量和有力杠杆。

创新驱动是世界大势所趋。全球新一轮科技革命、产业变革和军事变革加速演进，科学探索从微观到宏观各个尺度上向纵深拓展，以智能、绿色、泛在为特征的群体性技术革命将引发国际产业分工重大调整，颠覆性技术不断涌现，正在重塑世界竞争格局、改变国家力量对比，创新驱动成为许多国家谋求竞争优势的核心战略。我国既面临赶超跨越的难得历史机遇，也面临差距拉大的严峻挑战。惟有勇立世界科技创新潮头，才能赢得发展主动权，为人类文明进步作出更大贡献。

创新驱动是发展形势所迫。我国经济发展进入新常态，传统发展动力不断减弱，粗放型增长方式难以为继。必须依靠创新驱动打造发展新引擎，培育新的经济增长点，持续提升我国经济发展的质量和效益，开辟我国发展的新空间，实现经济保持中高速增长和产业迈向中高端水平"双目标"。

当前，我国创新驱动发展已具备发力加速的基础。经过多年努力，科技发展正在进入由量的增长向质的提升的跃升期，科研体系日益完备，人才队伍不断壮大，科学、技术、工程、产业的自主创新能力快速提升。经济转型升级、民生持续改善和国防现代化建设对创新提出了巨大需求。庞大的市场规模、完备的产业体系、多样化的消费需求与互联网时代创新效率的提升相结合，为创新提供了广阔空间。中国特色社会主义制度能够有效结合集中力量办大事和市场配置资源的优势，为实现创新驱动发展提供了根本保障。

同时也要看到，我国许多产业仍处于全球价值链的中低端，一些关键核心技术受制于人，发达国家在科学前沿和高技术领域仍然占据明显领先优势，我国支撑产业升级、引领未来发展的科学技术储备亟待加强。适应创新驱动的体制机制亟待建立健全，企业创新动力不足，创新体系整体效能不高，经济发展尚未真正转到依靠创新的轨道。科技人才队伍大而不强，领军人才和高技能人才缺乏，创新型企业家群体亟需发展壮大。激励创新的市场环境和社会氛围仍需进一步培育和优化。

在我国加快推进社会主义现代化、实现"两个一百年"奋斗目标和中华民族伟大复兴中国梦的关键阶段，必须始终坚持抓创新就是抓发展、谋创新就是谋未来，让创新成为国家意志和全社会的共同行动，走出一条从人才强、科技强到产业强、经济强、国家强的发展新路径，为我国未来十几年乃至更长时间创造一个新的增长周期。

二、战略要求

（一）指导思想

以邓小平理论、"三个代表"重要思想、科学发展观为指导，深入贯彻习近平总书记系列重要讲话精神，按照"四个全面"战略布局的要求，坚持走中国特色自主创新道路，解放思想、开放包容，把创新驱动发展作为国家的优先战略，以科技创新为核心带动全面创新，以体制机制改革激发创新活力，以高效率的创新体系支撑高水平的创新型国家建设，推动经济社会发展动力根本转换，为实现中华民族伟大复兴的中国梦提供强大动力。

（二）基本原则

紧扣发展。坚持问题导向，面向世界科技前沿、面向国家重大需求、面向国民经济主战场，明确我国创新发展的主攻方向，在关键领域尽快实现突破，力争形成更多竞争优势。

深化改革。坚持科技体制改革和经济社会领域改革同步发力，强化科技与经济对接，遵循社会主义市场经济规律和科技创新规律，破除一切制约创新的思想障碍和制度藩篱，构建支撑创新驱动发展的良好环境。

强化激励。坚持创新驱动实质是人才驱动，落实以人为本，尊重创新创造的价值，激发各类人才的积极性和创造性，加快汇聚一支规模宏大、结构合理、素质优良的创新型人才队伍。

扩大开放。坚持以全球视野谋划和推动创新，最大限度用好全球创新资源，全面提升我国在全球创新格局中的位势，力争成为若干重要领域的引领者和重要规则制定的参与者。

（三）战略目标

分三步走：

第一步，到 2020 年进入创新型国家行列，基本建成中国特色国家创新体系，有力支撑全面建成小康社会目标的实现。

——创新型经济格局初步形成。若干重点产业进入全球价值链中高端，成长起一批具有国际竞争力的创新型企业和产业集群。科技进步贡献率提高到 60% 以上，知识密集型服务业增加值占国内生产总值的 20%。

——自主创新能力大幅提升。形成面向未来发展、迎接科技革命、促进产业变革的创新布局，突破制约经济社会发展和国家安全的一系列重大瓶颈问题，初步扭转关键核心技术长期受制于人的被动局面，在若干战略必争领域形成独特优势，为国家繁荣发展提供战略储备、拓展战略空间。研究与试验发展（R&D）经费支出占国内生产总值比重达到 2.5%。

——创新体系协同高效。科技与经济融合更加顺畅，创新主体充满活力，创新链条有机衔接，创新治理更加科学，创新效率大幅提高。

——创新环境更加优化。激励创新的政策法规更加健全，知识产权保护更加严格，形成崇尚创新创业、勇于创新创业、激励创新创业的价值导向和文化氛围。

第二步，到 2030 年跻身创新型国家前列，发展驱动力实现根本转换，经济社会发展水平和国际竞争力大幅提升，为建成经济强国和共同富裕社会奠定坚实基础。

——主要产业进入全球价值链中高端。不断创造新技术和新产品、新模式和新业态、新需求和新市场，实现更可持续的发展、更高质量的就业、更高水平的收入、更高品质的生活。

——总体上扭转科技创新以跟踪为主的局面。在若干战略领域由并行走向领跑，形成引领全球学术发展的中国学派，产出对世界科技发展和人类文明进步有重要影响的原创成果。攻克制约国防科技的主要瓶颈问题。研究与试验发展

（R&D）经费支出占国内生产总值比重达到2.8%。

——国家创新体系更加完备。实现科技与经济深度融合、相互促进。

——创新文化氛围浓厚，法治保障有力，全社会形成创新活力竞相迸发、创新源泉不断涌流的生动局面。

第三步，到2050年建成世界科技创新强国，成为世界主要科学中心和创新高地，为我国建成富强民主文明和谐的社会主义现代化国家、实现中华民族伟大复兴的中国梦提供强大支撑。

——科技和人才成为国力强盛最重要的战略资源，创新成为政策制定和制度安排的核心因素。

——劳动生产率、社会生产力提高主要依靠科技进步和全面创新，经济发展质量高、能源资源消耗低、产业核心竞争力强。国防科技达到世界领先水平。

——拥有一批世界一流的科研机构、研究型大学和创新型企业，涌现出一批重大原创性科学成果和国际顶尖水平的科学大师，成为全球高端人才创新创业的重要聚集地。

——创新的制度环境、市场环境和文化环境更加优化，尊重知识、崇尚创新、保护产权、包容多元成为全社会的共同理念和价值导向。

三、战略部署

实现创新驱动是一个系统性的变革，要按照"坚持双轮驱动、构建一个体系、推动六大转变"进行布局，构建新的发展动力系统。

双轮驱动就是科技创新和体制机制创新两个轮子相互协调、持续发力。抓创新首先要抓科技创新，补短板首先要补科技创新的短板。科学发现对技术进步有决定性的引领作用，技术进步有力推动发现科学规律。要明确支撑发展的方向和重点，加强科学探索和技术攻关，形成持续创新的系统能力。体制机制创新要调整一切不适应创新驱动发展的生产关系，统筹推进科技、经济和政府治理三方面体制机制改革，最大限度释放创新活力。

一个体系就是建设国家创新体系。要建设各类创新主体协同互动和创新要素顺畅流动、高效配置的生态系统，形成创新驱动发展的实践载体、制度安排和环境保障。明确企业、科研院所、高校、社会组织等各类创新主体功能定位，构建开放高效的创新网络，建设军民融合的国防科技协同创新平台；改进创新治理，进一步明确政府和市场分工，构建统筹配置创新资源的机制；完善激励创新的政策体系、保护创新的法律制度，构建鼓励创新的社会环境，激发全社会创新活力。

六大转变就是发展方式从以规模扩张为主导的粗放式增长向以质量效益为主导的可持续发展转变；发展要素从传统要素主导发展向创新要素主导发展转变；产业分工从价值链中低端向价值链中高端转变；创新能力从"跟踪、并行、领跑"并存、"跟踪"为主向"并行"、"领跑"为主转变；资源配置从以研发环节为主向产业链、创新链、资金链统筹配置转变；创新群体从以科技人员的小众为主向小众与大众创新创业互动转变。

四、战略任务

紧紧围绕经济竞争力提升的核心关键、社会发展的紧迫需求、国家安全的重大挑战，采取差异化策略和非对称路径，强化重点领域和关键环节的任务部署。

（一）推动产业技术体系创新，创造发展新优势

加快工业化和信息化深度融合，把数字化、网络化、智能化、绿色化作为提升产业竞争力的技术基点，推进各领域新兴技术跨界创新，构建结构合理、先进管用、开放兼容、自主可控、具有国际竞争力的现代产业技术体系，以技术的群体性突破支撑引领新兴产业集群发展，推进产业质量升级。

1. 发展新一代信息网络技术，增强经济社会发展的信息化基础。加强类人智能、自然交互与虚拟现实、微电子与光电子等技术研究，推动宽带移动互联网、云计算、物联网、大数据、高性能计算、移动智能终端等技术研发和综合应用，加大集成电路、工业控制等自主软硬件产品和网络安全技术攻关和推广力度，为我国经济转型升级和维护国家网络安全提供保障。

2. 发展智能绿色制造技术，推动制造业向价值链高端攀升。重塑制造业的技术体系、生产模式、产业形态和价值链，推动制造业由大到强转变。发展智能制造装备等技术，加快网络化制造技术、云计算、大数据等在制造业中的深度应用，推动制造业向自动化、智能化、服务化转变。对传统制造业全面进行绿色改造，由粗放型制造向集约型制造转变。加强产业技术基础能力和试验平台建设，提升基础材料、基础零部件、基础工艺、基础软件等共性关键技术水平。发展大飞机、航空发动机、核电、高铁、海洋工程装备和高技术船舶、特高压输变电等高端装备和产品。

3. 发展生态绿色高效安全的现代农业技术，确保粮食安全、食品安全。以实现种业自主为核心，转变农业发展方式，突破人多地少水缺的瓶颈约束，走产出高效、产品安全、资源节约、环境友好的现代农业发展道路。系统加强动植物育种和高端农业装备研发，大面积推广粮食丰产、中低产田改造等技术，深入开展节水农业、循环农业、有机农业和生物肥料等技术研发，开发标准化、规模化

的现代养殖技术，促进农业提质增效和可持续发展。推广农业面源污染和重金属污染防治的低成本技术和模式，发展全产业链食品安全保障技术、质量安全控制技术和安全溯源技术，建设安全环境、清洁生产、生态储运全覆盖的食品安全技术体系。推动农业向一二三产业融合，实现向全链条增值和品牌化发展转型。

4. 发展安全清洁高效的现代能源技术，推动能源生产和消费革命。以优化能源结构、提升能源利用效率为重点，推动能源应用向清洁、低碳转型。突破煤炭石油天然气等化石能源的清洁高效利用技术瓶颈，开发深海深地等复杂条件下的油气矿产资源勘探开采技术，开展页岩气等非常规油气勘探开发综合技术示范。加快核能、太阳能、风能、生物质能等清洁能源和新能源技术开发、装备研制及大规模应用，攻克大规模供需互动、储能和并网关键技术。推广节能新技术和节能新产品，加快钢铁、石化、建材、有色金属等高耗能行业的节能技术改造，推动新能源汽车、智能电网等技术的研发应用。

5. 发展资源高效利用和生态环保技术，建设资源节约型和环境友好型社会。采用系统化的技术方案和产业化路径，发展污染治理和资源循环利用的技术与产业。建立大气重污染天气预警分析技术体系，发展高精度监控预测技术。建立现代水资源综合利用体系，开展地球深部矿产资源勘探开发与综合利用，发展绿色再制造和资源循环利用产业，建立城镇生活垃圾资源化利用、再生资源回收利用、工业固体废物综合利用等技术体系。完善环境技术管理体系，加强水、大气和土壤污染防治及危险废物处理处置、环境检测与环境应急技术研发应用，提高环境承载能力。

6. 发展海洋和空间先进适用技术，培育海洋经济和空间经济。开发海洋资源高效可持续利用适用技术，加快发展海洋工程装备，构建立体同步的海洋观测体系，推进我国海洋战略实施和蓝色经济发展。大力提升空间进入、利用的技术能力，完善空间基础设施，推进卫星遥感、卫星通信、导航和位置服务等技术开发应用，完善卫星应用创新链和产业链。

7. 发展智慧城市和数字社会技术，推动以人为本的新型城镇化。依靠新技术和管理创新支撑新型城镇化、现代城市发展和公共服务，创新社会治理方法和手段，加快社会治安综合治理信息化进程，推进平安中国建设。发展交通、电力、通信、地下管网等市政基础设施的标准化、数字化、智能化技术，推动绿色建筑、智慧城市、生态城市等领域关键技术大规模应用。加强重大灾害、公共安全等应急避险领域重大技术和产品攻关。

8. 发展先进有效、安全便捷的健康技术，应对重大疾病和人口老龄化挑战。促进生命科学、中西医药、生物工程等多领域技术融合，提升重大疾病防控、公共卫生、生殖健康等技术保障能力。研发创新药物、新型疫苗、先进医疗装备和生物治疗技术。推进中华传统医药现代化。促进组学和健康医疗大数据研究，发展精准医学，研发遗传基因和慢性病易感基因筛查技术，提高心脑血管疾病、恶性肿瘤、慢性呼吸性疾病、糖尿病等重大疾病的诊疗技术水平。开发数字化医疗、远程医疗技术，推进预防、医疗、康复、保健、养老等社会服务网络化、定制化，发展一体化健康服务新模式，显著提高人口健康保障能力，有力支撑健康中国建设。

9. 发展支撑商业模式创新的现代服务技术，驱动经济形态高级化。以新一代信息和网络技术为支撑，积极发展现代服务业技术基础设施，拓展数字消费、电子商务、现代物流、互联网金融、网络教育等新兴服务业，促进技术创新和商业模式创新融合。加快推进工业设计、文化创意和相关产业融合发展，提升我国重点产业的创新设计能力。

10. 发展引领产业变革的颠覆性技术，不断催生新产业、创造新就业。高度关注可能引起现有投资、人才、技术、产业、规则"归零"的颠覆性技术，前瞻布局新兴产业前沿技术研发，力争实现"弯道超车"。开发移动互联技术、量子信息技术、空天技术，推动增材制造装备、智能机器人、无人驾驶汽车等发展，重视基因组、干细胞、合成生物、再生医学等技术对生命科学、生物育种、工业生物领域的深刻影响，开发氢能、燃料电池等新一代能源技术，发挥纳米、石墨烯等技术对新材料产业发展的引领作用。

（二）强化原始创新，增强源头供给

坚持国家战略需求和科学探索目标相结合，加强对关系全局的科学问题研究部署，增强原始创新能力，提升我国科学发现、技术发明和产品产业创新的整体水平，支撑产业变革和保障国家安全。

1. 加强面向国家战略需求的基础前沿和高技术研究。围绕涉及长远发展和国家安全的"卡脖子"问题，加强基础研究前瞻布局，加大对空间、海洋、网络、核、材料、能源、信息、生命等领域重大基础研究和战略高技术攻关力度，实现关键核心技术安全、自主、可控。明确阶段性目标，集成跨学科、跨领域的优势力量，加快重点突破，为产业技术进步积累原创资源。

2. 大力支持自由探索的基础研究。面向科学前沿加强原始创新，力争在更多领域引领世界科学研究方向，提升我国对人类科学探索的贡献。围绕支撑重大技术突破，推进变革性研究，在新思想、新发现、新知识、新原理、新方法上积极进取，强化源头储备。促进学科均衡协调发展，加强学科交叉与融合，重视支持一批非共识项目，培育新兴学科和特色学科。

3. 建设一批支撑高水平创新的基础设施和平台。适应大科学时代创新活动的特点，针对国家重大战略需求，建设一批具有国际水平、突出学科交叉和协同创新的国家实验室。加快建设大型共用实验装置、数据资源、生物资源、知识和专利信息服务等科技基础条件平台。研发高端科研仪器设备，提高科研装备自给水平。建设超算中心和云计算平台等数字化基础设施，形成基于大数据的先进信息网络支撑体系。

（三）优化区域创新布局，打造区域经济增长极

聚焦国家区域发展战略，以创新要素的集聚与流动促进产业合理分工，推动区域创新能力和竞争力整体提升。

1. 构建各具特色的区域创新发展格局。东部地区注重提高原始创新和集成创新能力，全面加快向创新驱动发展转型，培育具有国际竞争力的产业集群和区域经济。中西部地区走差异化和跨越式发展道路，柔性汇聚创新资源，加快先进适用技术推广和应用，在重点领域实现创新牵引，培育壮大区域特色经济和新兴产业。

2. 跨区域整合创新资源。构建跨区域创新网络，推动区域间共同设计创新议题、互联互通创新要素、联合组织技术攻关。提升京津冀、长江经济带等国家战略区域科技创新能力，打造区域协同创新共同体，统筹和引领区域一体化发展。推动北京、上海等优势地区建成具有全球影响力的科技创新中心。

3. 打造区域创新示范引领高地。优化国家自主创新示范区布局，推进国家高新区按照发展高科技、培育新产业的方向转型升级，开展区域全面创新改革试验，建设创新型省份和创新型城市，培育新兴产业发展增长极，增强创新发展的辐射带动功能。

（四）深化军民融合，促进创新互动

按照军民融合发展战略总体要求，发挥国防科技创新重要作用，加快建立健全军民融合的创新体系，形成全要素、多领域、高效益的军民科技深度融合发展新格局。

1. 健全宏观统筹机制。遵循经济建设和国防建设的规律，构建统一领导、需求对接、资源共享的军民融合管理体制，统筹协调军民科技战略规划、方针政策、资源条件、成果应用，推动军民科技协调发展、平衡发展、兼容发展。

2. 开展军民协同创新。建立军民融合重大科研任务形成机制，从基础研究到关键技术研发、集成应用等创新链一体化设计，构建军民共用技术项目联合论证和实施模式，建立产学研相结合的军民科技创新体系。

3. 推进军民科技基础要素融合。推进军民基础共性技术一体化、基础原材料和零部件通用化。推进海洋、太空、网络等新型领域军民融合深度发展。开展军民通用标准制定和整合，推动军民标准双向转化，促进军民标准体系融合。统筹军民共用重大科研基地和基础设施建设，推动双向开放、信息交互、资源共享。

4. 促进军民技术双向转移转化。推动先进民用技术在军事领域的应用，健全国防知识产权制度、完善国防知识产权归属与利益分配机制，积极引导国防科技成果加速向民用领域转化应用。放宽国防科技领域市场准入，扩大军品研发和服务市场的开放竞争，引导优势民营企业进入军品科研生产和维修领域。完善军民两用物项和技术进出口管制机制。

（五）壮大创新主体，引领创新发展

明确各类创新主体在创新链不同环节的功能定位，激发主体活力，系统提升各类主体创新能力，夯实创新发展的基础。

1. 培育世界一流创新型企业。鼓励行业领军企业构建高水平研发机构，形成完善的研发组织体系，集聚高端创新人才。引导领军企业联合中小企业和科研单位系统布局创新链，提供产业技术创新整体解决方案。培育一批核心技术能力突出、集成创新能力强、引领重要产业发展的创新型企业，力争有一批企业进入全球百强创新型企业。

2. 建设世界一流大学和一流学科。加快中国特色现代大学制度建设，深入推进管、办、评分离，扩大学校办学自主权，完善学校内部治理结构。引导大学加强基础研究和追求学术卓越，组建跨学科、综合交叉的科研团队，形成一批优势学科集群和高水平科技创新基地，建立创新能力评估基础上的绩效拨款制度，系统提升人才培养、学科建设、科技研发三位一体创新水平。增强原始创新能力和服务经济社会发展能力，推动一批高水平大学和学科进入世界一流行列或前列。

3. 建设世界一流科研院所。明晰科研院所功能定位，增强在基础前沿和行业共性关键技术研发中的骨干引领作用。健全现代科研院所制度，形成符合创新规律、体现领域特色、实施分类管理的法人治理结构。围绕国家重大任务，有效整合优势科研资源，建设综合性、高水平的国际化科技创新基地，在若干优势领域形成一批具有鲜明特色的世界级科学研究中心。

4. 发展面向市场的新型研发机构。围绕区域性、行业性重大技术需求，实行多元化投资、多样化模式、市场化运作，发展多种形式的先进技术研发、成果转化和产业孵化机构。

5. 构建专业化技术转移服务体系。发展研发设计、中试熟化、创业孵化、检验检测认证、知识产权等各类科技服务。完善全国技术交易市场体系，发展规范化、专业化、市场化、网络化的技术和知识产权交易平台。科研院所和高校建立专业化技术转移机构和职业化技术转移人才队伍，畅通技术转移通道。

（六）实施重大科技项目和工程，实现重点跨越

在关系国家安全和长远发展的重点领域，部署一批重大科技项目和工程。

面向 2020 年，继续加快实施已部署的国家科技重大专项，聚焦目标、突出重点，攻克高端通用芯片、高档数控机床、集成电路装备、宽带移动通信、油气田、核电站、水污染治理、转基因生物新品种、新药创制、传染病防治等方面的关键核心技术，形成若干战略性技术和战略性产品，培育新兴产业。

面向 2030 年，坚持有所为有所不为，尽快启动航空发动机及燃气轮机重大项目，在量子通信、信息网络、智能制造和机器人、深空深海探测、重点新材料和新能源、脑科学、健康医疗等领域，充分论证，把准方向，明确重点，再部署一批体现国家战略意图的重大科技项目和工程。

面向 2020 年的重大专项与面向 2030 年的重大科技项目和工程，形成梯次接续的系统布局，并根据国际科技发展的新进展和我国经济社会发展的新需求，及时进行滚动调整和优化。要发挥社会主义市场经济条件下的新型举国体制优势，集中力量，协同攻关，持久发力，久久为功，加快突破重大核心技术，开发重大战略性产品，在国家战略优先领域率先实现跨越。

（七）建设高水平人才队伍，筑牢创新根基

加快建设科技创新领军人才和高技能人才队伍。围绕重要学科领域和创新方向造就一批世界水平的科学家、科技领军人才、工程师和高水平创新团队，注重培养一线创新人才和青年科技人才，对青年人才开辟特殊支持渠道，支持高校、科研院所、企业面向全球招聘人才。倡导崇尚技能、精益求精的职业精神，在各行各业大规模培养高级技师、技术工人等高技能人才。优化人才成长环境，实施更加积极的创新创业人才激励和吸引政策，推行科技成果处置收益和股权期权激励制度，让各类主体、不同岗位的创新人才都能在科技成果产业化过程中得到合理回报。

发挥企业家在创新创业中的重要作用，大力倡导企业家精神，树立创新光荣、创新致富的社会导向，依法保护企业家的创新收益和财产权，培养造就一大批勇于创新、敢于冒险的创新型企业家，建设专业化、市场化、国际化的职业经理人队伍。

推动教育创新，改革人才培养模式，把科学精神、创新思维、创造能力和社会责任感的培养贯穿教育全过程。完善高端创新人才和产业技能人才"二元支撑"的人才培养体系，加强普通教育与职业教育衔接。

（八）推动创新创业，激发全社会创造活力

建设和完善创新创业载体，发展创客经济，形成大众创业、万众创新的生动局面。

1. 发展众创空间。依托移动互联网、大数据、云计算等现代信息技术，发展新型创业服务模式，建立一批低成本、便利化、开放式众创空间和虚拟创新社区，建设多种形式的孵化机构，构建"孵化＋创投"的创业模式，为创业者提供工作空间、网络空间、社交空间、共享空间，降低大众参与创新创业的成本和门槛。

2. 孵化培育创新型小微企业。适应小型化、智能化、专业化的产业组织新特征，推动分布式、网络化的创新，鼓励企业开展商业模式创新，引导社会资本参与建设面向小微企业的社会化技术创新公共服务平台，推动小微企业向"专精特新"发展，让大批创新活力旺盛的小微企业不断涌现。

3. 鼓励人人创新。推动创客文化进学校，设立创新创业课程，开展品牌性创客活动，鼓励学生动手、实践、创业。支持企业员工参与工艺改进和产品设计，鼓励一切有益的微创新、微创业和小发明、小改进，将奇思妙想、创新创意转化为实实在在的创业活动。

五、战略保障

实施创新驱动发展战略，必须从体制改革、环境营造、资源投入、扩大开放等方面加大保障力度。

（一）改革创新治理体系

顺应创新主体多元、活动多样、路径多变的新趋势，推动政府管理创新，形成多元参与、协同高效的创新治理格局。

建立国家高层次创新决策咨询机制，定期向党中央、国务院报告国内外科技创新动态，提出重大政策建议。转变政府创新管理职能，合理定位政府和市场功能。强化政府战略规划、政策制定、环境营造、公共服务、监督评估和重大任务实施等职能。对于竞争性的新技术、新产品、新业态开发，应交由市场和企业来决定。建立创新治理的社会参与机制，发挥各类行业协会、基金会、科技社团等在推动创新驱动发展中的作用。

合理确定中央各部门功能性分工，发挥行业主管部门在创新需求凝炼、任务组织实施、成果推广应用等方面的作用。科学划分中央和地方科技管理事权，中央政府职能侧重全局性、基础性、长远性工作，地方政府职能侧重推动技术开发和转化应用。

构建国家科技管理基础制度。再造科技计划管理体系，改进和优化国家科技计划管理流程，建设国家科技计划管理信息系统，构建覆盖全过程的监督和评估制度。完善国家科技报告制度，建立国家重大科研基础设施和科技基础条件平台开放共享制度，推动科技资源向各类创新主体开放。建立国家创新调查制度，引导各地树立创新发展导向。

（二）多渠道增加创新投入

切实加大对基础性、战略性和公益性研究稳定支持力度，完善稳定支持和竞争性支持相协调的机制。改革中央财政科技计划和资金管理，提高资金使用效益。完善激励企业研发的普惠性政策，引导企业成为技术创新投入主体。

探索建立符合中国国情、适合科技创业企业发展的金融服务模式。鼓励银行业金融机构创新金融产品，拓展多层次资本市场支持创新的功能，积极发展天使投资，壮大创业投资规模，运用互联网金融支持创新。充分发挥科技成果转化、中小企业创新、新兴产业培育等方面基金的作用，引导带动社会资本投入创新。

（三）全方位推进开放创新

抓住全球创新资源加速流动和我国经济地位上升的历史机遇，提高我国全球配置创新资源能力。支持企业面向全球布局创新网络，鼓励建立海外研发中心，按照国际规则并购、合资、参股国外创新型企业和研发机构，提高海外知识产权运营能力。以卫星、高铁、核能、超级计算机等为重点，推动我国先进技术和装备走出去。鼓励外商投资战略性新兴产业、高新技术产业、现代服务业，支持跨国公司在中国设立研发中心，实现引资、引智、引技相结合。

深入参与全球科技创新治理，主动设置全球性创新议题，积极参与重大国际科技合作规则制定，共同应对粮食安全、能源安全、环境污染、气候变化以及公共卫生等全球性挑战。丰富和深化创新对话，围绕落实"一带一路"战略构想和亚太互联互通蓝图，合作建设面向沿线国家的科技创新基地。积极参与和主导国际大科学计划和工程，提高国家科技计划对外开放水平。

（四）完善突出创新导向的评价制度

根据不同创新活动的规律和特点，建立健全科学分类的创新评价制度体系。推进高校和科研院所分类评价，实施绩效评价，把技术转移和科研成果对经济社会的影响纳入评价指标，将评价结果作为财政科技经费支持的重要依据。完善人才评价制度，进一步改革完善职称评审制度，增加用人单位评价自主权。推行第三方评价，探索建立政府、社会组织、公众等多方参与的评价机制，拓展社会化、专业化、国际化评价渠道。改革国家科技奖励制度，优化结构、减少数量、提高质量，逐步由申报制改为提名制，强化对人的激励。发展具有品牌和公信力的社会奖项。完善国民经济核算体系，逐步探索将反映创新活动的研发支出纳入投资统计，反映无形资产对经济的贡献，突出创新活动的投入和成效。改革完善国有企业评价机制，把研发投入和创新绩效作为重要考核指标。

（五）实施知识产权、标准、质量和品牌战略

加快建设知识产权强国。深化知识产权领域改革，深入实施知识产权战略行动计划，提高知识产权的创造、运用、保护和管理能力。引导支持市场主体创造

和运用知识产权，以知识产权利益分享机制为纽带，促进创新成果知识产权化。充分发挥知识产权司法保护的主导作用，增强全民知识产权保护意识，强化知识产权制度对创新的基本保障作用。健全防止滥用知识产权的反垄断审查制度，建立知识产权侵权国际调查和海外维权机制。

提升中国标准水平。强化基础通用标准研制，健全技术创新、专利保护与标准化互动支撑机制，及时将先进技术转化为标准。推动我国产业采用国际先进标准，强化强制性标准制定与实施，形成支撑产业升级的标准群，全面提高行业技术标准和产业准入水平。支持我国企业、联盟和社团参与或主导国际标准研制，推动我国优势技术与标准成为国际标准。

推动质量强国和中国品牌建设。完善质量诚信体系，形成一批品牌形象突出、服务平台完备、质量水平一流的优势企业和产业集群。制定品牌评价国际标准，建立国际互认的品牌评价体系，推动中国优质品牌国际化。

（六）培育创新友好的社会环境

健全保护创新的法治环境。加快创新薄弱环节和领域的立法进程，修改不符合创新导向的法规文件，废除制约创新的制度规定，构建综合配套精细化的法治保障体系。

培育开放公平的市场环境。加快突破行业垄断和市场分割。强化需求侧创新政策的引导作用，建立符合国际规则的政府采购制度，利用首台套订购、普惠性财税和保险等政策手段，降低企业创新成本，扩大创新产品和服务的市场空间。推进要素价格形成机制的市场化改革，强化能源资源、生态环境等方面的刚性约束，提高科技和人才等创新要素在产品价格中的权重，让善于创新者获得更大的竞争优势。

营造崇尚创新的文化环境。大力宣传广大科技工作者爱国奉献、勇攀高峰的感人事迹和崇高精神，在全社会形成鼓励创造、追求卓越的创新文化，推动创新成为民族精神的重要内涵。倡导百家争鸣、尊重科学家个性的学术文化，增强敢为人先、勇于冒尖、大胆质疑的创新自信。重视科研试错探索价值，建立鼓励创新、宽容失败的容错纠错机制。营造宽松的科研氛围，保障科技人员的学术自由。加强科研诚信建设，引导广大科技工作者恪守学术道德，坚守社会责任。加强科学教育，丰富科学教育教学内容和形式，激发青少年的科技兴趣。加强科学技术普及，提高全民科学素养，在全社会塑造科学理性精神。

六、组织实施

实施创新驱动发展战略是我们党在新时期的重大历史使命。全党全国必须统一思想，各级党委和政府必须切实增强责任感和紧迫感，统筹谋划，系统部署，精心组织，扎实推进。

加强领导。按照党中央、国务院统一部署，国家科技体制改革和创新体系建设领导小组负责本纲要的具体组织实施工作，加强对创新驱动发展重大战略问题的研究和审议，指导推动纲要落实。

分工协作。国务院和军队各有关部门、各省（自治区、直辖市）要根据本纲要制定具体实施方案，强化大局意识、责任意识，加强协同、形成合力。

开展试点。加强任务分解，明确责任单位和进度安排，制订年度和阶段性实施计划。对重大改革任务和重点政策措施，要制定具体方案，开展试点。

监测评价。完善以创新发展为导向的考核机制，将创新驱动发展成效作为重要考核指标，引导广大干部树立正确政绩观。加强创新调查，建立定期监测评估和滚动调整机制。

加强宣传。做好舆论宣传，及时宣传报道创新驱动发展的新进展、新成效，让创新驱动发展理念成为全社会共识，调动全社会参与支持创新积极性。

全党全社会要紧密团结在以习近平同志为总书记的党中央周围，把各方面力量凝聚到创新驱动发展上来，为全面建成创新型国家、实现中华民族伟大复兴的中国梦而努力奋斗。

附录 2

《高新技术企业认定管理办法》

第一章　总　则

第一条　为扶持和鼓励高新技术企业发展，根据《中华人民共和国企业所得税法》（以下简称《企业所得税法》）、《中华人民共和国企业所得税法实施条例》（以下简称《实施条例》）有关规定，特制定本办法。

第二条　本办法所称的高新技术企业是指：在《国家重点支持的高新技术领域》内，持续进行研究开发与技术成果转化，形成企业核心自主知识产权，并以此为基础开展经营活动，在中国境内（不包括港、澳、台地区）注册的居民企业。

第三条　高新技术企业认定管理工作应遵循突出企业主体、鼓励技术创新、实施动态管理、坚持公平公正的原则。

第四条　依据本办法认定的高新技术企业，可依照《企业所得税法》及其《实施条例》、《中华人民共和国税收征收管理法》（以下简称《税收征管法》）及《中华人民共和国税收征收管理法实施细则》（以下简称《实施细则》）等有关规定，申报享受税收优惠政策。

第五条　科技部、财政部、税务总局负责全国高新技术企业认定工作的指导、管理和监督。

第二章　组织与实施

第六条　科技部、财政部、税务总局组成全国高新技术企业认定管理工作领导小组（以下简称"领导小组"），其主要职责为：

（一）确定全国高新技术企业认定管理工作方向，审议高新技术企业认定管理工作报告；

（二）协调、解决认定管理及相关政策落实中的重大问题；

（三）裁决高新技术企业认定管理事项中的重大争议，监督、检查各地区认定管理工作，对发现的问题指导整改。

第七条　领导小组下设办公室，由科技部、财政部、税务总局相关人员组成，办公室设在科技部，其主要职责为：

（一）提交高新技术企业认定管理工作报告，研究提出政策完善建议；

（二）指导各地区高新技术企业认定管理工作，组织开展对高新技术企业认定管理工作的监督检查，对发现的问题提出整改处理建议；

（三）负责各地区高新技术企业认定工作的备案管理，公布认定的高新技术企业名单，核发高新技术企业证书编号；

（四）建设并管理"高新技术企业认定管理工作网"；

（五）完成领导小组交办的其他工作。

第八条　各省、自治区、直辖市、计划单列市科技行政管理部门同本级财政、税务部门组成本地区高新技术企业认定管理机构（以下称"认定机构"）。认定机构下设办公室，由省级、计划单列市科技、财政、税务部门相关人员组成，办公室设在省级、计划单列市科技行政主管部门。认定机构主要职责为：

（一）负责本行政区域内的高新技术企业认定工作，每年向领导小组办公室提交本地区高新技术企业认定管理工作报告；

（二）负责将认定后的高新技术企业按要求报领导小组办公室备案，对通过备案的企业颁发高新技术企业证书；

（三）负责遴选参与认定工作的评审专家（包括技术专家和财务专家），并加强监督管理；

（四）负责对已认定企业进行监督检查，受理、核实并处理复核申请及有关举报等事项，落实领导小组及其办公室提出的整改建议；

（五）完成领导小组办公室交办的其他工作。

第九条　通过认定的高新技术企业，其资格自颁发证书之日起有效期为三年。

第十条　企业获得高新技术企业资格后，自高新技术企业证书颁发之日所在年度起享受税收优惠，可依照本办法第四条的规定到主管税务机关办理税收优惠手续。

第三章　认定条件与程序

第十一条　认定为高新技术企业须同时满足以下条件：

（一）企业申请认定时须注册成立一年以上；

（二）企业通过自主研发、受让、受赠、并购等方式，获得对其主要产品（服务）在技术上发挥核心支持作用的知识产权的所有权；

（三）对企业主要产品（服务）发挥核心支持作用的技术属于《国家重点支持的高新技术领域》规定的范围；

（四）企业从事研发和相关技术创新活动的科技人员占企业当年职工总数的比例不低于10%；

（五）企业近三个会计年度（实际经营期不满三年的按实际经营时间计算，下同）的研究开发费用总额占同期销售收入总额的比例符合如下要求：

1. 最近一年销售收入小于5000万元（含）的企业，比例不低于5%；

2. 最近一年销售收入在5000万元至2亿元（含）的企业，比例不低于4%；

3. 最近一年销售收入在2亿元以上的企业，比例不低于3%。

其中，企业在中国境内发生的研究开发费用总额占全部研究开发费用总额的比例不低于60%；

（六）近一年高新技术产品（服务）收入占企业同期总收入的比例不低于60%；

（七）企业创新能力评价应达到相应要求；

（八）企业申请认定前一年内未发生重大安全、重大质量事故或严重环境违法行为。

第十二条　高新技术企业认定程序如下：

（一）企业申请

企业对照本办法进行自我评价。认为符合认定条件的在"高新技术企业认定管理工作网"注册登记，向认定机构提出认定申请。申请时提交下列材料：

1. 高新技术企业认定申请书；

2. 证明企业依法成立的相关注册登记证件；

3. 知识产权相关材料、科研项目立项证明、科技成果转化、研究开发的组织管理等相关材料；

4. 企业高新技术产品（服务）的关键技术和技术指标、生产批文、认证认可和相关资质证书、产品质量检验报告等相关材料；

5. 企业职工和科技人员情况说明材料；

6. 经具有资质的中介机构出具的企业近三个会计年度研究开发费用和近一个会计年度高新技术产品（服务）收入专项审计或鉴证报告，并附研究开发活动说明材料；

7. 经具有资质的中介机构鉴证的企业近三个会计年度的财务会计报告（包括会计报表、会计报表附注和财务情况说明书）；

8. 近三个会计年度企业所得税年度纳税申报表。

（二）专家评审

认定机构应在符合评审要求的专家中，随机抽取组成专家组。专家组对企业申报材料进行评审，提出评审意见。

（三）审查认定

认定机构结合专家组评审意见，对申请企业进行综合审查，提出认定意见并报领导小组办公室。认定企业由领导小组办公室在"高新技术企业认定管理工作网"公示 10 个工作日，无异议的，予以备案，并在"高新技术企业认定管理工作网"公告，由认定机构向企业颁发统一印制的"高新技术企业证书"；有异议的，由认定机构进行核实处理。

第十三条　企业获得高新技术企业资格后，应每年 5 月底前在"高新技术企业认定管理工作网"填报上一年度知识产权、科技人员、研发费用、经营收入等年度发展情况报表。

第十四条　对于涉密企业，按照国家有关保密工作规定，在确保涉密信息安全的前提下，按认定工作程序组织认定。

第四章　监督管理

第十五条　科技部、财政部、税务总局建立随机抽查和重点检查机制，加强对各地高新技术企业认定管理工作的监督检查。对存在问题的认定机构提出整改意见并限期改正，问题严重的给予通报批评，逾期不改的暂停其认定管理工作。

第十六条　对已认定的高新技术企业，有关部门在日常管理过程中发现其不符合认定条件的，应提请认定机构复核。复核后确认不符合认定条件的，由认定机构取消其高新技术企业资格，并通知税务机关追缴其不符合认定条件年度起已享受的税收优惠。

第十七条　高新技术企业发生更名或与认定条件有关的重大变化（如分立、合并、重组以及经营业务发生变化等）应在三个月内向认定机构报告。经认定机构审核符合认定条件的，其高新技术企业资格不变，对于企业更名的，重新核发认定证书，编号与有效期不变；不符合认定条件的，自更名或条件变化年度起取消其高新技术企业资格。

第十八条　跨认定机构管理区域整体迁移的高新技术企业，在其高新技术企业资格有效期内完成迁移的，其资格继续有效；跨认定机构管理区域部分搬迁的，由迁入地认定机构按照本办法重新认定。

第十九条　已认定的高新技术企业有下列行为之一的，由认定机构取消其高新技术企业资格：

（一）在申请认定过程中存在严重弄虚作假行为的；

（二）发生重大安全、重大质量事故或有严重环境违法行为的；

（三）未按期报告与认定条件有关重大变化情况，或累计两年未填报年度发展情况报表的。

对被取消高新技术企业资格的企业，由认定机构通知税务机关按《税收征管法》及有关规定，追缴其自发生上述行为之日所属年度起已享受的高新技术企业税收优惠。

第二十条　参与高新技术企业认定工作的各类机构和人员对所承担的有关工作负有诚信、合规、保密义务。违反高新技术企业认定工作相关要求和纪律的，给予相应处理。

第五章　附　则

第二十一条　科技部、财政部、税务总局根据本办法另行制定《高新技术企业认定管理工作指引》。

第二十二条　本办法由科技部、财政部、税务总局负责解释。

第二十三条　本办法自 2016 年 1 月 1 日起实施。原《高新技术企业认定管理办法》（国科发火〔2008〕172 号）同时废止。

附录 3

《高新技术企业认定管理工作指引》

根据《高新技术企业认定管理办法》（以下简称《认定办法》）和《国家重点支持的高新技术领域》（以下简称《重点领域》）的规定，为明确高新技术企业认定管理工作中各相关单位的职责，确定企业研究开发活动及费用归集标准，明晰各指标内涵及其测度方法，确保认定管理工作规范、高效地开展，特制定《高新技术企业认定管理工作指引》（以下简称《工作指引》）。各相关单位应依据《认定办法》、《重点领域》，结合本《工作指引》，开展高新技术企业认定管理工作。

一、概　述

依照《认定办法》、《重点领域》，结合本《工作指引》所认定的高新技术企业即为《中华人民共和国企业所得税法》（以下简称《企业所得税法》）第二十八条所称国家需要重点扶持的高新技术企业。

二、认定机构

科技部、财政部、税务总局组成全国高新技术企业认定管理工作领导小组（以下简称"领导小组"），领导小组下设办公室（设在科技部火炬高技术产业开发中心），负责处理日常工作。

省、自治区、直辖市、计划单列市科技行政管理部门同本级财政部门、税务部门组成本地区高新技术企业认定管理机构（以下简称"认定机构"），认定机构下设办公室（设在省级、计划单列市科技行政主管部门），由科技、财政、税务部门相关人员组成，负责处理日常工作。

领导小组和办公室及认定机构的主要职责见《认定办法》。

三、有关程序

（一）认定

1. 自我评价。企业应对照《认定办法》第十条进行自我评价。认为符合条件的在"高新技术企业认定管理工作网"进行注册登记。

2. 注册登记。企业登录"高新技术企业认定管理工作网",按要求填写《企业注册登记表》(附1),并通过网络系统上传至认定机构。

认定机构应及时完成企业身份确认并将用户名和密码告知企业。

3. 准备并提交材料。企业根据获得的用户名和密码进入网上认定管理系统,按要求将下列材料提交认定机构:

(1)《高新技术企业认定申请书》(附2);

(2)企业营业执照副本、税务登记证书(复印件);

(3)经具有资质并符合本《工作指引》相关条件的中介机构鉴证的企业近三个会计年度研究开发费用(实际年限不足三年的按实际经营年限)、近一个会计年度高新技术产品(服务)收入专项审计报告;

(4)经具有资质的中介机构鉴证的企业近三个会计年度的财务报表(含资产负债表、利润及利润分配表、现金流量表,实际年限不足三年的按实际经营年限);

(5)技术创新活动证明材料,包括知识产权证书、独占许可协议、生产批文,新产品或新技术证明(查新)材料、产品质量检验报告,省级(含计划单列市)以上科技计划立项证明,以及其他相关证明材料。

4. 组织审查与认定。

(1)认定机构收到企业申请材料后,按技术领域从专家库中随机抽取不少于5名相关专家,并将电子材料(隐去企业身份信息)通过网络工作系统分发给所选专家。

(2)认定机构收到专家的评价意见和中介机构的专项审计报告后,对申请企业提出认定意见,并确定高新技术企业认定名单。

上述工作应在收到企业申请材料后60个工作日内完成。

5. 公示及颁发证书。

经认定的高新技术企业,在"高新技术企业认定管理工作网"上公示15个工作日。公示有异议的,由认定机构对有关问题进行查实处理,属实的应取消高新技术企业资格;公示无异议的,填写高新技术企业认定机构审批备案汇总表,报领导小组办公室备案后,在"高新技术企业认定管理工作网"上公告认定结果,并由认定机构颁发"高新技术企业证书"(加盖科技、财政、税务部门公章)。

具体认定流程如下图所示:

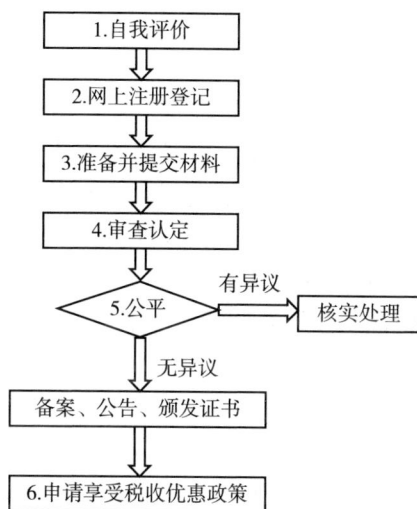

高新技术企业认定流程

6. 高新技术企业资格自颁发证书之日起生效，有效期为三年。

（二）复审

1. 高新技术企业资格期满前三个月内企业应提出复审申请（复审申请书同附2），不提出复审申请或复审不合格的，其高新技术企业资格到期自动失效。

2. 高新技术企业复审须提交近三个会计年度开展研究开发等技术创新活动的报告，经具有资质并符合本《工作指引》相关条件的中介机构出具的近三个会计年度企业研究与开发费用、近一个会计年度高新技术产品（服务）收入专项审计报告。

复审时应对照《认定办法》第十条进行审查，重点审查第（四）款。对符合条件的企业，按照第十一条（四）款进行公示与备案，并由认定机构重新颁发"高新技术企业证书"（加盖科技、财政、税务部门公章）。

通过复审的高新技术企业资格自颁发"高新技术企业证书"之日起有效期为三年。有效期满后，企业再次提出认定申请的，按初次申请办理。

（三）申请享受税收政策

1. 认定（复审）合格的高新技术企业，自认定（复审）当年起可依照《企业所得税法》《中华人民共和国企业所得税法实施条例》（以下简称《实施条例》）、《中华人民共和国税收征收管理法》（以下简称《税收征管法》）、《中华人民共和国税收征收管理法实施细则》（以下简称《实施细则》）和《认定办法》等有关规定，申请享受税收优惠政策。

2. 未取得高新技术企业资格或不符合《企业所得税法》《实施条例》《税收

征管法》《实施细则》《认定办法》等有关规定条件的企业，不得享受税收优惠。

（四）复核

对高新技术企业资格及其相关税收政策落实产生争议的，凡属于《认定办法》第十四条、第十五条情况的企业，按《认定办法》规定办理；属于对是否符合第十条（四）款产生争议的，应组织复核，即采用企业自认定前三个会计年度（企业实际经营不满三年的，按实际经营时间）至争议发生之日的研究开发费用总额与同期销售收入总额之比是否符合《认定办法》第十条（四）款规定，判别企业是否应继续保留高新技术企业资格和享受税收优惠政策。

四、中介机构

（一）中介机构

1. 中介机构的条件。

（1）具备独立执业资格，成立 3 年以上，近 3 年内无不良记录；

（2）承担认定工作当年的注册会计师人数占职工全年月平均人数的比例不低于 20%，全年月平均职工人数在 20 人以上；

（3）熟悉高新技术企业认定工作的相关政策。

2. 中介机构的职责。

（1）接受企业委托，依据《认定办法》和《工作指引》客观公正地对企业的研究开发费用和高新技术产品（服务）收入进行专项审计，出具审计报告。

（2）中介机构应据实出具专项审计报告，发现有弄虚作假等行为的，取消其参与认定工作资格，并在"高新技术企业认定管理工作网"上公告。

（二）专家

1. 专家条件。

（1）具有中华人民共和国公民资格，在中国大陆境内居住和工作。

（2）具有高级技术职称，并具有《重点领域》内相关专业背景和实践经验，对该技术领域的发展及市场状况有较全面的了解。

（3）具有良好的职业道德，坚持原则，办事公正。

（4）了解国家科技、经济及产业政策，熟悉高新技术企业认定工作有关要求。

2. 专家库及专家选取办法。

（1）专家库内的专家应具备《重点领域》内相关技术专长。应结合当地实际情况，在相关技术领域内熟悉子领域技术的专家数量不少于评审所需专家的 5 倍。

（2）建立专家聘任制度，专家库内的专家实行动态管理，并由认定机构将专家备案表（附3）统一报领导小组办公室备案。

（3）认定机构根据企业主营产品（服务）所属技术领域，随机抽取该领域专家开展认定工作。

3. 专家职责。

（1）审查企业申报的研究开发项目是否符合《认定办法》及《工作指引》的要求。

（2）按照独立公正的原则对企业的研究开发活动情况、核心自主知识产权及主营业务等进行评价，并填写《高新技术企业认定专家评价表》（附4），按要求上传给认定机构。

（3）填写《高新技术企业认定专家组综合评价表》（附5），按要求上传给认定机构，为认定机构提供咨询意见。

4. 专家纪律。

（1）应按照《认定办法》、《工作指引》的要求，独立、客观、公正地对企业进行评价。

（2）不得压制不同观点和其他专家意见，不得做出与客观事实不符的评价。

（3）不得披露、使用申请企业的技术经济信息和商业秘密，不得复制保留或向他人扩散评审材料，不得泄露评审结果。

（4）不得利用其特殊身份和影响，采取非正常手段为申请企业认定提供便利。

（5）未经认定机构许可不得擅自进入企业调查。

（6）不得收受申请企业给予的任何好处和利益。

五、费用归集

测度企业研究开发费用强度是高新技术企业认定中的重要环节之一。企业须按规定如实填报研究开发活动（项目）情况表；同时企业应正确归集研发经费，由具有资质并符合本《工作指引》相关条件的中介机构进行专项审计。

（一）研究开发活动的确认

1. 研究开发活动定义。

为获得科学与技术（不包括人文、社会科学）新知识，创造性运用科学技术新知识，或实质性改进技术、产品（服务）而持续进行的具有明确目标的活动。

创造性运用科学技术新知识，或实质性改进技术、产品（服务），是指企业在技术、产品（服务）方面的创新取得了有价值的进步，对本地区（省、自治区、直辖市或计划单列市）相关行业的技术进步具有推动作用，不包括企业从事的常规性升级或对某项科研成果直接应用等活动（如直接采用新的工艺、材料、装置、产品、服务或知识等）。

企业按照上述定义判断是否进行了研究开发活动（项目），并填写附2《高新技术企业认定申请书》中的"二、企业研究开发项目情况表"。

2. 判断依据和方法。

认定机构在组织专家评价过程中，可参考如下方法对企业申报的研发活动（项目）进行判断：

（1）行业标准判断法。若国家有关部门、全国（世界）性行业协会等具备相应资质的机构提供了测定科技"新知识""创造性运用科学技术新知识""具有实质性改进的技术、产品（服务）"等技术参数（标准），则优先按此参数（标准）来判断企业所进行项目是否为研究开发活动。

（2）专家判断法。如果企业所在行业中没有发布公认的研发活动测度标准，则通过本行业专家进行判断。判断的原则是：获得新知识、创造性运用新知识以及技术的实质改进应当是企业所在技术（行业）领域内可被同行业专家公认的、有价值的进步。

（3）目标或结果判定法（辅助标准）。检查研发活动（项目）的立项及预算报告，重点了解进行研发活动的目的（创新性）、计划投入资源（预算）；研发活动是否形成了最终成果或中间性成果，如专利等知识产权或其他形式的科技成果。

在采用行业标准判断法和专家判断法不易判断企业是否发生了研发活动时，以本方法作为辅助。

3. 高技术服务业的企业研究开发活动。

企业为支持其在高新技术服务业领域内开发新产品（服务）、采用新工艺等，而在自然科学和工程技术方面取得新知识或实质性改进的活动；或从事国家级科技计划列入的服务业关键技术项目的开发活动。对其判断标准与四、（一）1及2款定义的一般性研究开发活动（项目）标准相同。

4. 研究开发项目的确定。

研究开发项目是指"不重复的，具有独立时间、财务安排和人员配置的研究开发活动"。企业的研究开发费用是以各个研发项目为基本单位分别进行测度并加总计算的。

（二）研究开发费用的归集

企业应对包括直接研究开发活动和可以计入的间接研究开发活动所发生的费用进行归集，并填写附2《高新技术企业认定申请书》中的"五、企业年度研究开发费用结构明细表"。

1. 企业研究开发费用的核算。

企业应按照下列样表设置高新技术企业认定专用研究开发费用辅助核算账目，提供相关凭证及明细表，并按本《工作指引》要求进行核算。

企业研究开发费用结构归集（样表）

注：A、B、C、D等代表企业所申报的不同研究开发项目。

2. 各项费用科目的归集范围。

（1）人员人工

从事研究开发活动人员（也称研发人员）全年工资薪金，包括基本工资、奖金、津贴、补贴、年终加薪、加班工资以及与其任职或者受雇有关的其他支出。

（2）直接投入

企业为实施研究开发项目而购买的原材料等相关支出。如：水和燃料（包括煤气和电）使用费等；用于中间试验和产品试制达不到固定资产标准的模具、样品、样机及一般测试手段购置费、试制产品的检验费等；用于研究开发活动的仪器设备的简单维护费；以经营租赁方式租入的固定资产发生的租赁费等。

（3）折旧费用与长期待摊费用

包括为执行研究开发活动而购置的仪器和设备以及研究开发项目在用建筑物的折旧费用，包括研发设施改建、改装、装修和修理过程中发生的长期待摊费用。

（4）设计费用

为新产品和新工艺的构思、开发和制造，进行工序、技术规范、操作特性方面的设计等发生的费用。

（5）装备调试费

主要包括工装准备过程中研究开发活动所发生的费用（如研制生产机器、模具和工具，改变生产和质量控制程序，或制定新方法及标准等）。

为大规模批量化和商业化生产所进行的常规性工装准备和工业工程发生的费用不能计入。

（6）无形资产摊销

因研究开发活动需要购入的专有技术（包括专利、非专利发明、许可证、专有技术、设计和计算方法等）所发生的费用摊销。

（7）委托外部研究开发费用

指企业委托境内其他企业、大学、研究机构、转制院所、技术专业服务机构和境外机构进行研究开发活动所发生的费用（项目成果为企业拥有，且与企业的主要经营业务紧密相关）。委托外部研究开发费用的发生金额应按照独立交易原则确定。

认定过程中，按照委托外部研究开发费用发生额的 80% 计入研发费用总额。

(8) 其他费用

为研究开发活动所发生的其他费用，如办公费、通讯费、专利申请维护费、高新科技研发保险费等。此项费用一般不得超过研究开发总费用的 10%，另有规定的除外。

3. 企业在中国境内发生的研究开发费用。

是指企业内部研究开发活动实际支出的全部费用与委托境内的企业、大学、转制院所、研究机构、技术专业服务机构等进行的研究开发活动所支出的费用之和，不包括委托境外机构完成的研究开发活动所发生的费用。

六、重要指标

(一) 核心自主知识产权

《认定办法》规定的核心自主知识产权包括：发明、实用新型以及非简单改变产品图案和形状的外观设计（主要是指：运用科学和工程技术的方法，经过研究与开发过程得到的外观设计）、软件著作权、集成电路布图设计专有权、植物新品种。

发明、实用新型、外观设计专利可以到国家知识产权局网站查询专利标记和专利号来检验专利的真实性。

对于软件著作权，可以到国家版权局中国版权保护中心的网站查询软件著作权标记（亦称版权标记），表明作品受著作权保护的记号，检验其真伪。

本《工作指引》所称的独占许可是指在全球范围内技术接受方对协议约定的知识产权（专利、软件著作权、集成电路布图设计专有权、植物新品种等）享有五年以上排他的使用权，在此期间内技术供应方和任何第三方都不得使用该项技术。

高新技术企业认定所指的核心自主知识产权须在中国境内注册，或享有五年以上的全球范围内独占许可权利（高新技术企业的有效期应在五年以上的独占许可期内），并在中国法律的有效保护期内。

(二) 企业科技人员和研究开发人员

1. 企业科技人员。

是指在企业从事研发活动和其他技术活动的，累计实际工作时间在 183 天以上的人员。包括：直接科技人员及科技辅助人员。

2. 企业研究开发人员。

企业研究开发人员主要包括研究人员、技术人员和辅助人员三类。

（1）研究人员

是指企业内主要从事研究开发项目的专业人员。

（2）技术人员

具有工程技术、自然科学和生命科学中一个或一个以上领域的技术知识和经验，在研究人员指导下参与下述工作的人员：

——关键资料的收集整理；

——编制计算机程序；

——进行实验、测试和分析；

——为实验、测试和分析准备材料和设备；

——记录测量数据、进行计算和编制图表；从事统计调查等。

（3）辅助人员

是指参与研究开发活动的熟练技工。

3. 研究开发人数的统计。

主要统计企业的全时工作人员，可以通过企业是否签订了劳动合同来鉴别。对于兼职或临时聘用人员，全年须在企业累计工作 183 天以上。

（三）高新技术产品（服务）收入

企业通过技术创新、开展研发活动，形成符合《重点领域》要求的产品（服务）收入与技术性收入的总和。

技术性收入主要包括以下几个部分：

1. 技术转让收入：指企业技术创新成果通过技术贸易、技术转让所获得的收入；

2. 技术承包收入：包括技术项目设计、技术工程实施所获得的收入；

3. 技术服务收入：指企业利用自己的人力、物力和数据系统等为社会和本企业外的用户提供技术方案、数据处理、测试分析及其他类型的服务所获得的收入；

4. 接受委托科研收入：指企业承担社会各方面委托研究开发、中间试验及新产品开发所获得的收入。

七、自主知识产权、研究开发组织管理水平、科技成果转化能力以及资产与销售额成长性的具体评价方法

知识产权、科技成果转化能力、研究开发的组织管理水平、成长性指标等四项指标，用于评价企业利用科技资源进行创新、经营创新和取得创新成果等方面的情况。该四项指标采取加权记分方式，须达到 70 分以上（不含 70 分）。

（一）指标计算与赋值说明

1. 四项指标赋予不同的数值（简称"赋值"）；企业不拥有核心自主知识产权的赋值为零。

2. 每项指标分数比例分为六个档次（A，B，C，D，E，F），分别是：0.80 ~ 1.0、0.60 ~ 0.79、0.40 ~ 0.59、0.20 ~ 0.39、0.01 ~ 0.19、0；

3. 各项指标实际得分 = 本指标赋值 × 分数比例；

［例］某指标赋值 20，指标评价档次为"B"，分数比例评为 0.7，则：

实际得分 = 20 分 × 0.7 = 14 分

4. 评价指标以申报之日前 3 个年度的数据为准。如企业创办期不足 3 年，以实际经营年限为准。

5. 各项指标的选择均为单选。

（二）各单项指标的测算依据

1. 核心自主知识产权。（30）

企业拥有的专利、软件著作权、集成电路布图设计专有权、植物新品种等核心自主知识产权的数量（不含商标）：

□A. 6 项，或 1 项发明专利　　　　□B. 5 项　　　　□C. 4 项

□D. 3 项　　　　□E. 1 ~ 2 项　　　　□F. 0 项

［说明］

（1）由专家对企业申报的核心自主知识产权是否符合《工作指引》要求进行评判。

（2）同一知识产权在国内外的申请、登记只记为一项。

（3）若知识产权的创造人与知识产权权属人分离，在计算知识产权数量时可分别计算。

（4）专利以获得授权证书为准。

（5）企业不具备核心自主知识产权的不能认定为高新技术企业。

2. 科技成果转化能力。（30）

3. 年内科技成果转化的年平均数（正确的方框内画"√"）。

□A. 4 项以上　　　　□B. 3 ~ 4 项（不含 3 项）

□C. 2 ~ 3 项（不含 2 项）　　　　□D. 1 ~ 2 项（不含 1 项）

□E. 1 项　　　　□F. 0 项

［说明］

（1）同一科学技术成果（专利、版权、技术使用许可证、注册的软件版权、集成电路布图设计）在国内外的申请只记为一项。

（2）购入或出售技术成果以正式技术合同为准。

（3）此项评价可计入技术诀窍，但价值较小的不算在内。从产品或工艺的改进表现来评价技术诀窍等的价值大小（企业可以不披露具体内容）。

（4）技术成果转化的判断依据是：企业以技术成果形成产品、服务、样品、样机等。

4. 研究开发的组织管理水平（正确的方框内画"√"）。（20）

（1）制定了研究开发项目立项报告；（2）建立了研发投入核算体系；（3）开展了产学研合作的研发活动；（4）设有研发机构并具备相应的设施和设备；（5）建立了研发人员的绩效考核奖励制度。

□A. 5 项都符合要求　　　□B. 4 项符合要求　　　□C. 3 项符合要求
□D. 2 项符合要求　　　□E. 1 项符合要求　　　□F. 均不符合要求

5. 总资产和销售额成长性指标。（20）

此项指标是对反映企业经营绩效的总资产增长率和销售增长率的评价（各占10分），具体计算方法如下：

$$总资产增长率 = 1/2(第二年总资产额 \div 第一年总资产额 + 第三年总资产额$$
$$\div 第二年总资产额) - 1$$

$$销售增长率 = 1/2(第二年销售额 \div 第一年销售额 + 第三年销售额$$
$$\div 第二年销售额) - 1$$

用计算所得的总资产增长率和销售增长率分别对照下表指标评价档次（ABCDE）评出分数比例，用分数比例乘以赋值计算出每项得分，两项得分相加计算出总资产和销售额成长性指标实际得分。

附录 4

《企业会计准则第 6 号——无形资产》（修订版）

第一章　总　则

第一条　为了规范无形资产的确认、计量和相关信息的披露，根据《企业会计准则——基本准则》，制定本准则。

第二条　下列各项适用其他相关会计准则：

（一）作为投资性房地产的土地使用权，适用《企业会计准则第 3 号——投资性房地产》。

（二）企业合并中形成的商誉，适用《企业会计准则第 8 号——资产减值》和《企业会计准则第 20 号——企业合并》。

（三）石油天然气矿区权益，适用《企业会计准则第 27 号——石油天然气开采》。

第二章　确　认

第三条　无形资产，是指企业拥有或者控制的没有实物形态的可辨认非货币性资产。

资产满足下列条件之一的，符合无形资产定义中的可辨认性标准：

（一）能够从企业中分离或者划分出来，并能单独或者与相关合同、资产或负债一起，用于出售、转移、授予许可、租赁或者交换。

（二）源自合同性权利或其他法定权利，无论这些权利是否可以从企业或其他权利和义务中转移或者分离。

第四条　无形资产同时满足下列条件的，才能予以确认：

（一）与该无形资产有关的经济利益很可能流入企业；

（二）该无形资产的成本能够可靠地计量。

第五条　企业在判断无形资产产生的经济利益是否很可能流入时，应当对无形资产在预计使用寿命内可能存在的各种经济因素作出合理估计，并且应当有明确证据支持。

第六条 企业无形项目的支出，除下列情形外，均应于发生时计入当期损益：

（一）符合本准则规定的确认条件、构成无形资产成本的部分；

（二）非同一控制下企业合并中取得的、不能单独确认为无形资产、构成购买日确认的商誉的部分。

第七条 企业内部研究开发项目的支出，应当区分研究阶段支出与开发阶段支出。研究是指为获取并理解新的科学或技术知识而进行的独创性的有计划调查。开发是指在进行商业性生产或使用前，将研究成果或其他知识应用于某项计划或设计，以生产出新的或具有实质性改进的材料、装置、产品等。

第八条 企业内部研究开发项目研究阶段的支出，应当于发生时计入当期损益。

第九条 企业内部研究开发项目开发阶段的支出，同时满足下列条件的，才能确认为无形资产：

（一）完成该无形资产以使其能够使用或出售在技术上具有可行性；

（二）具有完成该无形资产并使用或出售的意图；

（三）无形资产产生经济利益的方式，包括能够证明运用该无形资产生产的产品存在市场或无形资产自身存在市场，无形资产将在内部使用的，应当证明其有用性；

（四）有足够的技术、财务资源和其他资源支持，以完成该无形资产的开发，并有能力使用或出售该无形资产；

（五）归属于该无形资产开发阶段的支出能够可靠地计量。

第十条 企业取得的已作为无形资产确认的正在进行中的研究开发项目，在取得后发生的支出应当按照本准则第七条至第九条的规定处理。

第十一条 企业自创商誉以及内部产生的品牌、报刊名等，不应确认为无形资产。

第三章 初始计量

第十二条 无形资产应当按照成本进行初始计量。外购无形资产的成本，包括购买价款、相关税费以及直接归属于使该项资产达到预定用途所发生的其他支出。购买无形资产的价款超过正常信用条件延期支付，实质上具有融资性质的，无形资产的成本以购买价款的现值为基础确定。实际支付的价款与购买价款的现值之间的差额，除按照《企业会计准则第 17 号——借款费用》应予资本化的以外，应当在信用期间内计入当期损益。

第十三条 自行开发的无形资产，其成本包括自满足本准则第四条和第九条规定后至达到预定用途前所发生的支出总额，但是对于以前期间已经费用化的支出不再调整。

第十四条　投资者投入无形资产的成本，应当按照投资合同或协议约定的价值确定，但合同或协议约定价值不公允的除外。

第十五条　非货币性资产交换、债务重组、政府补助和企业合并取得的无形资产的成本，应当分别按照《企业会计准则第 7 号——非货币性资产交换》、《企业会计准则第 12 号——债务重组》、《企业会计准则第 16 号——政府补助》和《企业会计准则第 20 号——企业合并》确定。

第四章　后续计量

第十六条　企业应当于取得无形资产时分析判断其使用寿命。无形资产的使用寿命为有限的，应当估计该使用寿命的年限或者构成使用寿命的产量等类似计量单位数量；无法预见无形资产为企业带来经济利益期限的，应当视为使用寿命不确定的无形资产。

第十七条　使用寿命有限的无形资产，其应摊销金额应当在使用寿命内系统合理摊销。企业摊销无形资产，应当自无形资产可供使用时起，至不再作为无形资产确认时止。企业选择的无形资产摊销方法，应当反映与该项无形资产有关的经济利益的预期实现方式。无法可靠确定预期实现方式的，应当采用直线法摊销。无形资产的摊销金额一般应当计入当期损益，其他会计准则另有规定的除外。

第十八条　无形资产的应摊销金额为其成本扣除预计残值后的金额。已计提减值准备的无形资产，还应扣除已计提的无形资产减值准备累计金额。使用寿命有限的无形资产，其残值应当视为零，但下列情况除外：

（一）有第三方承诺在无形资产使用寿命结束时购买该无形资产。

（二）可以根据活跃市场得到预计残值信息，并且该市场在无形资产使用寿命结束时很可能存在。

第十九条　使用寿命不确定的无形资产不应摊销。

第二十条　无形资产的减值，应当按照《企业会计准则第 8 号——资产减值》处理。

第二十一条　企业至少应当于每年年度终了，对使用寿命有限的无形资产的使用寿命及摊销方法进行复核。无形资产的使用寿命及摊销方法与以前估计不同的，应当改变摊销期限和摊销方法。

企业应当在每个会计期间对使用寿命不确定的无形资产的使用寿命进行复核。如果有证据表明无形资产的使用寿命是有限的，应当估计其使用寿命，并按本准则规定处理。

第五章 处置和报废

第二十二条 企业出售无形资产，应当将取得的价款与该无形资产账面价值的差额计入当期损益。

第二十三条 无形资产预期不能为企业带来经济利益的，应当将该无形资产的账面价值予以转销。

第六章 披 露

第二十四条 企业应当按照无形资产的类别在附注中披露与无形资产有关的下列信息：

（一）无形资产的期初和期末账面余额、累计摊销额及减值准备累计金额。

（二）使用寿命有限的无形资产，其使用寿命的估计情况；使用寿命不确定的无形资产，其使用寿命不确定的判断依据。

（三）无形资产的摊销方法。

（四）用于担保的无形资产账面价值、当期摊销额等情况。

（五）计入当期损益和确认为无形资产的研究开发支出金额。

附录5

《知识产权相关会计信息披露规定》

为加强企业知识产权管理，规范企业知识产权相关会计信息披露，根据相关企业会计准则，制定本规定。

一、适用范围

本规定适用于企业按照《企业会计准则第6号——无形资产》规定确认为无形资产的知识产权和企业拥有或控制的、预期会给企业带来经济利益的、但由于不满足《企业会计准则第6号——无形资产》确认条件而未确认为无形资产的知识产权（以下简称"未作为无形资产确认的知识产权"）的相关会计信息披露。

二、披露要求

企业应当根据下列要求，在会计报表附注中对知识产权相关会计信息进行披露：

（一）企业应当按照类别对确认为无形资产的知识产权（以下简称无形资产）相关会计信息进行披露，具体披露格式如下：

项目	专利权	商标权	著作权	其他	合计
一、账面原值					
1. 期初余额					
2. 本期增加金额					
购置					
内部研发					
企业合并增加					
其他增加					
3. 本期减少金额					

项目	专利权	商标权	著作权	其他	合计
处置					
失效且终止确认的部分					
其他					
二、累计摊销					
1. 期初余额					
2. 本期增加金额					
计提					
3. 本期减少金额					
处置					
失效且终止确认的部分					
其他					
4. 期末余额					
三、减值准备					
1. 期初余额					
2. 本期增加金额					
3. 本期减少金额					
4. 期末余额					
四、账面价值					
1. 期末账面价值					
2. 期初账面价值					

为给财务报表使用者提供更相关的信息，企业可以根据自身情况将无形资产的类别进行合并或者拆分。

（二）对于使用寿命有限的无形资产，企业应当披露其使用寿命的估计情况及摊销方法；对于使用寿命不确定的无形资产，企业应当披露其账面价值及使用寿命不确定的判断依据。

（三）企业应当按照《企业会计准则第28号——会计政策、会计估计变更和差错更正》的规定，披露对无形资产的摊销期、摊销方法或残值的变更内容、原因以及对当期和未来期间的影响数。

（四）企业应当单独披露对企业财务报表具有重要影响的单项无形资产的内

容、账面价值和剩余摊销期限。

（五）企业应当披露所有权或使用权受到限制的无形资产账面价值、当期摊销额等情况。

（六）企业可以根据实际情况，自愿披露下列知识产权（含未作为无形资产确认的知识产权）相关信息：

1. 知识产权的应用情况，包括知识产权的产品应用、作价出资、转让许可等情况；

2. 重大交易事项中涉及的知识产权对该交易事项的影响及风险分析，重大交易事项包括但不限于企业的经营活动、投融资活动、质押融资、关联方及关联交易、承诺事项、或有事项、债务重组、资产置换、专利交叉许可等；

3. 处于申请状态的知识产权的开始资本化时间、申请状态等信息；

4. 知识产权权利失效的（包括失效后不继续确认的知识产权和继续确认的知识产权），披露其失效事由、账面原值及累计摊销、失效部分的会计处理，以及知识产权失效对企业的影响及风险分析；

5. 企业认为有必要披露的其他知识产权相关信息。

三、实施与衔接

本规定自 2019 年 1 月 1 日起施行。企业应当采用未来适用法应用本规定。

参 考 文 献

[1] 白彦壮，李婉喆. 研发投入强度、专利产出与自主知识产权品牌资产的关系研究 [J]. 现代财经（天津财经大学学报），2015，35（03）：78 - 88，98.

[2] 曹林峰. 金融产业集聚、研发投入与民营企业成长——基于制造业民营上市企业数据 [J]. 鲁东大学学报（自然科学版），2015，31（04）：363 - 369.

[3] 陈晓，方保荣. 对增值税转型的几点逆向思考 [J]. 税务研究，2001（05）：26 - 30.

[4] 程华，赵祥. 政府科技资助对企业 R&D 产出的影响——基于我国大中型工业企业的实证研究 [J]. 科学学研究，2008（03）：519 - 525.

[5] 仇云杰，吴磊，张文文. 知识产权保护影响企业研发绩效吗——基于微观数据的实证分析 [J]. 华中科技大学学报（社会科学版），2016，30（02）：87 - 98.

[6] 崔也光，姜晓文，齐英. 财税政策对企业自主创新的支持效应研究 [J]. 经济与管理研究，2017（09）：33 - 38.

[7] 崔也光，李博. 企业社会责任履行、R&D 投入与财务绩效 [J]. 贵州财经大学学报，2018（03）：24 - 29.

[8] 崔也光. 浅谈建立高新技术企业研发费用绩效体系评价 [J]. 中国农业会计，2008（03）：29 - 30.

[9] 崔也光，唐玮. 长期融资性负债、银企关系与 R&D 投资 [J]. 数理统计与管理，2017（01）：21 - 25.

[10] 崔也光. 我国高新技术企业研发投入的现状、绩效与对策 [D]. 经济科学出版社，2014.

[11] 崔也光，赵迎. 我国高新技术行业上市公司无形资产现状研究 [J]. 会计研究，2013（03）：34 - 38.

[12] 崔也光. 中国高新技术企业 R&D 投入的现状与思考 [J]. 经济与管理研究，2012（07）：45 - 48.

[13] 戴小勇，成力为. 财政补贴政策对企业研发投入的门槛效应 [J]. 科研管理，2014，35（06）：68 - 76.

[14] 戴小勇，成立为. 金融发展对企业融资约束与研发投资的影响机理 [J]. 研究与发展管理，2015（03）：25 - 33.

[15] 邓晓兰，唐海燕. 税收优惠政策对企业研发的激励效应分析——兼论税收优惠政策的调整 [J]. 科技管理研究，2008（07）：490 - 507.

[16] 丁小义，潘申彪，余红娜. 政府直接资助与浙江省企业 R&D 投入分析 [J]. 科学学研究，2007（S2）：248 - 253.

[17] 杜兴强，曾泉，王亚南. 寻租、R&D 投资与公司业绩——基于民营上市公司的经验证据 [J]. 投资研究，2012（01）：57 - 71.

[18] 冯海红，曲婉，李铭禄. 税收优惠政策有利于企业加大研发投入吗? [J]. 科学学研究，2015，33（05）：665 - 673.

[19] 过新伟，王曦. 融资约束、现金平滑与企业 R&D 投资——来自中国制造业上市公司的证据 [J]. 经济管理，2014（08）：144 - 155.

[20] 洪银兴. 科技金融及其培育 [J]. 经济学家，2011（06）：22 - 27.

[21] 江静. 公共政策对企业创新支持的绩效——基于直接补贴与税收优惠的比较分析 [J]. 科研管理，2011，32（04）：1 - 8.

[22] 蒋建军，齐建国. 激励企业 R&D 支出的税收政策效应研究 [J]. 中国软科学，2007（08）：65 - 70 + 84.

[23] 解维敏，方红星. 金融发展、融资约束与企业研发投入 [J]. 金融研究，2011（05）：171 - 183.

[24] 解维敏，唐清泉，陆姗姗. 政府 R&D 资助、企业 R&D 支出与自主创新——来自中国上市公司的经验证据 [J]. 金融研究，2009（06）：86 - 99.

[25] 孔淑红. 税收优惠对科技创新促进作用的实证分析——基于省际面板数据的经验分析 [J]. 科技进步与对策，2010，27（24）：32 - 36.

[26] 李国勇，蒋文定，牛冬梅. CEO 特征与企业研发投入关系的实证研究 [J]. 统计与信息论坛，2012（01）：77 - 83.

[27] 李华晶，张玉利. 高管团队特征与企业创新关系的实证研究——以科技型中小企业为例 [J]. 商业经济与管理，2006（05）：9 - 13.

[28] 李平，王春晖. 政府科技资助对企业技术创新的非线性研究——基于中国 2001 ~ 2008 年省级面板数据的门槛回归分析 [J]. 中国软科学，2010（08）：138 - 147.

[29] 梁莱歆，严绍东. 中国上市公司 R&D 支出及其经济效果的实证研究 [J]. 科技政策与管理，2006（07）：34 - 38.

[30] 梁莱歆，张焕凤. 高科技上市公司 R&D 投入绩效的实证研究 [J]. 中南大学学报：社会科学版，2005（02）：232 - 236.

［31］刘胜强，林志军，孙芳城，陈汉文. 融资约束、代理成本对企业 R&D 投资的影响——基于我国上市公司的经验证据［J］. 会计研究，2015（11）：62－69.

［32］刘运国，刘雯. 中国上市公司的高管任期与 R&D 支出［J］. 管理世界，2007（01）：128－136.

［33］罗婷，朱青，李丹. 解析 R&D 投入与公司价值之间的关系［J］. 金融研究，2009（06）：100－110.

［34］毛德凤，李静，彭飞，骆正清. 研发投入与企业全要素生产率——基于 PSM 和 GPS 的检验［J］. 财经研究，2013，39（04）：134－144.

［35］毛昊，张洪吉. 基于我国地区经济实力、科技研发费用投入和职务发明专利申请数量产出的计量学分析［J］. 科技进步与对策，2012，29（02）：110－115.

［36］邱冬阳. 上市公司科技、R&D 投入与业绩的实证研究［D］. 重庆：重庆大学，2002：33－39.

［37］沈涤清. 我国专利申请量与 R&D 投入关系研究［J］. 江西农业大学学报，2012，20（07）：147－149.

［38］沈红波，寇宏，张川. 金融发展、融资约束与企业投资的实证研究［J］. 中国工业经济，2010（60）：55－64.

［39］宋河发，穆荣平. 知识产权保护强度与我国自主创新能力建设研究［J］. 科学学与科学技术管理，2006（03）：46－51.

［40］孙爱丽，顾晓敏，吴慧. 研发投入对高新区集群企业创新绩效的影响［J］. 经济地理，2017，37（07）：99－145.

［41］孙慧，王慧. 政府补贴、研发投入与企业创新绩效——基于创业板高新技术企业的实证研究［J］. 科技管理研究，2017，37（12）：111－116.

［42］孙婷婷，唐五湘. 专利申请量与 R&D 支出之关系的定量分析［J］. 北京机械工业学院学报，2003，12（04）：47－52.

［43］孙维峰，黄解宇. 金融集聚对企业 R&D 投资的影响［J］. 技术经济，2015，34（02）：61－76.

［44］孙伍琴. 论不同金融结构对技术创新的影响［J］. 经济地理，2004（02）：182－186.

［45］孙晓华，王昀，徐冉. 金融发展、融资约束缓解与企业研发投资［J］. 科研管理，2015（05）：47－54.

［46］孙莹. 税收激励与企业科技创新——基于税种、优惠方式差异的研究［J］. 上海市经济管理干部学院学报，2016（04）：28－38.

［47］唐清泉，李懿东，周晶. 企业研发投入的价值与研发投入的策略选择

[J]. 当代经济管理, 2013 (01): 24 – 34.

[48] 万迪昉, 罗进辉. 产权保护、融资约束与民营企业研发投入 [J]. 研究与发展管理, 2012 (04): 85 – 93.

[49] 王建, 李思慧. 研发经费异质性、创新能力与科技金融政策 [J]. 世界经济与政治论坛, 2015 (07): 160 – 172.

[50] 王君彩, 王淑芳. 企业研发投入与业绩的相关性——基于电子信息行业的实证分析 [J]. 中央财经大学学报, 2008 (12): 57 – 62.

[51] 王俊. R&D 补贴对企业 R&D 投入及创新产出影响的实证研究 [J]. 科学学研究, 2010, 28 (09): 1368 – 1374.

[52] 王亮亮, 王跃堂. 企业研发投入与资本结构选择——基于非债务税盾视角的分析 [J]. 中国工业经济, 2015 (11): 125 – 140.

[53] 王任飞. 企业 R&D 支出的内部影响因素研究——基于中国电子信息百强企业之实证 [J]. 科学学研究, 2005 (04): 225 – 231.

[54] 王维, 吴佳颖, 章品锋. 政府补助、研发投入与信息技术企业价值研究 [J]. 科技进步与对策, 2016, 33 (22): 86 – 91.

[55] 吴先明, 孙正星. 中国后发企业研发投入的影响因素分析——知识产权保护的调节作用 [J]. 管理现代化, 2017, 37 (03): 51 – 53.

[56] 吴秀波. 税收激励对 R&D 投资的影响: 实证分析与政策工具选拔 [J]. 研究与发展管理, 2003 (01): 36 – 41.

[57] 吴延兵. 市场结构、产权结构与 R&D——中国制造业的实证分析 [J]. 统计研究, 2007 (05): 67 – 75.

[58] 肖利平. 公司治理如何影响企业研发投入?——来自中国战略性新兴产业的经验考察 [J]. 产业经济研究, 2016 (01): 60 – 70.

[59] 徐杰. 金融集聚、研发投入与民营企业成长——基于制造业上市民营企业数据 [J]. 现代管理科学, 2016 (03): 115 – 117.

[60] 许昊, 万迪昉, 徐晋. 风险投资背景、持股比例与初创企业研发投入 [J]. 科学学研究, 2015, 33 (10): 1547 – 1554.

[61] 彦壮, 孙佳佳. 研发投入对自主知识产权品牌潜力性竞争力的影响探究——以创业板电子信息行业上市公司为例 [J]. 东北农业大学学报 (社会科学版), 2015, 13 (04): 1 – 8.

[62] 杨兴全, 曾义. 现金持有能够平滑企业的研发投入吗?——基于融资约束与金融发展视角的实证研究 [J]. 科研管理, 2014, 35 (07): 107 – 115.

[63] 杨晔, 王鹏, 李怡虹, 杨大楷. 财政补贴对企业研发投入和绩效的影响研究——来自中国创业板上市公司的经验证据 [J]. 财经论丛, 2015 (01):

24 - 31.

[64] 臧志彭. 政府补助、资本性质与文化上市公司无形资产 [J]. 上海金融, 2015 (05)：100 - 104.

[65] 翟淑萍, 顾群. 金融发展、融资约束缓解与高新技术企业研发投资效率研究 [J]. 经济经纬, 2013 (02)：138 - 143.

[66] 翟艳, 苏建军. 金融集聚对研发投入的影响及空间差异 [J]. 技术经济, 2011, 30 (09)：26 - 31.

[67] 张冰, 冉光和, 姚斌. 金融产业集聚与企业研发投入增长——基于金融功能视角的实证分析 [J]. 经济问题探索, 2012 (11)：54 - 61.

[68] 张小蒂, 王中兴. 中国 R&D 投入与高新技术产业研发产出的相关性分析 [J]. 科学学研究, 2008, 26 (03)：526 - 529.

[69] 张信东, 贺亚楠, 马小美. R&D 税收优惠政策对企业创新产出的激励效果分析——基于国家级企业技术中心的研究 [J]. 当代财经, 2014 (11)：35 - 45.

[70] 张玉臣, 杜千卉. 高新技术企业研发投入失效现象及成因分析 [J]. 科研管理, 2017, 38 (S1)：309 - 316.

[71] 张玉喜, 赵丽丽. 中国科技金融投入对科技创新的作用效果——基于静态和动态面板数据模型的实证研究 [J]. 科学学研究, 2015 (02)：177 - 185.

[72] 周克清, 景姣. 税收优惠政策对 R&D 的激励效果检验：以创业板上市公司为例 [J]. 税务研究, 2012 (06)：20 - 24.

[73] 朱卫平, 伦蕊. 高新技术企业科技投入与绩效相关性的实证分析 [J]. 科技管理研究, 2004 (05)：8 - 10.

[74] 邹洋, 聂明明, 郭玲, 闫浩. 财税政策对企业研发投入的影响分析 [J]. 税务研究, 2016 (08)：42 - 46.

[75] Aghion P, Angeletos M, Banerjee A. Volatility and growth: credit constraints and productivity-enhancing investment [R]. NBER Working Paper, 2005.

[76] Antonelli C. A failure-inducement model of research and development expenditure: Italian evidence from the early 1980s [J]. Journal of Economic Behavior & Organization, 1989, 12 (2)：159 - 180.

[77] Arietp, Grilichesz. Estimating Distributed Lags in Short Panels with an Application to the Specification of Depreciation Patterns and Capital Stock Constructs [J]. Review of Economic Studies, 2007, 51 (2)：243 - 262.

[78] Arrow, K. Economic Welfare and Allocations of Resource for Invention [M]. National Bureau of Economic Research, Princeton：Princeton University Press,

1962.

[79] Barker VLI, Mueller GC. CEO Characteristics and Firm R&D Spending [J]. Management Science, 2002, 48 (6): 782 – 801.

[80] Bertrand M, Schoar A. Managing with Style: The Effect of Managers on Firm Policies [J]. The Quarterly Journal of Economics, 2003, 118 (4): 1169 – 1208.

[81] Bond S, Harhoff D, Van R J. 2003. Investment, R&D and Financial Constraints in Britain and Germany [Z]. Institute for Fiscal Studies Working Paper.

[82] Bontew. Spillovers from Publicly Financed Business R&D: Some Empirical Evidence from Germany [J]. Research Policy, 2011, 33 (10): 1635 – 1655.

[83] Capron H, Pottelsberghe B V. Public Support to Business R&D: a Survey and Some New Quantitative Evidence [J]. Policy Evaluation in Innovation and Technology, 1997 (10): 172 – 187.

[84] Carpenter MA, Geletkanycz MA, Sanders WG. Upper Echelons Research Revisited: Antecedents, Elements, and Consequences of Top Management Team Composition [J]. Journal of Management, 2004, 30 (6): 749 – 778.

[85] Czarnitzki D. , Hanel P. , Rosa J. M. Evaluating the Impact of R&D Tax Credits on Innovation: AM Micro Econometric Study on Canadian Firms [J]. Research Policy, 2011, 40 (2): 217 – 229.

[86] Davidaboody, Baruchlev. The Value Relevance of Intangibles: The Case of Software Capitalization [J]. Journal of Accounting Research, 1998, 3 (36): 161 – 204.

[87] David P, O'Brien J P, Yoshikawa T. The Implications of Debt Heterogeneity for R&D Investment and Firm Performance [J]. Academy of Management Journal, 2008, 51 (1): 165 – 181.

[88] David PA, Hall BH, Toole AA. Is Public R&D Complement or Substitute for Private R&D? Are View of The Econometric Evidence [J]. Research Policy, 2000 (4): 497 – 529.

[89] Edquist, C. , Mckelvey, M. The Swedish Paradox: High R&D Intensity Without High-tech Products In: Nielsen K, Johnson B. (Eds.), Evolution of Institutions, Organizations and Technology, Aldershot, 1998.

[90] Edward Broberts. Technology, Innovation and Competitive Advantage [J]. Making of Innovation Management, 1995, 5 (3): 351 – 376.

[91] Edwin Mans Field. The R&D Tax Credit and Other Technology Policy Issues, The American Economic Review, Papers and Proceedings of The Ninety-eight-

annual Meeting of The American Economic Association. 1986, 76 (2).

［92］ Eisner R, Albert SH, Sullivan MA. The New Incremental Tax Credit for R&D: Incentive or Disincentive ［J］. National Tax Journal, 1984 (2): 171 - 183.

［93］ Faulkender M, Wang R. Corporate Financial Policy and The Value of Cash ［J］. The Journal of Finance, 2006, 61 (4): 1957 - 1990.

［94］ Garyhjefferson, Baihua Mao, Xiaojing Guan, etal. R&D Performance in Chinese Industry Economics ［J］. Innovation and New Technology, 2006, 15 (4/5): 345 - 366.

［95］ Goes J. B, Park S. H. Interorganizational Links and Innovation: The Case of Hospital Services ［J］. Academy of Management Journal, 1997, 40 (3): 673 - 696.

［96］ Gorge H, Strobl E. The Effect of R&D Subsidies on Private R&D ［J］. Economical, 2007 (294): 215 - 234.

［97］ Gorodnichenko Y, Schnitzer M. 2010. Financial Constraints and Innovation: Why Your Poor Country doesn't Catch Up ［Z］. NBER Working Paper, No. 15792.

［98］ Guellecd, Pottelsberghebv. The Effect of Public Expenditure to Business R&D ［J］. Paris: OECDSTI Working Papers, 2000.

［99］ Hall B. H, Van Reenen J. How Effective are Fiscal Incentives for R&D? Are View of The Evidence ［J］. Research Policy, 2000 (29): 449 - 469.

［100］ Hambergd. R&D: Essays on the Economics of Research and Development ［M］. New York: Random House, 1966.

［101］ Hausmanj, Hallb, Grilichesz. Econometric Models for Count Data with an Application to Patent R&D Relationship ［J］. Econometrical, 2004, 52 (6): 909 - 938.

［102］ Hewitt - Dundasn, Ropers. Output Additionality of Public Support for Innovation: Evidence for Irish Manufacturing Plants ［J］. European Planning Studies, 2010, 18 (1): 107 - 122.

［103］ Jefferson GH, Huamao B, Xiaojing G, etal. R&D Performance in Chinese Industry ［J］. Economics of Innovation and New Technology, 2006, 15 (4 - 5): 345 - 366.

［104］ Jones, C. I. R&D - based Models of Economic Growth, Journal of Political Economy, 1995, vol. 103, pp. 759 - 784.

［105］ Klette T. J, Moen J, Griliches Z. Do Subsidies to Commercial R&D Reduce Market Failures? Micro-econometric Evaluation Studies ［J］. Research Policy, 2000 (4): 471 - 495.

[106] Lach S. Do R&D Subsidies Stimulate or Displace Private R&D? Evidence from Israel [J]. Journal of Industrial Economics, 2002 (4): 369 – 390.

[107] Lederman D Maloney W. R&D and Development [R]. World Bank Policy Research Working Paper, 2003.

[108] Lee C – Y. The Differential Effects of Public R&D Support on Firm R&D: Theory and Evidence from Multi-country Data [J]. Tec Novation, 2011 (5 – 6): 256 – 269.

[109] Leemh, Hwangi J. Determinants of Corporate R&D Investment: an Empirical Study Comparing Korea's IT Industry With its Non – IT Industry [J]. ETRI Journal, 2003, 25 (4): 258 – 265.

[110] Levine R. Financial Development and Economic Growth: Views and Agenda [J]. Journal of Economic Literature, 1997 (35): 688 – 726.

[111] Levinrc, Reisspc. Test Sofa Schumpeterian Model of R&D and Market Structure [M]. //Zvigriliches. R&D, Patents, and Productivity. Chicago: University of Chicago Press, 1984.

[112] Levydm, Terleckyjne. Effects of Government R&D on Private R&D Investment and Productivity: a Macroeconomic Analysis [J]. The Bell Journal of Economics, 1983, 14 (2): 551 – 561.

[113] Maskus K E, Neumann R, Seidel T. How National and International Financial Development Affect Industrial R&D [J]. European Economic Review, 2012, 56 (1): 72 – 83.

[114] Mc Cutchen, W. Estimating the Impact of the R&D Tax Credit on Strategic Groups in the Pharmaceutical Industry [J]. Research Policy, 1993, 22 (4).

[115] Mgbrown, Raynoldasvenson. Measuring R&D Productivity [J]. Research Technology Management, 1998, 2 (41): 30 – 35.

[116] Mikkelson W H, Partch M M. Do Persistent Large Cash Reserves Hinder Performance [J]. Journal of Financial and Quantitative Analysis, 2003, 38 (02): 275 – 290.

[117] Sanyalp. Understanding Patents: the Role of R&D Funding Sources and the Patent Office [J]. Economic Innovation and New Technology, 2012, 12 (6): 507 – 529.

[118] Nadirimi, Mamuneastp. The Effects of Public Infrastructure and R&D Capital on The Cost Structure and Performance of US Manufacturing Industries [J]. Review of Economics & Statistics, 1991, 76 (1): 22 – 37.

[119] Pinkowitz L, Williamson R. What is the Market Value of a Dollar of Corporate Cash [J]. Journal of Applied Corporate Finance, 2007, 19 (3): 74 – 81.

[120] Sougiannist. The Accounting Based Valuation of Corporate R&D [C]. The Accounting Review, 1994, 69 (1): 352 – 377.

[121] Toivanen O, Petri N. Investment, R&D, Subsidies, and Credit Constraints [R]. Department of Economics MIT, Working Paper, 2000.

[122] Vivarellim. Sample Selection in Estimating The Determinants of Cooperative R&D [J]. Applied Economics Letters, 2003, 1 (10): 243 – 246.

[123] Wiseman R. M, Gomez – Mejia L. R. A Behavioral Agen-cymodel of Managerial Risk Taking [J]. The Academy of Management Review, 1998, 23 (1): 133 – 153.

[124] Wu J, Tu R. CEO Stock Option Pay and R&D Spending: a Behavioral Agency Explanation [J]. Journal of Business Research, 2007 (60): 482 – 492.